高等学校教师教育创新培养模式"十二五"规划教材编委会

丛书主编　靖国平

丛书副主编　（以姓氏笔画为序）

王　文　王　锋　孔晓东　邓银城

吴亚林　李经天　张相乐　胡振坤

徐学俊　黄首晶　谢新国　雷体南

熊华生

编　委　（以姓氏笔画为序）

邓晓红　卢世林　叶显发　刘启珍

金克中　姜　庆　赵厚勰　曹树真

教师口语

主　编　金克中　　胡立新　　王若萱
副主编　周作菊　　项　菊　　杨　光　屈　杰　郑　艺
参　编　王琼子　　陈　瑶　　王金禾　杨　洁　陈　倩
　　　　丁　勇　　刘晓玲　　龚　超　陈玲珍　黄　斌
　　　　韩丽丹　　王雪兰　　乔丽娅（乌克兰）　邓金萍（越南）

华中科技大学出版社
http://www.hustp.com
中国·武汉

内 容 简 介

本书由七章构成：第一章普通话基础知识，介绍了普通话及其与方言的关系、普通话声母发音及方音辨正、普通话韵母发音及方音辨正、普通话声调及声调辨正，以及普通话中的几种音变；第二章口语交际基础知识，具体包括口语交际概说、口语表达中的发声技能、口语交际中的体态语和口语交际中的心理；第三章朗读与命题说话，介绍了朗读的基本技巧及不同文体的朗读，普通话测试中对命题说话的要求及如何进行训练；第四章普通话水平测试及模拟训练，对《普通话水平测试大纲》进行了解析，还介绍了普通话水平测试的内容与要求；第五章一般口语，对交谈、演讲、论辩、主持等分别作了较全面的论述；第六章教学口语，对教学口语中的导入语、讲授语、提问语、应变语、结语等从定义、作用、特点、要求、类型诸方面作了说明；第七章教育口语，分别介绍了教育口语中的五种类型，以及针对不同的对象如何运用不同的教育口语。

本书的特色：一是理论表述简明扼要，训练材料丰富生动，重视本门课程的实践性；二是凸显了教师教育的口语技能，体现了本教材的针对性；三是内容涵括了普通话基础知识与普通话测试、教学口语与教育口语，提高了本教材的适用性。

本书既可作为高等院校师范生教师口语公共课教材，也可作为教师、公务员及其他行业从业人员学习普通话的辅导用书和普通话水平测试的训练用书。

图书在版编目(CIP)数据

教师口语/金克中　胡立新　王若萱　主编.—武汉：华中科技大学出版社，2013.9(2022.2重印)
ISBN 978-7-5609-9282-2

Ⅰ.教…　Ⅱ.①金…　②胡…　③王…　Ⅲ.汉语-口语-高等学校-教材　Ⅳ.H193.2

中国版本图书馆CIP数据核字(2013)第182134号

教师口语	金克中　胡立新　王若萱　主编

策划编辑：曾　光
责任编辑：华竞芳
封面设计：龙文装帧
责任校对：何　欢
责任监印：张正林
出版发行：华中科技大学出版社（中国·武汉）
　　　　　武昌喻家山　邮编：430074　电话：(027)81321913
录　　排：华中科技大学惠友文印中心
印　　刷：武汉中科兴业印务有限公司
开　　本：787mm×1092mm　1/16
印　　张：18.75　插页：2
字　　数：421千字
版　　次：2022年2月第1版第9次印刷
定　　价：39.00元

本书若有印装质量问题，请向出版社营销中心调换
全国免费服务热线：400-6679-118　竭诚为您服务
版权所有　侵权必究

总序

教师兴则教育兴,教师强则教育强。当今世界,大力加强教师队伍建设,创新教师教育培养模式,提高教师专业化水平,是各国教育改革与发展的一项共同目标。我国颁布的《国家中长期教育改革和发展规划纲要(2010—2020年)》提出,"教育大计,教师为本。""有好的教师,才有好的教育。""加强教师教育,构建以师范院校为主体、综合大学参与、开放灵活的教师教育体系。深化教师教育改革,创新培养模式,增强实习实践环节,强化师德修养和教学能力训练,提高教师培养质量。"

教材建设与开发是创新教师教育培养模式、促进教师专业化发展的一个重要手段,也是深化教师教育改革、提高教师培养质量的一项重要举措。2009年6月,教育部启动实施"教师教育创新平台项目计划",明确提出要努力创新教师培养模式,加强教师教育学科群建设,深化学科专业、课程教学改革。在这种背景下,我们组织一批教学经验丰富、研究成果突出的高校专业教师,根据教师教育创新培养模式以及教师专业化发展的新形势、新目标和新任务,以华中科技大学出版社为平台,编写了"高等学校教师教育创新培养模式'十二五'规划教材",包括《教育学教程》、《心理学教程》、《现代教育技术教程》、《课程与教学论教程》、《中国教育史教程》、《外国教育史教程》、《教师伦理学教程》、《学与教的心理学》、《学校心理咨询与辅导》、《公关心理学》、《班主任工作艺术》、《多媒体课件设计与制作》、《教育科研技能训练》、《教师教学技能训练》、《人格心理学——理论·方法·案例》和《教师口语》共16本。

通过教材建设与开发创新教师教育培养模式,探索教师专业化成长之路,是一种新的尝试,也是一项比较复杂的系统工程。本系列规划教材的编写,以《国家中长期教育改革和发展规划纲要(2010—2020年)》精神为指导,在坚持教材编写的科学性、创新性、系统性、规范性等基本原则的基础上,力图从以下三个方面进行有益的探索。

(1) 在传承教育学专业基础知识的基础上,突出教师教育教材编写的实践取向。教师教育教材体系的变革,是当前创新教师教育培养模式的一个重要课题。教师教育教材的编写,既要体现系统、严密、扎实的教育理论知识,又要突出丰富、生动、具体的教育实践情境;既要注重将抽象的理论知识引入鲜活的实践领域,还要注意将日常实践经验导向富有魅力的理论阐释。其重点和难点在于达成理论与实践两方面的动态平衡和相互转化,并始终专注于教材的现实取向和实践立场,以克服理论脱离实际、知识与能力相分离、所学非所用等方面的流弊。本系列规划教材的编写,力求在简明介绍、评述相关理论知识及其背景的基础上,凸显教材的实践取向和实用价值。如《班主任工作艺术》、《多媒体课件设计与制作》、《教育科研技能训练》、《教师教学技能训练》、《教师口语》等教材,都充分体现了这种取向。

(2) 在坚持教材编写为教师服务的基础上,突出教材编写的学习者取向。任何教材的编写,既要考虑教师"教"的需要,又要考虑学习者"学"的需要,好教材通常是教师"好教",学生"好学",教学一致,师生相长。本系列规划教材的编写,力求在为从事教师教育的专业教师提供优质的课程与教学设计的基础上,坚持"以学习者为主,为学习服务"的基本原则。基于创新教师教育模式所要达成的目标,教师的"教"需要满足学生的"学","教材"需要趋向于"学材"。尽管许多教材名曰"教程",但我们更倾向于将它转化为"学程",追求"教程"与"学程"的有机统一。同时,在教材的编写过程中注重学习资源与问题情境相结合、文字表述与图表呈现相结合、文本学习与思想交流相结合、知识掌握与能力训练相结合。

(3) 在坚持教材编写的普适性、通用性原则的基础上,突出教材编写的区域性特色。湖北是我国的教育大省,湖北教育尤其是教师教育在中部地区具有重要的比较优势与特色。未来10年湖北将努力从教育大省迈进教育强省,而教师教育必将是湖北省基础教育改革与发展的一项重点工作。本系列规划教材的编写者以湖北省属高校专业教师为主,旨在充分利用湖北省丰富的高校教师教育方面的教学和研究资源,以及广大中小学校教育教学改革的先进经验,凸显教师教育教材编写的区域特色和比较优势。同时,也注意充分吸收其他地区教师教育的理论和实践成果。

本系列规划教材的编写,是一次较大规模的集体劳动的成果。湖北大学、江汉大学、长江大学、三峡大学、湖北师范学院、湖北第二师范学院、湖北民族学院、黄冈师范学院、孝感学院(现已更名为湖北工程学院)、咸宁学院(现已更名为湖北科技学院)、襄樊学院(现已更名为湖北文理学院)、荆楚理工学院、郧阳师范高等专科学校等10余所院校的百余名专业教师的热诚加盟,华中科技大学出版社领导和各位编辑的大力支持,各路同仁的精诚团结与通力合作,使本系列规划教材的编写得以顺利进行。编委会同仁深知编写系列规划教材是一件非常不易的大事,有的教材或许存在某些问题、差错,热诚欢迎广大读者及时指出,以便我们在下次修订时改正、完善。

本系列规划教材适用于高等师范院校学生和综合性大学师范专业学生学习,同时可作为在职教师培训教材和专业教师教学参考用书。

靖国平
2010 年 11 月 30 日

前言

苏霍姆林斯基曾指出：教师的语言修养在极大程度上决定着学生在课堂上脑力劳动的效率。我国杰出的教育家叶圣陶先生也曾说："凡是当教师的人，绝无例外地要学好语言才能做好教育工作和教学工作。"在学校教育中，教育教学的任务主要是通过教师的语言来完成的，"传道、授业、解惑"中的"传、授、解"，无一不借助于语言。虽然教育手段的现代化水平不断提高，但都代替不了教师运用语言进行教育教学这一最基本的手段。因此，作为一名教师或未来的教师，要自觉培养语言表达能力，提升语言艺术水平。

为加强师范生的口语表达，国家教育委员会（现已更名为教育部）决定在全国各级师范院校开设教师口语课。1993年5月，国家教育委员会颁布了《师范院校"教师口语"课程标准》，对教师口语课的性质作了明确的说明：教师口语是研究教师口语运用规律的一门应用语言学科，是在理论指导下培养学生在教育、教学等工作中口语运用能力的一门实践性很强的课程，是培养师范类各专业学生教师职业技能的必修课。

根据《师范院校"教师口语"课程标准》，教师口语课的任务可归纳为如下六个方面。

第一，教育学生热爱祖国语言，认真学习、积极贯彻国家语言文字工作方针政策，增强语言规范意识。

第二，能用标准或比较标准的普通话，进行一般口语交际和开展教育、教学等工作。做到熟练地发准普通话声母、韵母、声调和音节，掌握语音流变的规律，具备一定的方言辨正能力。

第三，掌握科学的发声方法和发声技能，做到语音响亮、圆润、持久不衰。

第四，掌握一般口语交际技能。做到听话准确，善于听辨，说话清晰、流畅；在各种交际环境中语言运用得体，语态自然大方。

第五，初步掌握运用教师职业语言进行教育教学的基本技能。能够根据不同的教育教学环境和对象，选择不同的谈话方式，运用不同的语言表达技巧。

第六，具备一定的指导中小学生和幼儿口语运用的能力。

基于以上特点，本书以语言学、教育学、心理学、语言交际学等学科为背景，着力训练学生作为教师应该具备的普通话口语水平、一般口语交际技巧和职业口语运用能力。

本书由七章构成：第一章普通话基础知识，介绍了普通话及其与方言的关系、普

教师口语

通话声母发音及方言辨正、普通话韵母发音及方言辨正、普通话声调及声调辨正，以及普通话中的几种音变；第二章口语交际基础知识，具体包括口语交际概说、口语表达中的发声技能、口语交际中的体态语和口语交际中的心理；第三章朗读与命题说话，介绍了朗读的基本技巧及不同文体的朗读，普通话测试中对命题说话的要求及如何进行训练；第四章普通话水平测试及模拟训练，对《普通话水平测试大纲》进行了解析，还介绍了普通话水平测试的内容与要求；第五章一般口语，对交谈、演讲、论辩、主持等分别作了较全面的论述；第六章教学口语，对教学口语中的导入语、讲授语、提问语、应变语、结语等从定义、作用、特点、要求、类型等诸方面作了说明；第七章教育口语，分别介绍了教育口语中的五种类型，以及针对不同的对象如何运用不同的教育口语。

本书的特色：一是理论表述简明扼要，训练材料丰富生动，重视本门课程的实践性；二是凸显了教师教育的口语技能，体现了本教材的针对性；三是内容涵括了普通话基础知识与普通话测试、教学口语与教育口语，提高了本教材的适用性。

本书由金克中、胡立新、王若萱担任主编，由金克中、王若萱负责全书的统稿。本书由湖北大学、黄冈师范学院、湖北工程学院（原称孝感学院）、湖北民族学院的专业教师分工写作。其中，前言和第三章由湖北大学的教师负责编写；第一章、第二章、第五章第五节由湖北民族学院的教师负责编写；第四章、第六章由黄冈师范学院的教师负责编写；第五章第一节至第四节和第七章由湖北工程学院的教师负责编写。

这本教材参考了许多前辈和同仁的著述，借鉴了很多同类教材，同时从网上查阅并使用了一些相关材料，由于篇幅有限未能在文中一一标出，在此深表歉意。本书在编写和出版过程中，得到了华中科技大学出版社的大力支持，这里一并致以诚挚的谢意。

本书附有60篇阅读材料，邀请了普通话一甲、国家级测试员王若萱和中央人民广播电台特约研究员、中国传播学会会员龚超两位语音专家朗读，制作成音频文件供大家学习。学习者可以向任课教师索取或上华中科技大学出版社网站下载，下载地址：http://www.hustp.com/show/bookAction.do?method=getBook&tag=out&id=9b919c0e40cce5120140ddbb71e30018。

编　者
2013 年 7 月

目录

第一章 普通话基础知识 …………………………………………… (1)
    第一节 普通话与方言 …………………………………………… (1)
    第二节 普通话声母发音及方音辨正 …………………………… (7)
    第三节 普通话韵母发音及方音辨正 …………………………… (21)
    第四节 声调 ……………………………………………………… (31)
    第五节 音变 ……………………………………………………… (36)
    第六节 语音规范化 ……………………………………………… (41)

第二章 口语交际基础知识 ………………………………………… (48)
    第一节 口语交际概说 …………………………………………… (48)
    第二节 发声技能 ………………………………………………… (54)
    第三节 体态语 …………………………………………………… (60)
    第四节 口语交际中的心理 ……………………………………… (68)

第三章 朗读与命题说话 …………………………………………… (76)
    第一节 朗读 ……………………………………………………… (76)
    第二节 命题说话 ………………………………………………… (193)

第四章 普通话水平测试及模拟训练 ……………………………… (203)
    第一节 普通话水平测试概述 …………………………………… (203)
    第二节 普通话水平测试的内容与要求 ………………………… (206)

第五章 一般口语 …………………………………………………… (223)
    第一节 一般口语概述 …………………………………………… (223)
    第二节 交谈 ……………………………………………………… (226)
    第三节 演讲 ……………………………………………………… (229)
    第四节 论辩 ……………………………………………………… (235)
    第五节 主持 ……………………………………………………… (246)

第六章 教学口语 …………………………………………………… (255)
    第一节 教学口语概述 …………………………………………… (255)
    第二节 导入语 …………………………………………………… (257)
    第三节 讲授语 …………………………………………………… (260)

第四节　提问语 …………………………………………（265）
   第五节　应变语 …………………………………………（270）
   第六节　结语 ……………………………………………（273）
第七章　教育口语 ……………………………………………（278）
   第一节　教育口语概述 …………………………………（278）
   第二节　教育口语的类型 ………………………………（280）
   第三节　针对不同对象的教育口语 ……………………（286）
参考文献 …………………………………………………………（293）

第一章 普通话基础知识

第一节 普通话与方言

汉语是汉民族使用的语言。现代汉民族口语既有普通话,也有方言。

一、普通话的定义

普通话是以北京语音为标准音,以北方话为基础方言,以典范的现代白话文著作为语法规范的现代汉民族共同语。

汉民族共同语最早在上古的夏商周时期就产生了,在不同的时期被冠以不同的名称。周秦时期叫"雅言",主要流行于黄河流域,我国第一部诗歌总集《诗经》的语言就是雅言;西汉叫"通语";东汉魏晋称"洛语";南朝为"吴音";隋唐为"汉音"、"秦音";宋元为"正音"、"雅音";明清时期叫"官话";到了现代被称为"国语"。

新中国成立后,1955年10月召开全国文字改革会议和现代汉语规范问题学术会议,汉民族共同语的名称正式定为"普通话",并同时明确了它的定义,即"以北京语音为标准音,以北方话为基础方言"。1956年2月6日,国务院发出关于推广普通话的指示,把普通话的定义增补为"以北京语音为标准音,以北方话为基础方言,以典范的现代白话文著作为语法规范"。这个定义从语音、词汇、语法三个方面明确规定了普通话的标准,使得普通话的定义更为科学和周密。其中,"普通话"中"普通"二字的含义是"普遍"和"共通"的意思。

二、对普通话定义的理解

(一)语音

普通话的语音是以"北京语音为标准音"的,但这是就整体而言的,我们在理解的过程中必须注意三个方面的问题。

一是强调选择的是"北京"这个特定的地点语音为标准,因为一个民族共同语的标准音参照必须为一个尽可能统一和纯粹的地点语音,而不是地区语音。

二是"以北京语音为标准"是以北京语音的音系为标准,而不是以任意一个北京人口头上的任意一句北京话为标准。在北京语音里,由于各种原因也存在着一些分歧,如异读及土话成分等。

三是以北京语音为标准音是历史发展的必然,这与北京这个城市自古至今的特殊历史地位相关。北京作为我国政治中心,前后历时八百多年,特别是金元以来,基本上一直是我国政治、经济、文化的中心。一方面北京话作为官府通用语言传播到全国各地,另一方面白话文作品更多地接受了北京话的影响。20世纪五四运动以后,高涨的国语运动又在口语方面增强了北京话的代表性,促使北京语音成为汉民族共同语的标准音。

（二）词汇

"以北方话为基础方言"包括两方面的含义。

一方面,北方话词汇是共同语词汇最重要的组成部分。

北方话即北方方言。它覆盖地域广,占使用汉语地区的四分之三。北方话使用人口（包括一些说汉语的少数民族）最多,占说汉语的人口的百分之七十以上。北方话的内部的一致性很强,这不仅表现在它的词汇方面,也表现在语法和语音方面。从哈尔滨到昆明,直线距离三千多公里（1公里＝1千米）,两地通话基本上没有多大困难,这是因为两地间除了词汇方面大同小异外,语法也基本上一致;北方话的语音系统相对较简单,具有许多共同特点,如古全浊声母清化、平分阴阳、辅音韵尾少。北方话区域内的一些城市在历史上占有重要地位,如咸阳、长安、开封、北京、洛阳等。宋代以来,许多著名的白话文学作品,从话本、元曲到《西游记》、《儒林外史》、《红楼梦》等,都是以北方话为基础写成的。北方话体现了汉语发展的趋势,它作为基础方言的地位是长期历史发展的结果。北京话是北方方言的代表。

另一方面,北方话不是共同语词汇的全部,不等同于普通话词汇。

北方方言区是很大的方言区,包括了若干次方言（东北方言、西北方言、西南方言、江淮方言）,这些次方言里的绝大部分词汇是一致的,但也存在不同程度的差别,而且这些差别不仅表现在一般词汇中,也表现在基本词汇中,这就是各次方言里存在的土语,即只在很小范围内通行的词语,普通话必须要舍弃这些过于土俗的成分。

如"太阳"、"月亮"这两个词在北方话的各个次方言中就有多种不同的说法:"太阳"在北京、保定被叫作"老爷儿";在沈阳、西安、桂林被叫作"日头";在太原、呼和浩特被叫作"阳婆",等等。"月亮"在保定被叫作"老母";在太原被叫作"月明爷";在郑州被叫作"月奶奶"或"月明";在鲁西被叫作"月老娘",等等。另外,河北省还有些地方管"太阳"叫"日头爷"、"日头影儿"、"前天爷"、"佛爷儿"的;管"月亮"叫"明奶奶"、"月里儿"、"月光爷儿"、"后天爷儿"、"老母亮儿"、"老母地儿"、"老母儿"、"月老娘"等。普通话则只吸收了其中的"太阳"、"日头"、"日"、"月亮"、"月",舍弃了其他过于土俗的称说。

同时,作为汉民族共同语,普通话还要吸收其他方言词、古语词、新造词、外来词的有机成分,不断充实自己,以永葆青春活力,使自己足以表达人类最复杂、最精深的思想。

（三）语法

"典范的现代白话文著作"指的是现代著名作家的优秀、经典的白话文作品,而且是这些作品中的一般用例。白话文是五四运动以后才开始形成的正式书面语,历史比较短,还不是很稳定,许多的白话文著作仍然包含了一些文言成分、方言成分以及由个人习惯产生的不规范表述形式,不能生搬硬套,一叶障目。例如,在鲁迅先生的作品中就不难发现一些绍兴方言成分。

"我也并未遇到全是荆棘毫无可走的地方过……"(《两地书》)

"老头子眼看着地,岂能瞒得我过……"(《狂人日记》)

上面这两句中,两个"过"字用在动词宾语的后头,这正是绍兴、宁波、金华、丽水等地吴语语法的特点,显然不能成为现代汉民族共同语的语法规范。

三、中国的方言及分布

(一)中国的方言

方言是一种语言的地方变体或支派,是语言分化的结果,一种语言往往有多种方言。一般来说,方言是不见于书面语的特殊口语。一种方言具有异于其他亲属方言的某些语言特征。各地方言与汉民族共同语之间总是表现出同中有异、异中有同的语言特色,为同源异流的关系。方言是地方文化的重要载体,是历史的最直接见证者,是同方言人群之间交流的最好语言,是特殊的感情纽带。方言如物种,为不可再生资源,需要保护。

在中国,虽然各种方言分歧较大,但仍是一种语言的不同方言。普通话和方言并不是对立的概念,两者本质上并无优劣之分,普通话也是以一种方言为基础而建立起来的。汉语各方言都具有自己相对独立的语音系统、基本词汇系统和语法系统。比较汉语各方言,语音差异是最表征的差异,词汇次之,而语法方面的差异相对较小。

从汉语的历史来看,共同语及其方言发展的最突出特征是:各方言平行发展且不断受到书面语的影响,书面语虽然统一,但书面语和口语的距离却较远。读书音和口语在有些方言中(如闽南话)几乎成了双重系统。直到20世纪五四运动时期,文白才逐渐接近。新中国成立以后,普通话对方言的影响越来越大,各方言有渐行渐强的趋同趋势。

(二)中国方言的分布

我国幅员辽阔,东西南北跨度大,人口众多,历史和现实的多种因素,造成了方言复杂、分歧严重的事实。关于我国方言的划分,从近代开始,学者们的观点是众说纷纭,其中较有影响的一种是十区说,另一种是七区说。

1. 十区说

按《中国语言地图集》的划分,现代汉语分为十大方言区,即官话方言区(北方方言区)、晋语区、吴语区、徽语区、赣语区、湘语区、闽语区、粤语区、平话区和客家话区。

1) 官话方言

官话方言是汉民族共同语的基础方言,官话方言内部的一致性比较强。共同特点如下。

一般没有入声,声调多为阴平、阳平、上声、去声四类。古入声派入阴平、阳平、上声、去声四个调类,全浊入声归阳平。如古入声字"织、直、只、质",北京话分别读阴平、阳平、上声、去声。

古全浊声母字今读塞音、塞擦音时,变为清音,平声送气,仄声不送气。如古全浊声母字"桃、曹",北京话读作[t']①、[ts']声母;全浊仄声字"皂",北京话读作[ts]声母。

官话方言的内部差异主要表现在声调方面,根据古入声字的今调类,官话方言又可分为八个次方言,即北京官话、东北官话、冀鲁官话、辽胶官话、中原官话、兰银官话、西南官话、江淮官话。

2) 晋语

晋语是指山西省及其毗邻地区有入声的方言。山西省大部分地区、河北省张家口等地、河南省黄河以北地区、内蒙古自治区中部黄河以东地区、陕西省延川以北地区都属晋方言区,包括太原、汾阳、长治、五台、大同、包头、榆林、张家口、呼和浩特、邯郸、新乡、志丹等176个市县旗。晋语的主要特点是有喉塞音尾[ʔ]的入声,平声不分阴、阳。

3) 吴语

吴语主要分布于江苏省东南部和上海市、浙江省,以及赣东北、闽北地区、安徽南部,包括苏州、上海、杭州、天台、温州、金华、上饶、铜陵等128个市县。吴语的主要特点是古全浊声母字今仍读浊音。如"稻、到",上海读[dɔ˨]、[tɔ˨]。

4) 徽语

徽语主要分布于新安江流域的旧徽州府、浙江的旧严州府,以及江西东北部数县市,包括绩溪县、休宁县、景德镇、淳安县、旌德等16个市县。徽语的主要特点是:①古全浊声母字今读塞音、塞擦音时,大多读送气清音,如"步"字在休宁县读[p'u˨],"共"字在绩溪县读[k'uā˨];②带鼻音韵母的字比较少,如"塞"字在歙县读[hɛ]。

5) 赣语

赣语主要分布在长江中下游、抚河流域、鄱阳湖地区、湖北东南部、安徽南部、福建西北部,以及湖南东南部、西南部,包括南昌、平江县、浏阳、吉安、抚州、鹰潭、大冶、通城县、监利县、岳阳、耒阳、绥宁县、岳西县等101个市县。赣语的主要特点是:古全浊声母字今读塞音、塞擦音时,多读为送气清音,如"大、坐"字在南昌读[t'ai˨]、[ts'ɔ˨]都是送气音。

6) 湘语

湘语主要分布在河南的湘江、资江、沅江流域,以及广西的全州、兴安、灌阳、资

---

① 注:本章用方括号[ ]标注的是国际音标,其余皆标注的是汉语拼音。

源,包括长沙、衡阳、娄底、吉首等61个市县。湘语的主要特点是:古全浊声母字今读塞音、塞擦音时,读为不送气清音,如"爬、桥"字在长沙读[˰pa]、[˰tɕiau];老湘语平声大多读浊音,仄声则读不送气清音,如"铜、茶"在吉首读[˰doŋ]、[˰dza]。

7) 闽语

闽语主要分布在福建、台湾、海南大部分地区及广东东部雷州半岛,包括厦门、台北、莆田、福州、三明、海口、邵武等111个市县。广西、浙江南部、安徽南部、江苏南部、江西东部也有闽方言。闽语的主要特点是古全浊声母字读塞音、塞擦音时,今多数读不送气清音,少数读送气清音。如"猪"字在厦门读[˰tu](文)、[˰ti](白),在福州读[˰ty]。

8) 粤语

粤语主要分布在广东、广西,以珠江三角洲为中心,香港、澳门及东南亚、北美洲、澳大利亚、新西兰的华侨大多也说粤语,包括广州、深圳、珠海、韶关、高州、玉林、化州、南宁、钦州、北海等88个市县。粤语的主要特点是:古全浊声母今读塞音、塞擦音时,大多数今逢阳平阳上读送气清音,逢阳去阳入读不送气清音;塞擦音声母一般只有[ts]、[ts']或[tʃ]、[tʃ'];多数地区有[œ]类韵母,如广州的"朵"读[˚tœ]、"略"读[lœːk˳]。

9) 平话

广西中部地区的汉语方言,主要分布在桂林、柳州、南宁之间交通要道附近,包括融水苗族自治县、百色、阳朔县、贺州市等地。平话的主要特点是古全浊声母字今读塞音、塞擦音时,一般读作不送气清音,如"途"、"渠"在南宁亭子平话读作[˰tu]、[˰ky]。

10) 客家话

客家话分布于广东、广西、福建、台湾、江西、湖南、四川等七省区,集中在广东东部和中部、福建西部、江西南部地区,包括梅县、新竹、高雄、惠阳、韶关、惠州、长汀、宁都、桂东、浏阳等200个县市。客家话古全浊声母字今读塞音、塞擦音时,读送气清音,如"鼻、倍"在梅县读作[p'i˳]、[p'oi˳],"辫、笨"等字多数读不送气清音,如其在梅县读[˰pien]、[pun˳]。部分古全浊上声字与次浊上声字都有读为阴平的,如"马、冷"在梅县读作[˚ma]、[˚laŋ]。

2. 七区说

七区说指的是官话方言(北方方言)、吴方言、湘方言、赣方言、客家方言、粤方言、闽方言。十区说中的晋语是从北方方言中独立出来的,徽语是从吴方言中独立出来的,平话是从粤方言中独立出来的。

四、普通话语音与汉语方音的关系

(一)古汉语语音与现代汉语语音的关系

从古到今,汉语在不同区域的发展是不平衡的,这从各地的方音中可见一斑。

学者们的研究表明,粤方言、闽方言跟上古联系较多,福建话把"锅"说成"鼎",将"知之为知之,不知为不知"说成"低低为低低,不低为不低",是将[tʂ]声母念成了[t]声母,这恰好证明了清代史学家钱大昕"上古无舌上音"的观点。今吴方言中仍存在一些中古的痕迹,如《广韵》登韵:"腾,饱也,吴人云,出方言。"《集韵》:"吴人谓饱曰腾。"今上海郊区仍有此种说法:小孩吃得过饱,大人就说:"迭个囡吃[deŋ]了。"北方方言与近古联系较多,语音上大都话与《中原音韵》所记大都语言很接近。从古全浊塞音[b]、[d]、[g]和古塞音韵尾[p]、[t]、[k]的演变可以看到汉语各大方言的情况(见表1-1)。

表 1-1　七大方言中部分语音的演变对比

七大方言	古全浊塞音[b]、[d]、[g]的演变	古塞音韵尾[p]、[t]、[k]的演变
北方方言	清化;平声送气,仄声不送气	消失,或并为塞音韵尾[ʔ]
吴方言	浊;不送气	并为[ʔ]
湘方言	浊;不送气或清化(老湘语);不送气(新湘语)	消失
赣方言	清化,平仄均送气	保存[t]、[k]或[ʔ]
客家方言	清化,平仄均送气	保存[p]、[t]、[k]
闽方言	清化,大多不送气	消失(闽中、闽北);并为[ʔ]或[k](闽东、莆仙);保存[p]、[t]、[k]或[p]、[k]、[ʔ]或[p]、[k](闽南)
粤方言	清化;平声送气,仄声不送气(少部分地区除外)	保存[p]、[t]、[k]

(二)普通话语音与汉语各大方言之间大体上的对应关系

汉语各方言的语音与普通话的差异各不相同,但它们之间有比较整齐的对应关系。

1. 舌根音向舌面音的变化

北京话中已读舌面音 j、q、x 的许多字,如"奇、基、气、寄、饥"等在中古汉语中属见系声母,当它们在前高元音 i、ü 前面时,北方方言、吴方言、湘方言、赣方言中通常都读 j、q、x 声母,而在闽方言、粤方言、客家方言中依然保留舌根音 g、k、h 的读法。

2. n、l 的分混

在北京话中,n、l 两个声母分得很清楚,n 为古泥母,l 为古来母。在华北方言中两者分读的占优势,但在长江流域及南方的广大地区(沿海各省除外)大多混读,混读的面积占整个汉语区的一半。其中大部分地区只是在开口韵和合口韵前混读,如成都话、南昌话的"南"和"兰"、"农"和"龙"均读为 l 声母;少部分地区 n、l 属于一个音位,如兰州、厦门、武汉话中,n、l 似乎可随意互换。吴语的大部分地区区分 n、l,但在江淮方言中却有许多地方不分,如南京和高邮等地。

3. zh、ch、sh 和 z、c、s 的分混

普通话有一套舌尖前音声母和一套舌尖后音声母,也就是中古精组字读 z、c、s,中古知照组字大部分读 zh、ch、sh,两者的区别很清楚。但这在现代汉语的各方言中,古知照组声母的变化发展纷繁复杂,北方官话区大多能区分这两组音,但字的分配范围不尽一致。西南官话和下江官话大多没有 zh、ch、sh,如武汉、成都、扬州。至于上海、杭州、广州,知照组与精组合流,均念 z、c、s。

4. 介音的分合

大多数方言都有"开齐合撮"四呼,但有些地方也不尽然,如云南昆明只有三呼,没有撮口呼;有的地方撮口呼与齐齿呼合并,如广东梅县、云南昆明、浙江湖州;有的地方撮口呼与合口呼合并,如厦门。还有一种情况是四呼包括的范围不一致,如北京念 uo 的合口呼字,在湘语区、赣语区、客家语区、闽语区、粤语区和西南官话、江淮官话、西北官话的部分地区,都有念开口呼的现象。又如"朵"字,武汉、扬州、长沙、南昌、厦门念[to],梅县、广州念[tɔ];又如在北京话中,"路"、"短"均为合口呼,而在武汉话中却念为开口呼[nəu]、[tan]。

5. 鼻韵尾的分混

中古音辅音韵尾有[m]、[n]、[ŋ]三个,现在南方有的方言中三个均保留下来,如客家话的梅县话、粤方言的大多数地点、闽南的厦门话等;湘方言和北方官话区多数保留两个([n]和[ŋ]);吴方言只有一个([n]或者是[ŋ])。

本节练习

1. 什么是普通话?什么是方言?两者之间是怎样的关系?
2. 如何理解普通话的定义?
3. 简述现代汉语七大方言的分布情况,并说出你的家乡话属于哪一类方言,其主要特点是什么。

第二节　普通话声母发音及方音辨正

一、声母及其作用

(一)声母

声母是汉语特有的一个语音概念,指汉语音节中元音前面的部分,一般是音节开头的辅音。

普通话中共有22个辅音,其中21个能充当声母,只有一个只能充当韵尾(ng)。这21个声母分别是:b、p、m、f、d、t、n、l、g、k、h、j、q、x、z、c、s、zh、ch、sh、r。

(二)声母的呼读音与本音

普通话的21个声母有两套发音,一为本音,一为呼读音。本音即声母的本来音值,是按照声母的发音部位、发音方法发出来的音,也是实际用来拼音的音。因为声母发音时大多声带不颤动,所以本音单念时不响亮,不便于呼读和教学示范。呼读音是为了方便教学示范和呼读的音,它是由本音加上一个响亮的元音组成。

(三)声母的作用

1. 区分词

如:

shāng yè(商业)—sāng yè(桑叶)

lián zhǎng(连长)—nián zhǎng(年长)

上面两组示例中,每组词两个音节的韵母与声调都完全相同,仅因声母不同而导致意思不一样,这说明声母的一个最重要的作用就是区别词义。各方言区的人如发不准普通话的声母,就有可能造成词的混淆和误解。

2. 区别音节的清晰度

声母的发音部位在发音过程中会比较紧张,让发音听起来短促有力,干脆利落,在语流中就能使音节界线明显,字字清晰可辨。

3. 增强音节的力度和亮度

声母发音时蓄气充足,弹射有力,并与韵头(或韵腹)迅速结合,使整个音节的力度和亮度增强。

二、声母分类及发音

(一)声母的分类

普通话21个声母之所以具有不同的音值,是因为发音部位和发音方法不同。辅音的主要特点是发音时气流要受到各种阻碍,所以声母的发音过程也就是气流受阻和除阻的过程。声母的分类就是根据气流受阻的位置(发音部位)和阻碍气流的方式(发音方法)这两大因素决定的。

1. 按发音部位分类

发音部位是指发音时气流在发音器官中受到阻碍的部位。口腔、咽腔和鼻腔是人体重要的发音器官。口腔主要由上腭和下腭组成,上腭有上唇、上齿、上齿龈、硬腭、软腭和小舌;附在下腭上的有下唇、下齿和舌头。舌头是最灵活的器官,又分舌尖、舌叶、舌面前、舌面中和舌面后(舌根)。咽腔在喉的上方,是口、鼻和食道会合的地方。咽腔和喉头之间有一块会厌软骨,呼吸或说话时打开,让空气自由出入,吃东西时就关上,让食物进入食道。由咽腔往上有两条路:一条通往口腔,一条通往鼻腔。起调节作用的是软腭(连同小舌),软腭下垂,阻塞到口腔的通道,气流从鼻腔呼出,反之,软腭抬起抵住喉壁,气流只能从口腔出来。

按发音部位分类,声母可分为以下七类。

(1) 双唇音,如 b、p、m,上下唇接触。

(2) 唇齿音,如 f,上齿与下唇内缘接近。

(3) 舌尖前音,如 z、c、s。

(4) 舌尖中音,如 d、t、n、l。

(5) 舌尖后音,如 zh、ch、sh、r。

舌尖前音、舌尖中音、舌尖后音这三类音,发音时分别将舌尖对准下齿背(前)、上齿龈(中)、硬腭前部(后)三个不同的部位。

(6) 舌面音,如 j、q、x,与硬腭前部自然相对的舌面前部上抬形成阻碍。

(7) 舌根音,如 g、k、h,与软腭自然相对的舌面后部上抬而形成阻碍。

2. 按发音方法分类

发音方法是指发音时喉头、口腔和鼻腔控制气流的方式和状况。可以从成阻和除阻的方式、气流强弱、声带是否颤动几个方面来观察。

(1) 根据成阻和除阻的方式,可以将声母分成塞音、擦音、塞擦音、鼻音、边音五类。

① 塞音:发音时,发音的部位先形成闭合,保持对气流的阻塞,最后让气流冲破阻碍,爆破成音。如 b、p、d、t、g、k。

② 擦音:发音时,发音的两个部位靠近,形成缝隙,然后让气流从缝中挤出,摩擦成音。如 f、h、x、sh、r、s。

③ 塞擦音:发音特点为先塞后擦,发音时,相应的发音部位先是闭合,阻塞气流,然后打开一道窄缝,气流从缝中挤出,摩擦成声。如 z、c、zh、ch、j、q。

④ 鼻音:发音时,口腔中阻碍气流的部位先完全闭塞,软腭下降,打开鼻腔通道,然后气流轻微振动声带,从鼻腔通过。如 m、n。

⑤ 边音:发音时,舌尖与上齿龈接触,舌头的两边留有空隙,气流轻微振动声带,从舌头两边通过。如 l。

(2) 根据发音时气流的强弱,可以把声母中的塞音、塞擦音分为送气音和不送气音两类。

① 送气音:发音时,口腔呼出的气流比较强。如 p、t、k、q、c、ch。

② 不送气音:发音时,口腔呼出的气流比较弱。如 b、d、g、j、z、zh。

(3) 根据发音时声带是否颤动,可以把声母分为清音和浊音两类。

① 清音:发音时,声带不颤动。如 b、p、f、d、t、g、k、h、j、q、x、zh、ch、sh、z、c、s。

② 浊音:发音时,声带颤动。如 m、n、l、r。

对声母进行分类的目的是要求我们从生理学的角度对每一个声母作为一个音位的区别特征有一个准确的认识,从而更好地去掌握某个声母本身的特点,确定它在特定的系统中的位置,以及与其他音位的关系,了解不同的声母(音位)可以通过相同的区别特征聚合成群。同时,声母的分类对有效地进行声母辨正也有着重要意义。根据上述分类,可以把普通话的21个辅音声母的发音特点综合成普通话声母发音表(见表1-2)。

表1-2 普通话声母发音表

发音方法 发音部位	清塞音		清塞擦音		清擦音	浊擦音	浊鼻音	浊边音
	不送气	送气	不送气	送气				
双唇音	b[p]	p[p']					m[m]	
唇齿音					f[f]			
舌尖前音			z[ts]	c[ts']	s[s]			
舌尖中音	d[t]	t[t']					n[n]	l[l]
舌尖后音			zh[tʂ]	ch[tʂ']	sh[ʂ]	r[ʐ]		
舌面音			j[tɕ]	q[tɕ']	x[ɕ]			
舌根音	g[k]	k[k']			h[x]			

此外,在普通话中有一些音节没有辅音声母,我们习惯称之为"零声母"。而部分零声母音节在实际的发音过程中,最前面的那个元音往往有轻微摩擦,这种产生轻微摩擦的元音被称为半元音(是擦音中摩擦很小的一种音,它接近高元音,性质介于元音和辅音之间)。如"爷爷"、"新闻"、"乌鸦"、"暗"、"爱"、"恩"等。

(二)声母的发音

普通话21个声母的发音情况具体如下文所述。

1. b、p 的发音

发 b 时,双唇闭合,软腭上升,堵塞鼻腔通道,然后气流冲破双唇阻碍,声带不颤动,气流较弱。发 p 时,除气流较强外,其余的发音特点与 b 的发音特点相同。

如:

    b   八百   奔波   壁报   北边   标兵   辨别

    p   枇杷   澎湃   评判   偏僻   爬坡   拼盘

2. m 的发音

发 m 时,双唇闭合,软腭下降,打开鼻腔通道,声带轻微颤动,气流从鼻腔通过。

如:

    m   美妙   麻木   盲目   明媚   渺茫   命门

3. f 的发音

发 f 时,上齿接近或接触下唇,软腭上升,堵塞鼻腔通道,然后气流从上齿与下唇的缝隙中摩擦而出,声带不颤动。

如:

    f   发奋   纷繁   仿佛   方法   丰富   反复

4. z、c 的发音

发 z 时,舌尖与下齿背形成阻塞,软腭上升,阻塞鼻腔通道,紧接着稍松开舌尖阻塞形成一道窄缝,气流从缝中摩擦而出,声带不颤动,气流较弱。发 c 时,除气流较强外,其余的发音特点与 z 的相同。

如:

| z | 自在 | 做贼 | 栽赃 | 凿子 | 罪责 | 走卒 |
| c | 层次 | 催促 | 参差 | 草丛 | 猜测 | 苍翠 |

5. s 的发音

发 s 时,舌尖接近下齿背,形成一道缝隙,软腭上升,堵塞鼻腔通道,然后气流从舌尖和下齿背之间的缝隙中摩擦而出,声带不颤动。

如:

| s | 松散 | 琐碎 | 思索 | 诉讼 | 瑟缩 | 洒扫 |

6. d、t 的发音

发 d 时,舌尖抵住上齿龈,软腭上升,堵塞鼻腔通道,然后气流冲破阻碍,声带不颤动,气流较弱。发 t 时,除气流较强外,其他的发音特点与 d 的相同。

如:

| d | 担待 | 大胆 | 电灯 | 歹毒 | 到达 | 地道 |
| t | 坍塌 | 推脱 | 淘汰 | 天堂 | 疼痛 | 妥帖 |

7. n 的发音

发 n 时,舌尖抵住上齿龈,软腭下降,打开鼻腔通道,声带轻微颤动,气流从鼻腔通过。

如:

| n | 袅娜 | 泥泞 | 牛奶 | 南宁 | 能耐 | 农奴 |

8. l 的发音

发 l 时,舌尖抵住上齿龈,软腭上升,堵塞鼻腔通道,声带轻微颤动,气流从舌头两边通过。

如:

| l | 冷落 | 领略 | 拉拢 | 轮流 | 嘹亮 | 劳累 |

9. zh、ch 的发音

发 zh 时,舌尖上翘,接触硬腭前部,软腭上升,堵塞鼻腔通道,紧接着构成阻碍的部位打开一道窄缝,气流从缝隙中摩擦而出,声带不颤动,气流较弱。发 ch 时,除气流较强外,其他的发音特点均与 zh 的相同。

如:

| zh | 纸质 | 正直 | 执著 | 珍重 | 装置 | 住宅 |
| ch | 驰骋 | 穿插 | 铲除 | 橱窗 | 唇齿 | 长城 |

10. sh、r 的发音

发 sh 时,舌尖上翘,接近硬腭前部,形成一道窄缝,软腭上升,堵塞鼻腔通道,气流从缝中摩擦而出,声带不颤动。发 r 时,除声带轻微颤动外,其他的发音特点与 sh 的相同。

如:

  sh 杀手 属实 神圣 闪烁 伤势 双声
  r 仍然 柔弱 荣辱 忍让 如若 荏苒

11. j、q 的发音

发 j 时,舌面前部首先接触硬腭前部,软腭上升,堵塞鼻腔通道,然后打开阻塞形成一道窄缝,气流从缝中摩擦而出,声带不颤动,气流较弱。发 q 时,除气流较强外,其余的发音特点与 j 的相同。

如:

  j 积极 救济 讲究 骄矜 佳节 洁净
  q 蹊跷 求情 亲戚 全球 清秋 欠缺

12. x 的发音

发 x 时,舌面前部接近硬腭前部,形成一道窄缝,软腭上升,堵塞鼻腔通道,然后气流从窄缝中摩擦而出,声带不颤动。

如:

  x 肖像 小心 新秀 现象 宣泄 星宿

13. g、k 的发音

发 g 时,舌根(舌面后部)隆起,抵住软腭,软腭上升,堵塞鼻腔通道,然后气流冲破舌根阻碍,声带不颤动,气流较弱。发 k 时,除了气流较强外,其他的发音特点均与 g 的相同。

如:

  g 公共 高贵 干戈 灌溉 尴尬 骨干
  k 宽阔 坎坷 可靠 刻苦 慷慨 苦口

14. h 的发音

发 h 时,舌根接近软腭,形成一道窄缝,软腭上升,堵塞鼻腔的通道,气流从窄缝中摩擦而出,声带不颤动。

如:

  h 黄昏 欢呼 火花 淮河 呼喊 浩瀚

三、声母辨正

声母辨正是普通话语音辨正的一个组成部分。其他方言区的人在学习普通话的过程中,须将普通话与其方言进行比较,对于不相符合的部分,找出对应关系、对应条件等,修正出现的错误和缺陷,正确使用普通话。所谓声母的错误,是将此声母完全读成彼声母,如将"泥(ní)"读成"梨(lí)";所谓声母的缺陷,是指声母的发音不完全到位或不够自然,如发翘舌声母的时候舌尖放在上齿龈而不是抵在硬腭前端,所以听起来的音是介于平翘之间。不同方言区的人在学习普通话的过程中遇到的情况是不一样的,以下所举是具有较强普遍性的几个问题。

(一) 分辨 zh、ch、sh 和 z、c、s

根据两组声母的发音特点,我们习惯将 zh、ch、sh 组称为"翘舌音"或"卷舌音",z、c、s 组称为"平舌音"。汉语方言中,多数地方只有平舌音而无翘舌音,如上海话、苏州话、成都话、武汉话、广州话;也有少数方言区只有翘舌音而无平舌音,如湖北钟祥旧口话、湖北京山杨峰话。有的方言区虽然两组声母都有,但各组包括的字跟普通话不尽一致,如西安话部分翘舌声母念成了[pf]、[pf']、[f-]。

分辨平舌声母和翘舌声母的主要方法有以下几种。

1. 准确地把握发音要领

两组声母的主要差异是发音部位不相同:z 组声母是舌尖按触或接近下齿背,zh 组声母是舌尖稍稍后缩上翘接触或接近硬腭前部。

2. 记住相关的字

1) 记少不记多

从舌尖前音和舌尖后音的字数对比来看,舌尖前音约占 30%,舌尖后音约占 70%,因此我们可采用记少不记多的方式来记音——记舌尖前音字以推相应的舌尖后音字。另外,有些舌尖前音只包括非常少的常用字,记住这些舌尖前音常用字可帮助推断大量的舌尖后音字。

如:

zen	怎
zhen	针、珍、斟、真、缜、甄、臻、枕、诊、振、震、圳……
ca	擦、嚓
cha	叉、插、搭、查、察、茬、茶、碴、衩、岔、蛇、刹……
ceng	层、曾
cheng	撑、称、成、城、诚、呈、程、承、橙、澄、乘、逞……
cou	凑
chou	抽、仇、愁、绸、惆、稠、酬、畴、踌、瞅、丑、臭……
sen	森
shen	深、身、申、伸、呻、绅、神、什、婶、沈、肾、慎……
seng	僧
sheng	生、牲、笙、甥、声、升、绳、渑、省、盛、圣、剩……
se	色、瑟、塞、啬、涩
she	奢、赊、猞、舌、折、佘、蛇、舍、设、社、射、涉、赦……

但也有一些特殊的情况需要注意,如在常用字中,以"叟"为声旁的形声字,除"瘦"以外,其余均为相应平舌音的字,如"溲、搜、嗖"等;以"宗"为声旁的形声字,除"崇"以外,其余均念平舌音,如"踪、综、棕、粽、淙"等;以"责"为声旁的形声字,除"债"以外,其余的均为相应的平舌音字,如"渍、簧、喷"等;以"则"为声旁的形声字,

除了"铡"字外，其余均是相应的平舌音字，如"测、厕、恻、侧"等。

2）利用形声字声旁类推

汉字中，声旁相同的形声字，发音大多相近或相同，这为我们记忆字音提供了重要线索。如："中"字的声母是 zh，以它为声旁的一系列字的声母也是 zh，如"忠、钟、盅、衷、种、肿、仲"等；"兹"的声母是 z，以它为声旁的"滋、孳、磁、慈"等字的声母也是舌尖前音 z 或 c。常见的一些声符有：

zh　丈、专、支、止、中、长、主、正、占、只、召、执、至、贞、朱、争、志、折、
　　者、直、知、真、章

z　子、匝、宗、卒、责、兹、曾、尊、赞、澡

ch　叉、斥、出、产、成、辰、呈、昌、垂、春、朝、厨

c　才、寸、仓、从、此、采、参、曹、崔、窜

sh　山、少、市、申、生、召、式、师、叔、尚、受、舍、刷、扇、孰、率、善

s　四、司、孙、松、思、叟、素、桑、遂、散、斯

声旁类推的方法具有一定的局限性，有时会遇到一些特殊的情况，如"叟"的声母是舌尖前音 s，以它为声旁的"搜、艘、嗖"等字的声母也是舌尖前音 s，但"瘦"的声母却是舌尖后音 sh。所以，我们在运用某种一般规律的同时，也要注意特殊性。

3）利用声韵拼合规律类推

普通话语音体系中，声母、韵母的拼合是具有一定规则的，音节是否符合该规则也是进行辨正的依据。如：平舌音声母是不会与 uang、uai、ua 三个韵母相拼的，由此推知"抓、刷、拽、揣、帅、装、床、双"等字都是翘舌音字；舌尖后音声母 sh 不跟韵母 ong 相拼，由此推知"松、耸、送"等字的声母都是舌尖前音 s。

4）声旁联想辨记

普通话 zh 组声母的来源之一古"知、彻、澄"三母和普通话 d、t 的来源古"端、透、定"三母在上古是一组声母，"知、端"同母，"彻、透"同母，"澄、定"同母，所以现代汉语普通话中 d、t 声母字和卷舌声母字多有相互做对方声旁或同声旁的情况。据此，我们可推知某些字是翘舌而不是平舌。如根据"终"的声旁是"冬"可知它的声母是翘舌 zh 而不是平舌 z。

例如：

d 登	ch 橙 澄	
d 单	ch 蝉 婵 禅 阐	
t 童	zh 撞 幢	ch 憧 瞳
t 台	zh 治	ch 答　　sh 始
t 迢 笤	zh 召 招 昭 沼 照	ch 超　　sh 韶 绍
d 调 碉 雕	zh 周	ch 绸 稠 惆
d 悼 掉	zh 卓 掉 焯 罩	ch 踔 绰
t 偷	sh 输	

训 练

1. 字的对比

z—zh 宗—中 凿—着 早—找 在—寨

c—ch 匆—冲 材—柴 忖—蠢 凑—臭

s—sh 梭—说 俗—赎 伞—闪 岁—睡

2. 词的对比

栽花—摘花　　死寂—史记　　乱草—乱吵　　三层—山城

3. 平舌音、翘舌音组词对比

z—zh 赞助　遵照　追踪　种族

c—ch 粗茶　草虫　揣测　冲刺

s—sh 肃杀　桑葚　深邃　哨所

4. 绕口令练习

(1) 这是蚕,那是蝉,蚕常在叶里藏,蝉藏在树里唱。

(2) 三山撑四水,四水绕三山,三山四水春常在,四水三山好春光。

(3) 办公室里有一个自制的纸篓,纸上写满字,篓里扔满纸。

(4) 我说四个石狮子,你说十个纸狮子,石狮子是死狮子,四个狮子不能嘶,纸狮子也是死狮子,十个纸狮子不能撕,狮子嘶,撕狮子,死狮子,狮子尸。要想说清这几个字,读准四、十、石、死、撕。

(5) 紫瓷盘,盛鱼翅。一盘生鱼翅,一盘熟鱼翅,迟小池拿了一把瓷汤匙,要吃清蒸美鱼翅。一口鱼翅刚到嘴,鱼刺刺进齿缝里,疼得小池拍腿挠牙齿。

(二) 分辨 n 和 l

汉语方言中 n、l 混读的现象相当普遍,如西南官话的大部分地区(如成都、武汉)、江淮官话的部分地区(扬州、南京)、兰银官话的部分地区(银川)都存在这一现象。湘、赣、闽等也存在大片 n、l 混读的地区。

分辨两个声母的主要方法有以下几种。

1. 把握发音要领

这两个声母的主要差别是发音方法不同:发 n 时,软腭下降,气流从鼻腔呼出;发 l 时,软腭上升,气流从口腔舌头两边呼出。

2. 记住相关的字

(1) 记少不记多:汉语普通话中,边音声母 l 要远远多于鼻音声母 n,故可记鼻音以推相应的边音。可用形声字声旁内推的方式举一反三。常见的 n 声母代表字有"乃、内、宁、尼、奴、农、那、念、南、聂"等,通过它们能推出许多声旁相同亦读 n 声母的形声字,如:以"内"字便可推出"讷、呐、纳、衲、钠"等一串鼻音声母的字;以"宁"可推出"柠、咛、狞、拧、泞"一串鼻音声母的字。

（2）普通话中,鼻音声母 n 的字,其声旁有一部分与 er、r、zh、ch 及以 i 开头的韵母自成音节有关。

如：

er　　　　你 倪 霓 睨 腻 耐 聂

r　　　　 溺 匿 诺 搦

zh、ch　　扭 纽 妞 钮 忸 拈 粘 鲇 黏 碾 啮 嫩 淖

i(y)　　　挠 铙 蜺 拟 蔫 凝 拗 暖

（3）将发 n 声母的字(声旁相同的选一代表字)编成下面这个顺口溜帮助记忆,其中括号内的字不是鼻音声母。

南宁内,年年暖,男女农（民）,努（力生产）。糯（米）酿牛脑,（又）嫩（又）腻（又）粘。奶娘你念（谁）？倪奈聂扭扭捏捏闹溺尿,（没）能耐,弄泥（做）鸟（太）难哪。

3. 利用普通话声韵拼合规律类推

（1）在普通话中,n 不与韵母 ia 相拼,故"俩"的声母只能是边音。

（2）l 不与 en 相拼,故"嫩"的声母只能是鼻音。

（3）n 不与 ou 相拼（只有不常用的"耨"字例外）,因此"搂、楼、篓、漏、露、陋、髅、喽"等字的声母只能是边音。

（4）n 也不与韵母 un 相拼（只有不常的"麕"字例外）,所以"抢、囵、沦、轮、伦、纶、论"等字的声母都是边音。

（5）n 与 in 相拼的常用字只有一个"您"字,故"林、临、淋、邻、磷、鳞、赁、吝、拎、琳、凛"等字的声母只能是边音声母 l。

 训　练

1. 字的对比

那—辣　孬—捞　糯—洛　虐—略　碾—脸　南—蓝　尿—料

讷—乐　奈—赖　馁—磊　娘—凉　妞—溜　逆—立　挪—罗

2. 词的对比

大怒—大路　泥巴—篱笆　水牛—水流　允诺—陨落　浓重—隆重

3. 鼻音、边音组词对比

年轮　耐劳　脑力　女郎　鸟类　冷暖　留念　老衲　烂泥　流年　农历　奴隶

4. 绕口令练习

（1）念一念,练一练,n、l 发音要分辨。l 是边音软腭升,n 是鼻音舌靠前。你来练,我来念,不怕累,齐努力,攻难关。

（2）有座面铺面朝南,门口挂个蓝布棉门帘。摘了蓝布棉门帘,看了看,面铺面朝南；挂上蓝布棉门帘,看了看,面铺还是面朝南。

（3）路东住着刘小柳,路南住着牛小妞,刘小柳拿着九个红皮球,牛小妞抱着六

个大石榴,刘小柳把九个红皮球送给牛小妞,牛小妞把六个大石榴送给刘小柳,牛小妞脸儿乐得像红皮球,刘小柳笑得像开花的大石榴。

(三) 分辨 f 和 h

我国南方湘语、赣语、客家话、闽语、粤语等方言大都不能区分 f 与 h,同时在北方方言的江淮官话、西南官话中也存在一些类似的现象。多数混淆是把部分 h 声母混入 f 声母,如长沙话、南昌话、重庆话把"回"说成"fei",把"湖"说成"fu";也有些地方将 f 混入 h 的,如厦门话、潮州话、湖北的洪湖话、湖北的恩施话等,把"飞、风"说成是"灰、烘"。此外,互混现象也存在。

这两个声母的发音方法相同,都是清擦音,不同的是发音部位:f 的发音部位是上齿接近下唇,而 h 是舌根接近软腭。因为发音部位相去甚远,所以从发音本身来讲并没有什么难度,分辨的重点是在这两个音的常用字记忆方面。

关于这两个音的记字方法具体有以下几种。

1. 利用形声字声旁类推

例如:

　　f 声母

　　伐—筏　阀　垡

　　番—翻　蕃　藩　嬏　幡

　　凡—帆　矾　钒　梵

　　反—返　饭　贩　畈

　　h 声母

　　化—花　哗　骅　铧　桦　货

　　胡—湖　葫　猢　瑚　糊　蝴

　　皇—凰　湟　惶　徨　煌　蝗

2. 利用声韵拼合规律分辨

(1) 除 u 外,其他合口呼韵母都不与 f 相拼,由此可以推断"化、灰、活、换、怀、混、黄"等字的声母都是 h。

(2) f 与 o 相拼的只有一个"佛"字,因此其他在方言中念 fo 的字在普通话中都应该改为 huo 音。

(3) f 不与 ai 相拼,因此方言中念 fai 的字在普通话中都应改为 huai 音。

(4) f 不与 ong 相拼,方言中念 fong 的字在普通话中应改为 feng 音或 hong 音。

3. 声旁联想辨正

普通话 f 声母的来源古"非、敷、奉"三母和普通话 b、p 声母的来源古"帮、滂、并"三母在上古是同一组声母,普通话 h 声母的来源古"晓、匣"二母跟普通话 g、k 声母的来源古"见、溪、群"三母发音部位相近或相同,所以 b、p 声母的字与 f 声母的字有相互做对方声旁或同声旁的情况,以及 g、k 声母的字与 h 声母的字有相互做对方声旁

教师口语

或共声旁的情况。

例如：

    b 播—f 番　蕃　藩　翻
    g 该—h 骇　骸　氦　孩
    b 逼—f 幅　富　副
    g 故—h 葫　糊　怙　湖　瑚　蝴　猢　胡
    b 扮—f 分　芬　氛　粉　汾　份　纷　忿
    g 剑—h 会　桧　荟　烩　绘
    b 板—f 反　返　饭　贩
    g 感—h 撼　憾
    p 排—f 非　匪　诽　痱
    k 盔—h 灰　恢
    p 蓬—f 逢　蜂　锋　峰
    k 魁—h 槐　魂
    p 旁—f 方　房　防　访　纺　放　妨
    k 空—h 红　虹　讧

4. 记少不记多

相比之下，f 声母音节字少，h 声母音节字多，我们可以着重记一些 f 声母代表字以推相应 f 声母。

训　练

1. 字的对比练习

发—花　　烦—环　　方—慌　　粉—混　　父—户　　饭—换　　夫—呼

2. 词的对比练习

理化—理发　　纷乱—昏乱　　舅父—救护　　防虫—蝗虫　　公费—工会
飞机—灰鸡　　幅度—弧度　　翻腾—欢腾　　富丽—互利　　俯视—虎视

3. f、h 声母之组词练习

回复　伙房　荒废　粉红　发挥　混纺　凤凰　繁华
焚毁　烽火　腐化　粪灰

4. 绕口令练习

（1）风吹灰飞，灰飞花上花堆灰。风吹花灰灰飞去，灰在风里飞又飞。

（2）对门有堵白粉墙，白粉墙上画凤凰。先画一只粉黄粉黄的黄凤凰，再画一只绯红绯红的红凤凰。黄凤凰、粉凤凰，两只都像活凤凰。

（3）丰丰和芳芳，上街买混纺。红混纺、粉混纺、黄混纺、灰混纺，红混纺做裙子，粉混纺做衣裳。穿上新衣多漂亮，丰丰和芳芳喜洋洋。感谢叔叔和阿姨，多纺红、粉、灰、黄好混纺。

(四)分辨尖音和团音

尖音、团音是针对古"见、晓"组声母和"精"组的声母的区别而言。所谓"团音",是指"见、晓"组声母在 i、ü 前读 j、q、x 的音;所谓尖音,是指"精"组声母在 i、ü 前没有变成 j、q、x 而仍读 z、c、s 的音。普通话中,"见、晓"组和"精"组的细音字都读 j、q、x,所以普通话是没有尖音、团音之分的。但是在北方方言区,有大约百分之二十的地区是有尖音、团音之分的,主要集中在河北的南部、山东东部、山东河南两省交界处、河南西南部、陕西中部、广西东北部,如石家庄、青岛、郑州、洛阳、宝鸡、桂林等地。郑州话将"聚、秋、宣"分别读成[tsy]、[ts'iou]、[syen]。鄂东南隶属赣语的阳新、通山等地方言也有尖音、团音之分,如通山话中,津[tsin]的读法不同于斤[tɕin],想[sioŋ]的读法不同于响[ɕioŋ],酒[tsiu]的读法不同于九[tɕiu],接[tsi]的读法不同于结[tɕi]。

有尖音、团音之分的方言区的人在学习普通话过程中要特别注意把尖音改为团音,在记忆本方言中存在哪些尖音字的同时,还可利用声韵拼合规律进行辨正。如舌尖前音 z、c、s 决不与撮口呼韵母和齐齿呼韵母相拼,zi、ci、si 后的韵母是舌尖前元音 -i[ɿ]。

除以上提到的几个方面外,送气与不送气音的分辨问题、清音与浊音的分辨问题、舌面音与舌根音的分辨问题、零声母的读音问题等,也一定程度地在某些方言区存在着。所以,必须在准确把握普通话声母的发音部位和发音方法的前提下,因地制宜,对症下药,有效地进行声母辨正。

 训 练

1. 字的对比
j[tɕ]

| 集—急 | 剂—寄 | 接—街 | 姐—解 | 借—界 |
| 焦—交 | 酒—九 | 就—舅 | 尖—间 | 箭—间 |

q[tɕ']

| 七—期 | 妻—欺 | 锹—敲 | 瞧—桥 | 妾—怯 |
| 千—铅 | 钱—钳 | 亲—钦 | 秦—芹 | 俏—撬 |

x[ɕ]

| 西—吸 | 细—戏 | 斜—鞋 | 小—晓 | 仙—掀 |
| 修—休 | 先—掀 | 线—县 | 仙—锨 | |

2. 绕口令

小芹手脚灵,轻手擒蜻蜓;小青人精明,天天学钢琴。擒蜻蜓,趁天晴,小芹晴天擒住大蜻蜓。学钢琴,趁年轻,小青精益求精练本领。你想学小芹,还是学小青?

本节练习

1. 综合列出普通话所有声母的发音部位和发音方法。
2. 任选50个常用字,为其标注普通话声母并认读。
3. 声母调查例字:按你家乡话的读音标出下列例字的方言声母,然后按发音方法排列,同普通话进行比较。

布—步　别　怕　盘　　　　旋—玄
门—闻　　　　　　　　　税—费
飞—灰　　　　　　　　　糟—招—焦
冯—红　　　　　　　　　仓—昌—枪
扶—胡　　　　　　　　　曹—巢—潮—桥
到—道　夺　太　同　　　散—扇—线
南—蓝　　　　　　　　　祖—主—举
怒—路　　　　　　　　　醋—处—去
女—吕　　　　　　　　　从—虫
莲—年—严　　　　　　　苏—书—虚
贵—跪　杰　开　葵　　　增—争—蒸
岸—暗　　　　　　　　　僧—牛—声
化—话　　　　　　　　　粗—初
围—危—微　　　　　　　锄—除
午—武　　　　　　　　　思—师—施
精—经　　　　　　　　　认—硬
节—结　　　　　　　　　扰—脑—袄
酒—九　　　　　　　　　若—约
秋—丘　　　　　　　　　闰—运
齐—旗　　　　　　　　　延—言—然—缘—元
修—休　　　　　　　　　软—远
全—拳

4. 绕口令练习。

(1) 红砖堆,青砖堆,砖堆旁边蝴蝶追,蝴蝶绕着砖堆飞,飞来飞去蝴蝶钻砖堆。

(2) 四是四,十是十,十四是十四,四十是四十,谁能说准四十、十四、四十四,谁来试一试。

(3) 石、斯、施、史四老师,天天和我在一起。石老师教我大公无私,斯老师给我精神食粮,施老师叫我遇事三思,史老师送我知识钥匙。我感谢石、斯、施、史四老师。

(4) 门口有四辆四轮大马车,你爱拉哪两辆就拉哪两辆。小罗要拉前两辆,小梁偏要抢小罗的前两辆,小罗只好拉小梁的后两辆。

（5）笼子里面有三凤：黄凤、红凤、粉红凤。忽然黄凤啄红凤，红凤反嘴啄黄凤，粉红凤帮啄黄凤。你说是红凤啄黄凤，还是黄凤啄粉红凤。

第三节　普通话韵母发音及方音辨正

一、韵母及其作用

（一）韵母

韵母，指汉字音节中除声母与声调以外的部分。

普通话有 39 个韵母。韵母主要由元音充当，也有的是由元音加鼻辅音 n 或 ng 构成。

韵母是普通话音节不可缺少的成分。普通话音节允许无声母（零声母音节），如 āyí 阿姨，但不能没有韵母及声调。也就是说，汉语音节中不一定要有辅音，但必须有元音（口语中个别叹词除外，如 m、n 嗯）。韵母大多数可以自成音节。普通话韵母总表如表 1-3 所示。

表 1-3　普通话韵母总表

	开口呼	齐齿呼	合口呼	撮口呼
单韵母	-i[ɿ][ʅ]	i[i]	u[u]	ü[y]
	a[A]	ia[iA]	ua[uA]	
	o[o]		uo[uo]	
	e[ɤ]			
	ê[ɛ]	ie[iɛ]		üe[yɛ]
	er[ɚ]			
复韵母	ai[ai]		uai[uai]	
	ei[ei]		uei[uei]	
	ao[au]	iao[iau]		
	ou[ou]	iou[iou]		
鼻韵母	an[an]	ian[iɛn]	uan[uan]	üan[yɛn]
	en[ən]	in[in]	uen[uən]	ün[yn]
	ang[aŋ]	iang[iaŋ]	uang[uaŋ]	
	eng[əŋ]	ing[iŋ]	ueng[uəŋ]	
			ong[uŋ]	iong[yŋ]

（二）韵母的作用

（1）区别音节的意义是韵母的主要作用。汉语音节中声、韵、调三者无论哪一项不同，都会导致词义的差异。

（2）使音节饱满响亮。音节中声音最响亮的是韵母，韵母中最响亮的是韵腹。韵腹即音节中的最主要元音，其开口度最大，发音时声带振动最为充分，共鸣丰满，形成了音节的拉开立起之势。

二、韵母的分类及发音

普通话韵母可以从两个角度进行分类：一是根据韵母的结构成分；二是根据韵母开头元音的发音口形。

（一）根据韵母的结构成分划分

根据韵母结构成分的不同，可以把韵母分为单韵母、复韵母、鼻韵母三类。

1. 单韵母

单韵母：由单元音音素组成的韵母叫单韵母。普通话的10个元音都可以充当单韵母。

单韵母的发音特点是：舌位、唇形和开口度按要求保持一致的状态，没有动程。

形成单韵母不同音色的三个条件是：舌位的高低、舌位的前后、唇形的圆展。

舌位又叫"近腭点"，发音舌头向上隆起，对着上腭，接近上腭的最高点就是舌位。

舌位的高低：舌位的高低与开口度有关。开口度大，舌位低；开口度小，舌位高。根据舌位的高低和开口度的大小可以把元音分为低元音（开元音韵母，如 ɑ），半低元音（半开元音韵母，如 ê），半高元音（半闭元音韵母，如 o、e），高元音（闭元音韵母，如 i、u、ü）。

舌位的前后：发音时舌面隆起的最高点在舌面前部，叫"舌前音"，如 i、ü；舌面隆起的最高点在舌面后部，叫"舌后音"，如 u、o；舌面隆起的最高点在舌面中间，叫"舌中音"，如 e。

唇形的圆展。发音时，嘴唇拢圆的，叫"圆唇音"，如 u、ü；嘴唇处于自然状态的，叫"展唇音"或"不圆唇音"，如 ɑ、e、i、ê。

根据发音时舌头的部位和唇形、开口度的状态，又可将10个单韵母分为三类：舌面单韵母、舌尖单韵母、卷舌单韵母。

（1）舌面单韵母：又称"舌面元音韵母"，舌头的高点在舌面上，舌面在发音时起主要作用。它们是：ɑ、o、e、ê、i、u、ü。从舌位的前后、舌位的高低（开口度的大小）、唇形的圆展几个方面综合起来看，舌面元音韵母的发音情况可用下图（见图1-1）表示。

ɑ[A]——舌面、央、低、不圆唇元音。发音时，口大开，舌头居中央，舌位低，唇形不拢圆。

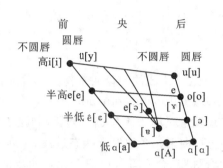

图1-1 舌面元音韵母舌位唇形图

o[o]——舌面、后、半高、圆唇元音。发音时,口半闭,舌头后缩,舌位半高,唇拢圆。

e[ɤ]——舌面、后、半高、不圆唇元音。发音状态与o基本相同,但双唇不拢圆,自然展开。

ê[ɛ]——舌面、前、半低、不圆唇元音。发音时,口半开,舌头前伸抵下齿背,舌位半低,唇形自然展开。

i[i]——舌面、前、高、不圆唇元音。发音时,唇形呈扁平状,舌头前伸,使舌尖抵下齿背。

u[u]——舌面、后、高、圆唇元音。发音时,舌头后缩,舌根接近软腭,双唇拢圆。

ü[y]——舌面、前、高、圆唇元音。发音时,舌头前伸,舌尖抵下齿背,双唇拢圆。

(2)舌尖单韵母:发音时由舌尖位置发挥主要作用的单韵母,它们是-i[ɿ]和-i[ʅ]。

-i[ɿ]——舌尖、前、高、不圆唇元音。发音时,舌尖前伸接近下齿背,气流通道虽然狭窄,但气流通过时不发生摩擦,双唇自然展开。该单元音韵母只能出现在声母z、c、s后面,不能自成音节。如"资"的韵母-i(前)。

-i[ʅ]——舌尖、后、高、不圆唇元音。发音时,舌尖轻微上翘接近硬腭前部,气流通道虽狭窄,但气流通过时不发生摩擦,双唇自然展开。该单元音韵母只能出现在声母zh、ch、sh后面,不能自成音节。如"知"的韵母-i(后)。

(3)卷舌单韵母:带有卷舌色彩的单韵母。

er[ɚ]——卷舌、央、中、不圆唇元音。r不代表音素,只是一个表示卷舌动作的符号。发音时,口形中开(比[ɛ]略小),舌位居中,舌头稍后缩,唇形不圆,在发e[ɤ]的同时,舌尖向硬腭卷起。该单元音韵母只能自成音节。如普通话的"儿、而、耳、尔"等字的发音。

训 练

a[A]—刹那　腌臢　　　　o[o]—薄膜　泼墨
e[ɤ]—折射　苛刻　　　　ê[ɛ]—欸
i[i]—稀奇　谜底　　　　u[u]—武术　路途

ü[y]—聚居　序曲　　　　　-i[ɿ]—字词　私自

-i[ʅ]—指示　失职　　　　　er[ɚ]—耳　二

2. 复韵母

复韵母：由两个或三个元音组成的韵母叫复韵母。普通话共有13个复韵母，即ai、ei、ao、ou、ia、ie、ua、uo、üe、iao、iou、uai、uei。

复韵母的发音特点是发音过程中舌位、唇形及开口度有变化，即由甲元音的发音状态快速向乙元音甚至再向丙元音的发音状态过渡，中间气流不中断，浑然一体。由两个元音构成的复元音称"二合元音"，由三个元音构成的复元音称"三合元音"。普通话中二合元音的韵母有9个，三合元音的韵母有4个。

复韵母中的元音在整个音节中的作用各有不同，据此可将其分为韵头、韵腹、韵尾三部分。韵腹是韵母中的最主要元音，即开口度最大、发音最清晰、最响亮的元音。韵腹前面的元音是韵头（又叫"介音"，即介于声母与韵腹之间的音），发音轻且短，往往表示发音的起点，通常由高元音i、u、ü充当。韵腹后面是韵尾，往往表示舌位滑动的方向，音值含混不太固定，元音韵尾通常由i、o、u充当（鼻辅音韵尾由n、ng充当）。一个音节可以没有韵头、韵尾，但韵腹不可或缺。

复韵母（包括鼻韵母）中的韵腹由于受前后音素的影响，实际音值与单元音并不是完全相同的，发音时不可拘泥单元音的舌位和口形。如uai、uei两个复韵母的韵腹a、e，其舌位受韵尾i的影响，发音位置一定程度地前移。

根据韵腹所在的位置，可将复韵母分为前响复韵母、中响复韵母、后响复韵母。

（1）前响复韵母：ai、ei、ao、ou。

前响复韵母由2个元音复合而成。发音时，前面的元音清晰响亮，音值较长，后面元音轻短模糊。

例如：

　　开采（kāicǎi）　配备（pèibèi）　高潮（gāocháo）　守候（shǒuhòu）

（2）中响复韵母：iao、iou、uai、uei。

中响复韵母是由3个元音复合而成。发音时，中间的元音清晰响亮，前后元音轻短。

例如：

　　巧妙（qiǎomiào）　摔坏（shuāihuài）

（3）后响复韵母：ia、ie、ua、uo、üe。

后响复韵母亦是由2个元音组成。发音时，前面的元音轻短，只表示舌位从该处开始移动，后面的元音开口度大，清晰响亮。

例如：

　　架下（jiàxià）　贴切（tiēqiè）　耍滑（shuǎhuá）　陀螺（tuóluó）

雀跃（quèyuè）

3. 鼻韵母

鼻韵母是由元音和鼻辅音韵尾构成的韵母。普通话共16个鼻韵母，即an、ian、

uan、üan、en、in、uen、ün 等 8 个前鼻韵母,以及 ang、iang、uang、eng、ing、ueng、ong、iong 等 8 个后鼻韵母。

鼻韵母的发音有以下特点。

第一,由元音向鼻辅音自然过渡,鼻音色彩逐增加,最后,发音部位完全闭塞,形成鼻辅音。

第二,鼻音韵尾只有成阻和持阻阶段,除阻阶段不发音,即发唯闭音。

第三,前鼻韵尾 n 与声母 n 发音部位相同,即舌尖抵住上齿龈,不同的是声母 n 要除阻,而韵尾 n 不除阻。后鼻韵尾 ng 与声母 g、k、h 发音部位相同,即舌根抵住软腭,不同的是 ng 是浊鼻音,发音软腭下垂,气流振动声带从鼻腔通过,除阻阶段不发音。

 训　练

an	干旱	沾染	难堪	蹒跚	ang	昂扬	芳香	厂长	刚强
en	认真	深沉	愤恨	人参	eng	丰盛	更正	逞能	登程
ian	艰险	脸面	鲜艳	前年	iang	想象	强项	洋相	湘江
in	信心	亲近	金银	殷勤	ing	命令	精英	平静	禀性
uan	官宦	婉转	专款	软缎	uang	狂妄	惶惶	矿床	往往
uen	昆仑	混沌	谆谆	温润	ueng	老翁	蓊郁	酒瓮	
üan	渊源	圆圈	轩辕	全权	ün	军训	逡巡	均匀	熏晕
ong	冲动	红松	共同	从容	iong	汹涌	茕茕	芎䓖	熊熊

(二)根据韵母开头元音的发言口形划分

按照韵母开头元音的发音口形,传统音韵学将韵母分为"四呼",即开口呼、合口呼、齐齿呼、撮口呼。

(1)开口呼:不以 i、u、ü 开头,并不包括 i、u、ü 在内的所有韵母。

(2)齐齿呼:以 i 开头,并包括 i 在内的韵母。

(3)合口呼:以 u 开头,并包括 u 在内的韵母。

(4)撮口呼:以 ü 开头,并包括 ü 在内的韵母。

三、韵母的辨正

普通话与各地方言在韵母上的差异比较大。韵母辨正与声母辨正一样,要结合各地的实际情况,弄清方言语音中的韵母与普通话韵母的对应关系,从根本上把握普通话韵母体系。

(一)合口呼的问题

普通话语音体系中的合口呼很丰富,相对而言,各地方言尤其是西南方言、江淮方言的合口呼韵母很少。

（1）西南官话、江淮官话中没有 uo 韵的字，如成都话、武汉话中的"多、锅、窝"的韵母是都是"o"。

（2）普通话的 uan 韵，湖北大部分地区在舌尖音后面有 an 无 uan 或少 uan，如"短、团、暖、峦、钻、篡、算"等字的韵母都被读为"an"。

（3）普通话的 uen 韵，当它放在舌尖前音、舌尖中音声母后面的时候，西南地区（除昆明外）基本上都是读 en 韵，如将"顿读成 den"、"论读成 len"、"村读成 cen"、"孙读成 sen"；在武汉及周边的一些方言中还是读撮口呼，但声母已变成舌面音 j、q、x，如将"准读成 jūn"、"春读成 qūn"、"顺读成 xūn"。

（4）北方话多数地区在 n、l 声母后有 uei 无 ei 韵。如太原、西安、兰州、昆明、南京、扬州、成都等地，都是将"内、擂"等字的韵母读成 uei 的，但济南、郑州将"内"读成 nei，而将"擂"读成 luei。西南方言中部分地区在舌尖音后有 ei 无 uei 或少 uei，将"内、擂、对、退、罪、脆、岁"等字的韵母一律读成 ei，少部分地区的情况正好相反，将上述例字的韵母一律读为 uei。

（5）普通话舌尖前音 z、c、s 后的 u 韵的字，在陕西关中大部分地区（如西安、白水）和湖北大部分地区都读为开口呼，如武汉话"粗、租、苏、杜、土、努、鲁"的韵母都是 ou。陕西关中部分地区如咸阳，舌尖前音声母后则是舌尖前高圆唇韵母[ʮ]，如"租、粗、苏"。普通话舌尖后音声母后的 u 韵，在湖北武汉、天门、来凤、宣恩等地一律读成撮口呼 ü 韵，声母随即也变成了舌面音 j、q、x，如"猪、除、书"，而湖北麻城、孝感一带，以及陕西的关中咸阳、兴平等地，一律读为舌尖圆唇元音[ʮ]或[ʅ]。

分辨 o、e、uo 这组经常发生混淆的韵母，在掌握其发音要领的基础上，可以从普通话拼合规律入手加以区分：如 o 只跟声母 b、p、m、f 相拼，不跟其他声母组合；而 uo、e 则刚刚相反，不跟声母 b、p、m、f 相拼（"什么"的"么"除外），可以跟其他声母组合。e 与 uo 在与 g、k、h 相拼的时候，最容易发生错误，要特别引起注意。

训 练

1. 词语练习

强迫	沉默	罪恶	可以	革命	咳嗽	硕果	骆驼	国货
堕落	过河	合伙	唱歌	个数	苛刻	醉意	摧毁	队长
后退	随和	干脆	累赘	蓓蕾	内贼	对待	推算	断然
村庄	损坏	团圆	湍急	王孙	冷暖	宣传	伦敦	尊贵
堆积	兑现	硫酸	输赢	主人	出处	路途	单独	恼怒

2. 绕口令

（1）老葛姓葛不姓果，老葛唱歌去买锅，唱歌口渴要水喝，买锅店里没有货。没有货，别恼火，不买这个买那个。心胸开豁莫难过。买鸡鹅，称水果，买齐货物再唱歌，越唱心中越快活。

（2）山前有个崔粗腿，山后有个苏腿粗，二人山前来比腿。不知是崔粗腿比苏腿粗的腿粗，还是苏腿粗比崔粗腿的腿粗。

(二)复韵母与单韵母

这里的复韵母主要是指古"蟹、止、效、流"四摄演变而来的 ɑi、ei、ɑo、ou 四组韵母,它们在部分地区有单元音化倾向。如:在上海话中,"摆"念[pɑ]、"代"念[dɛ]、"悲"念[pe]、"飞"念[fi]、"包"念[pɔ]、"谋"念[mɤ];昆明话"晒"念[sæ]、"扫"念[sɔ]、"黑"念[xə]。这类现象主要表现在吴方言中,在其他地区方言中也有不同程度的反映。

另外,也有些地方方言存在相反的情况,即单韵母转化为复韵母,主要表现为 i、u、ü 三个单韵母。这在闽方言、粤方言中表现得较为明显,在北方方言的西南官话也有一定的体现。如:广州话的"谜"念成[mei]、"素"念成[ʃou]、"絮"念成[ʆæy];西南官话大部分地区将"闭"说成[pei]、"杜"说成[tou]、"蓄"说成[ɕiu]等。

训 练

词语练习

| 货币 | 批评 | 首都 | 轮渡 | 兔子 | 奴隶 | 出租 | 土炉 | 徒弟 |
| 地图 | 眉毛 | 积蓄 | 谜语 | 摆脱 | 代表 | 悲痛 | 飞机 | 打扫 |

(三)鼻音韵尾的变化与分混

普通话有两个鼻音韵尾,前鼻韵尾 n 和后鼻韵尾 ng,前鼻韵尾字和后鼻韵尾字发音的区别十分清楚,但在各方言区的情况却表现得比较复杂:有的是部分或全部后鼻韵尾读成前鼻韵尾;有的是少量前鼻韵尾和后鼻韵尾互混;有的是鼻音韵尾丢失,元音鼻化;有的是丢失韵尾后完全变成了纯口音。

西北方言一般是没有前鼻韵尾 n,鼻化元音丰富。如西安话的后鼻韵尾 ng 基本上保留(在 ɑ 后有弱化的倾向),而前鼻韵尾 n 完全丢失且元音鼻化。太原话的高元音后一律是 ng([əŋ]、[iŋ]、[uəŋ]、[yəŋ]),低元音后或丢失鼻韵尾,或元音鼻化,或变成纯口音。兰州话则刚刚相反,高元音后只有 n 尾([ən]、[in]、[un]、[yn]),低元音后也没有 ng 尾,也就是说,普通话的 n 尾字在兰州话中保持,普通话的 ng 尾在兰州话里丢失且元音鼻化。

西南方言、江淮方言多半是有前鼻韵尾无后鼻韵尾,普通话中后鼻韵尾字如"程、京"在这些方言中多读为前鼻韵尾字"陈、金"。此外,昆明、湖北西部的少部分地区、南京六合等地还不分"盘"和"旁"、"关"和"光"、"温"和"翁"等音。

分辨前后鼻韵,除了要区分 n 和 ng 的发音外,应该重点记忆普通话中哪些是前鼻音字,哪些是后鼻音字,其具体的记忆方式有以下几种。

1. 根据形声字声旁类推记忆

我国大部分方言区 in 韵与 ing 韵、en 韵与 eng 韵是整体对应关系,那么可利用前面多次提到过的形声字声旁类推方法帮助记忆。

例如：

in

斤、靳、近、芹、欣、昕、忻、新、薪

今、衿、妗、矜、琴、衾、芩、吟

林、淋、琳、霖、啉

磷、鳞、麟、嶙、遴、粼

堇、馑、谨、瑾、槿

ing

令、伶、岭、玲、零、铃、龄、岭、领（注："邻"字韵母为 in，为后起的简化字，例外）

庭、蜓、挺、艇

青、清、晴、蜻、情、请

经、茎、泾、颈、径、胫、痉、轻、氢、陉

en

申、呻、伸、绅、神、婶

分、芬、纷、吩、汾、粉、份、忿、盆

艮、根、跟、垦、痕、很、狠（注："银、龈、垠"3 字韵母为 in）

珍、诊、疹、趁、轸

辰、振、赈、震、晨

eng

朋、绷、棚、硼、鹏、崩、嘣

争、挣、峥、狰、睁、铮、筝、诤（注："净、静"两字韵母为 ing）

正、政、证、症、惩、征

蜂、峰、锋、缝、烽、蓬、篷

腾、滕、藤

2. 根据声韵拼合规律记忆

根据声韵拼合规律来参考取舍的方法亦可借鉴。具体规律有以下几条。

（1）普通话中 d、t 不与 in 相拼，只与 ing 相拼，所以常用字如"丁、顶、定、听、挺、停"等都是后鼻音。

（2）n、l 不与 en 相拼（"嫩"字除外），只与 eng 相拼，常用字"能、楞、冷、愣"都是后鼻音。

（3）bin 没有上声字，"秉、丙、炳、柄"等常用字都是后鼻音。

（4）ping 没有去声字，"品、聘"等常用字都是前鼻音。

3. "记少丢多"的方式

"记少丢多"也是辨正的方法之一。记住 gen 音节只有"根、跟、亘"三个常用字，剩下的读该音节的字就应该是后鼻音。记住 hen 音节只有"痕、很、恨、狠"四个字，其余的都念后鼻音。

训练

1. 字的对比

n—ng

山—伤	班—帮	沾—张	奔—崩	盆—棚	门—盟
份—奉	跟—耕	镇—正	音—婴	斌—兵	频—凭
民—名	今—京	信—幸	裙—穷	勋—兄	寻—雄

2. 词的对比

n—ng

反问—访问　　开饭—开放　　心烦—心房　　铲子—厂子　　长针—长征
身手—生手　　瓜分—刮风　　禁地—境地　　临时—零食　　信服—幸福

3. 辨音诗练习

(1) en 韵诗。

怎肯轻言愤世,说甚看破红尘,无病呻吟其何益,空负好时辰。问人生真谛何在?奋进是根本!

少冷漠,要热忱,坚韧忠贞。趁青春年华,吐芬芳,挑重任,显身手,报国门。

(2) eng 韵诗。

澎湖岛上登峰,山道峥嵘,怪石狰狞。望长空,烹煮黄昏霞如火,水汽蒸腾雾迷蒙。

转眼众星捧月,长庚独明,更有乘风大鹏,万里征程,猛志天生成,却不是身在蓬莱,神入梦中。

(3) in 韵诗。

近河滨、景色新、绿草茵茵水粼粼,禽鸟唱林荫。

政策好,顺民心,人人尽力共驱贫,辛勤换来满地金,天灾难相侵。诗心禁不住,一曲今昔吟。

(4) ing 韵诗。

志士镇守在边庭。统猛丁,将精英,依形恃险筑长屏,亭燧座座警号鸣,惨淡经营。

屏侵凌、震顽冥,敌胆破望影心惊、其锋谁撄?八方平定四境宁,赢得史册彪炳,千古令名。

4. 绕口令

(1) 真冷,真正冷,人人都说冷,猛地一阵风,全身更加冷。

(2) 高高山上一根藤,青青藤条挂金铃,风吹藤动金铃响,风停藤静铃不鸣。

教师口语

 本节练习

1. 列出普通话单韵母的发音情况。
2. 韵母调查例字：按家乡话的读音标出下列例字的韵母，然后与普通话读音进行比较。

资—支—知	第—地	野—以—雨	铁—踢	落—鹿—绿
各—郭—国	确—缺	月—欲—药	盖—介	饱—保
斗—赌	怪—桂—贵	短—胆—党	酸—三—桑	竿—间
含—衔	根—庚	减—检—紧—讲	连—林—邻—灵
心—新—星	光—官—关	良—廉	魂—横—红	温—翁
权—船—床	圆—芸	群—琼—穷	动—胸

耳	爬	河	蛇	架	姐	故	花	过	色	虚
靴	直	日	辣	舌	合	割	北	百	急	接
夹	木	出	刮	活	倍	妹	桃	丑	母	帅
条	流	烧	收	东

3. 朗读以下绕口令。

（1）王婆卖瓜又卖花，一边儿卖来一边夸，又夸瓜，又夸花，夸瓜大，大夸花，夸来夸去没人理她。

（2）一个小娃娃，捉了三个大蛤蟆；三个胖娃娃，只捉了一个大蛤蟆。捉了一个大蛤蟆的三个胖娃娃真不如捉了三个大蛤蟆的那个小娃娃。

（3）山上有三个喇嘛拿着三个喇叭。山下来了三个哑巴捧着三斤糍粑。哑巴吹喇嘛的喇叭，喇嘛吃哑巴的糍粑。

（4）哥哥弟弟坡前坐，坡上卧着一只鹅，坡下流着一条河，哥哥说，宽宽的河，弟弟说，肥肥的鹅，鹅要过河，河要渡鹅。不知是鹅过河还是河渡鹅。

（5）南边儿来了个老伯，提着一面铜锣；北边儿来了个老婆儿，挎着一篮香蘑。卖铜锣的老伯要拿铜锣换卖香蘑的老婆儿的香蘑，卖香蘑的老婆儿不愿拿香蘑换卖铜锣老伯的铜锣。卖铜锣的老伯生气敲铜锣，卖香蘑的老婆儿含笑卖香蘑，老伯敲破了铜锣，老婆儿卖完了香蘑。

（6）有个老头本姓顾，上街打醋带买布。打了醋，买了布，抬头碰见鹰捉兔，放下醋，丢下布，上前去追鹰和兔，回头不见布和醋。飞了鹰，跑了兔，丢了布，撒了醋，满肚子怨气没处诉。

（7）清早起来雨稀稀，王七上街去买席，骑着毛驴跑得急，捎带卖蛋又贩梨，一跑跑到小桥西，毛驴一下失了蹄，打了蛋，撒了梨，急得王七眼泪滴，又哭鸡蛋又骂驴。

（8）大妹和小妹，一起去收麦。大妹帮小妹割大麦，小妹帮大妹挑小麦。两人收完麦，一起去打麦，大妹打小麦，小妹打大麦，颗颗粒粒充满爱。

（9）小艾和小戴，一起去买菜。小艾买菠菜，小戴买苋菜，萝卜、茄子、小白菜，人人见了人人爱。

(10) 巧巧过桥找嫂嫂,小小过桥找姥姥;巧巧桥上碰到小小,小小邀巧巧找姥姥,巧巧邀小小找嫂嫂,小小巧巧同去找姥姥和嫂嫂。

(11) 三月三,进深山,带毛毯,备马鞍,进了深山去种杉。

三月三,下海滩,烧午饭,挎上篮,下了海滩捡鸟蛋。

(12) 一线天,一线天,天上有云烟,云烟舞翩翩,似神又似仙。

一线天,一线天,天上烈日炎,天下泉四溅,地阴苔藓鲜。

(13) 山前有个颜远眼,山后有个袁眼圆,两人爬上山头来比眼,不知是颜远眼的眼比袁眼圆的眼看得远,还是袁眼圆的眼比颜远眼的眼长得圆。

(14) 圆圆和团团,双双逛公园。路途远,车马喧,圆圆嫌气短,团团把气喘;圆圆要划船,团团要看猿;圆圆想看泉,团团到处窜;一个软,一个倦,一个冤,一个怨,怨来怨去没人劝。

(15) 小陈和小文,两人最勤奋;一个打飞蚊,一个扫灰尘;一个用烟熏,一个用水喷;一个除草根,一个用火焚,飞蚊和灰尘,定无处藏身。

(16) 茵茵住海滨,穿裙扎头巾;彬彬住森林,种菌养家禽。茵茵想彬彬,忧愁泪满襟;彬彬思茵茵,辗转夜半吟。茵茵念彬彬,望能一条心;彬彬梦茵茵,盼能早结亲。

(17) 大胖二胖两人抬缸。大胖要抬到上房,二胖要抬到下房;大胖说上房好放缸,二胖说下房缸好放;好放缸,缸好放,二人抬缸成抬杠。抬抬缸,抬抬杠,抬到下房抬上房,抬到上房抬下房,忽听咣当响,抬缸抬杠打破缸。打破缸,怨抬杠,大胖怨二胖,二胖怨大胖,两个胖子泪汪汪。

(18) 杨家养了一只羊,蒋家修了一堵墙;杨家的羊撞了蒋家的墙,蒋家的墙压死了杨家的羊,杨家要蒋家赔杨家的羊,蒋家要杨家赔蒋家的墙。

(19) 高高山上一根藤,藤条头上挂铜铃,风吹藤动铜铃响,风止藤静铜铃停。

(20) 山上有个棚,棚上有个瓶,风吹瓶儿动,瓶儿碰棚儿蹦。

(21) 山上松,地里葱,松颂葱,葱颂松;松颂葱叶茎郁葱葱,葱颂松不畏寒和冬。

(22) 雄雄和锋锋,晴空放风筝,雄雄放蜻蜓,锋锋放雄鹰,迎面空中起东风,蜻蜓雄鹰乘风行。

第四节 声　　调

一、声调的性质

声调是指一个音节高低升降的变化。比如:"mā、má、mǎ、mà"四个音节的差异,就在于高低升降的变化不同。

声调的变化主要取决于音高,与音长也有关系。从声调形成的物理特征看,声调的音高变化,与声带的松紧及单位时间内声带振动的频率有关。声调的音高是相对的。比如说,55调,女人的绝对音高比男人的高,儿童的绝对音高比大人的高,因此,每个人有自己的相对音高。

普通话声调是音节结构中不可缺少的组成部分,它同声母、韵母一样有区别意义的作用。如果说话时没有声调,就无法准确表达汉语的意义,也不能完整地标注汉语的语音。相同的声、韵母组合在一起,可以因为声调的不同而表示不同的意思。如"妈、麻、马、骂"的意义不同,就是声调的不同造成的。"看书≠砍树"、"生活≠圣火",这两组词语声、韵母相同却语义有别,也是声调的区别所致。

汉语是有声调的语言,声调是普通话和任何一种汉语方言语音的最显著和最基本的特征。声调决定着普通话或汉语方言的语音面貌。比如,北京话区别于陕西话,武汉话区别于江西话。除了声、韵的区别外,决定因素是声调的不同。就此而言,声调又是普通话与方言、方言与方言之间区别的一把标尺。因此,声调作为能区别意义和有区别特征作用的音高变化,它在汉语语音系统中具有特殊的重要地位。

二、调值、调型、调类

调值是声调的实际读法,是一个音节高低升降变化的具体形式。

为了准确记录声调的调值,通常采用五度标记法。具体步骤是:先画一条竖线作为比较交线,分成四格五点,从下到上分别用1、2、3、4、5表示低音、半低音、中音、半高音、高音,再在比较交线的左边用横线、斜线、折线表示声调的音高变化的形式和范围,然后,根据这些横线、斜线或曲折线两端或转折点达到的音高等级,标出各个声调的调值。如图1-2所示,其中标记的就是普通话4个声调的调值。

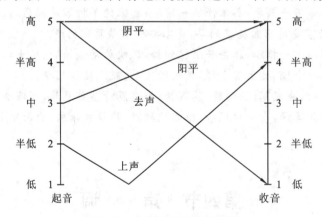

图1-2 普通话的声调及调值

普通话4个声调的调值分别是"55、35、214、51",与调值相关的是调型。调型是调值升降形式的类型。从以上调值图可以看出,普通话的调型有高平调、中升调、降升调、全降调。而汉语的调型有平调、升调、降调、降升调、升降调。调型在普通话学习中有重要意义。一般普通话的语音面貌,从调型能够很好地反映。二级、三级水平的普通话,其基本特点就是4个声调的调型与普通话相同或相近,而一级水平的普通话,调型和调值都十分规范、标准。

调类就是声调的种类,是根据声调的实际读法归纳出来的类别。有几种实际读法就有几种调类。因而,一种语言(或方言)有多少个调值,也就有多少个调类。普通话有4个调值,因此,普通话有阴平、阳平、上声、去声4个调类。

三、普通话的四声

普通话有4个基本声调,调值分别为"55、35、214、51"。因而有4个调类,同时有4个调型。调值、调类、调型的相互对应关系如表1-4所示。

表1-4 调值、调类、调型的相互对应关系

调 值	调 类	调 型
55	阴平	高平调
35	阳平	中升调
214	上声	降升调
51	去声	全降调

《汉语拼音方案》规定用"－、/、∨、\"四个符号作为普通话声调的"调号",由于普通话只有4个声调,因而这4个调号既表示普通话的4个调值,也表示普通话的4个调类和4个调型。普通话4个声调特点如下。

(一) 阴平

普通话的阴平调由5度到5度,调值为"55"。特点是声调高而平直,是高平调。例如:

gāo	shān	chū	shēng	pō
高	山	出	生	坡

(二) 阳平

普通话的阳平是由3度到5度,调值为"35"。特点是发音时直线上升,是中升调。

例如:

píng	nán	tí	fán	róng
平	南	题	繁	荣

(三) 上声

普通话的上声调是降升调,调值是为"214",特点是先降后升。

例如:

guǎn	lǐ	shuǐ	guǒ	guǎng
管	理	水	果	广

（四）去声

普通话的去声调是全降调，由 5 度到 1 度，调值为"51"。特点是从最高降至最低，音时短。

例如：

| xià | jiàng | chuàng | zào | kùn |
| 下 | 降 | 创 | 造 | 困 |

前面我们讲过，普通话声调的音高是相对音高，主要凭语感发音，因而要真正读准普通话 4 个声调，就要反复听规范读音，跟着练读，多练习例字、例词，特别要注意同声同韵字的声调。只有多多练习，才能做到发音准确到位，练到能熟练读出任何一个字的普通话 4 个声调。

四、普通话的腔调

普通话腔调是以普通话 4 个声调的连续发音形式为核心，包括变调等在内的整体性语音特征，是普通话声调系统基本因素的有机组合。

普通话的单个字调固然重要，但只有普通话的腔调才能反映普通话语音的基本面貌。比如一个武汉人、一个沈阳人、一个山西人在一起说话，不用考察他们的声母、韵母、词汇、语法，只要具备一定的语音知识仅凭腔调就能迅速而准确地判断谁讲的是武汉话，谁讲的是沈阳话，谁讲的是山西话。

在普通话测试中，一个人读单音节字词时，方言腔调不易表露出来，但在朗读或说话时，方言腔调则比较明显。原因是，在词语连读时音节或因素相互影响，从而声调发生一定程度的变化。因此，读单字时不明显的问题，在连读时则会充分地表露出来，从而表现为腔调的缺陷。普通话腔调的具体表现就是普通话声调连读过程中伴随着声调相互影响引起的变化。

实践证明，声调连读在形成腔调的过程中，调值会发生许多变化，有些变化我们能感受到，但目前还不能准确地描述出来罢了。但是，读准单字声调决不等于掌握了普通话的腔调，这是不容置疑的事实。在普通话测试中，有的人读单音节字词和多音节词语时，声调还可以，但朗读短文时，方言就会有所显露，说话时方言腔调更加明显。所以学习普通话不但要读准单字声调，更要努力把握声调连读形式——普通话腔调。

学习普通话腔调，读准普通话的 4 个声调是基础。实际上，一些人朗读、谈话中腔调不准的问题，就隐含在单字声调之中，只是读单字调时，问题暴露得不充分罢了。

学习普通话声调，要努力培养普通话语感，注意字调连读的细微变化，仔细揣摩普通话腔调，多听、多读、多练。普通话腔调读准了，普通话的等级水平也一定会得到提高。

五、声调辨正

普通话语音与方言的主要区别在于声调的不同,也就是说,一个人说话的声调是普通话声调,他说的就是普通话。从这个意义上讲,一个人普通话声调的标准程度和规范程度,基本上决定了他的普通话语音的基本面貌。因此,方言区的人学习普通话尤其要重视声调的学习。声调辨正就是要解决声调的错误问题和缺陷问题。声调的错误主要指声调的调值读得完全不对(包括变调),声调的缺陷是指调值读得不完全到位,或不自然,而系统性的声调缺陷,往往会显露出方言腔调。

(一)读准调值

读准普通话4个声调的调值,是声调辨正的第一步。可以分以下几个步骤进行。

(1) 先在教师指导下,训练定位调值"55、44、33、22、11",做到有效控制声带,把握音高,准确到位。

(2) 练习同声同韵字,从阴平到去声反复练习,直到能准确随机读出任何一个声调为止。如"妈、麻、马、骂"。

(3) 对照自己的方言,找出与普通话声调的不同来练准普通话调值。

(二)声调辨正

对于与自己方言完全不同的声调方言区的人比较容易改过来,但是如何准确把握普通话每个声调的调值高低是他们难以解决的问题。比如,阴平调调值是55,阴平调调值是一个相对音高,单念时不会有问题,但在词语或语流中调值不到位会显露方言痕迹。如"落山",由于"山"受"落"的影响,"山"的调值可能降为"33",听感上就不准确了。上声调调值是"214",如果调值把握不准,念成"324",单念都会出现缺陷,或者干脆念成阳平调。去声调调值是"51",受方言的影响,有些人容易念成"522"。这些都是在教学中或测试中时常出现的情况,如果调值把握不准,会影响普通话的语音面貌。

六、声调的标记方法

(一)标调符号

标调符号,简称"调号",就是声调的标记符号。调号如下:

    阴平— 阳平/ 上声∨ 去声\

这4个符号表示了普通话4个不同的调类,同时表示了普通话的4个调型,还表示了普通话的4个调值,因而这4个调号兼有三重身份。

(二)标调法

(1) 调号要标在韵母上。

(2) 如果是复韵母,则标在开口度最大,发音最响亮的元音上。先找 a、o、e,后找 i、u、ü。

(3) i、u 并列标在后

(4) 如果调号标在 i 上，i 上一点必须省去，标在 ü 上，则加在两点之上。

(5) 轻声音节不标调号。

 本节练习

1. 按普通话 4 声的调值念下面的音节。

一 姨 乙 艺　　yī　yí　yǐ　yì
辉 回 毁 惠　　huī　huí　huǐ　huì
风 冯 讽 奉　　fēng　féng　fěng　fèng
飞 肥 匪 费　　fēi　féi　fěi　fèi
通 同 桶 痛　　tōng　tóng　tǒng　tòng
迂 于 雨 遇　　yū　yú　yǔ　yù

2. 按阴平、阳平、上声、去声的顺序念语句。

中华有志　zhōng　huá　yǒu　zhì
坚持改进　jiān　chí　gǎi　jìn
中华伟大　zhōng　huá　wěi　dà
千锤百炼　qiān　chuí　bǎi　liàn
光明磊落　guāng　míng　lěi　luò
花红柳绿　huā　hóng　liǔ　lǜ

3. 按去声、上声、阴平、阳平的顺序念语句（上声按变调念半上）。

破釜沉舟　pò　fǔ　chén　zhōu
调虎离山　diào　hǔ　lí　shān
弄巧成拙　nòng　qiǎo　chéng　zhuō
信以为真　xìn　yǐ　wéi　zhēn
妙手回春　miào　shǒu　huí　chūn
异口同声　yì　kǒu　tóng　shēng

4. 声调辨正之读词。

小刘—小柳　　大学—大雪　　深情—申请　　大同—大筒　　不及—不挤
出逃—出讨　　下毒—下肚　　不咳—不可　　小儿—小耳

第五节　音　变

前面是对音节作静态分析，这一节对音节作动态分析。学习本节，应重点掌握普通话的几种音变现象，并了解轻声和儿化的作用。

音变就是语音的变化。人们在说话时,不是孤立地发出一个个音节(字),而是把音节组成一连串自然的语流。由于相邻音节的相互影响或表情达意的需要,有些音节的读音要发生一定的变化,这就是语流音变。

普通话语音中常见的音变现象有:变调、轻声、儿化、语气词"啊"的变读。

一、变调

在语流中,有些音节的声调由于受相邻音节的影响而与单字调值不同,这种变化叫做变调。变调常常是由后一个音节声调的影响引起的,变调是语言中的自然音变现象,并不影响语义的表达。

在普通话中,常见的变调有:上声的变调、"一"的变调、"不"的变调、形容词重叠词尾的变调。

(一)上声的变调

上声的调值是长而曲的,只有在单念或词语末尾时,上声字声调不变,如"李"。其他情况均发生变化,具体有以下几种规律。

(1)上声+上声→阳平(调值为"35/24")+上声:两个上声字相连,前一个变得像阳平。如"管理、手指、母语、海岛、粉笔、偶尔、骨髓"。

(2)上声+非上声(阴平、阳平、去声)→半上(调值为"211")+非上声,上声字在非上声字前,即上声字在阴平字、阳平字、去声字之前,调值由"214"变为"21"或"211"。如"响声、小心、广播、普通、语言、祖国、水平、旅行、伟大、解放、感谢、朗诵"。

(3)上声+上声+上声→(半上+阳平+上声 单双格)。如"好领导、很勇敢、有理想、冷处理"。

(4)上声+上声+上声→(阳平+阳平+上声 双单格)。如"展览馆、洗洗手、蒙古语、草稿纸"。

(5)上声+轻声 → 阳平+轻声(本音上声)。如"打手、想起、晌午"。

(6)上声+轻声 → 半上+轻声(本音阴阳去)。如"哑巴、点心、喜欢、老实、打量、码头、伙计、铁匠、首饰"。

(7)有几种例外:①上声在轻声"子"的前面,不读阳平,读半上。如"李子、底子、种子、款子"。②表示亲属称谓的两个上声字相连,前一个读半上,后一个读轻声。如"姐姐、嫂嫂、奶奶、姥姥"。

(二)"一"、"不"的变调

这两个字都是古入声字,单念时"一"念阴平,"不"念去声,但在语句中,依据它们后面音节声调的不同而有一些变化。

1. "一"的变调

(1)"一"字单念、放句尾、几个数字连在一起或在序数中时,其声调不变,读原调。如"一、统一、划一、一一过目、一附中、第一次"。

(2)"一"字在阴平字、阳平字、上声字之前念去声。如"一般、一双、一年、一条、一把、一朵"。

(3)"一"字在去声字的前面念阳平。如"一样、一向、一夜、一律"。

(4)"一"字嵌在重叠的动词中间念轻声。如"看一看、想一想、做一做"。

2."不"的变调

(1)"不"字单念、在句尾或在阴平字、阳平字、上声字之前读本音,即去声。如"不、我偏不、不香、不说、不能、不妨、不好、不管"。

(2)"不"字在去声字的前面念阳平。如"不对、不妙、不利"。

(3)"不"字夹在词语中间念轻声。如"差不多、数不清、挪不动"。

(三)形容词重叠词尾的变调

形容词主要有三种重叠格式,下面说明它们的变调情况。

1."AA 式"形容词的变调

非阴平调的单音节形容词重叠成"AA 式"后,第二个"A"变为阴平并且儿化,如果第二个"A"不儿化,一般可保持原调不变。如"好好儿(的)、慢慢儿的"。

2."ABB 式"形容词的变调

一部分单音节形容词所带的叠音后缀"BB",是非阴平的变为阴平。不过,如果念得缓慢,不变也可以。如"绿油油(的)、沉甸甸(的)"。

3."AABB 式"形容词的变调

双音节形容词重叠成"AABB 式"之后,第二个"A"变为轻声,非阴平的"BB"变为阴平,且第二个"B"常常儿化。如"漂漂亮亮"、"马马虎虎"。

二、轻声

(一)轻声的性质

轻声是一种轻短模糊的调子。汉语的每个音节都有一定的声调,只是在特定的场合中,由于音节弱化,有的音节失去原调,变成一种既轻又短的调子。这就叫"轻声"。例如:"头"在"头脑、头发"这些词里或单念时,读阳平调;可是在"石头、木头、甜头、看头"这些词里,读起来轻得多、短得多,这里的"头"就变成了轻声。

轻声是一种声调的音变,而不是一个独立的声调。也就是说,轻声不是4个声调之外的第五种声调,而是4个声调的一种特殊音变。

(二)轻声词

新词、科学术语一般没有轻声音节,口语中的常用词才有读轻声音节的。下面一些成分,在普通话中通常读轻声。

(1)助词"的、地、得、着、了、过"和语气词"吧、吗、呢、啊"等。

(2)构成名词的虚语素"子、头"等,构成代词表示多数的"们"。

(3) 叠音词和动词重叠形式后头的字。
(4) 趋向动词,如"来、去、起来、过去、下去"等做补语。
(5) 方位词,如"上、下、里、外"等。
(6) 量词"个"常常读轻声。
(7) 有一批常用的双音节词,第二个音节习惯上要读轻声。

(三) 轻声的作用

轻声在交流思想,表达感情时起着积极作用,恰当地使用轻声能使我们所说的话音调强弱有序,和谐动听。轻声还有区别词义和词性的作用。
(1) 区别词义,如"八哥、老子"。
(2) 区别词性,如"大意、自然"。
(3) 帮助区别词与词组,如"打手、买卖"。

另外,语流中的轻声词和习惯上读轻声的轻声字词,一般没有区别词义、词性的作用,但这些字词是否读轻声,将会影响语义或是普通话的语调。

三、儿化

(一) 什么是儿化

在普通话中,单韵母 er 可以与其他韵母结合成一个音节,并使这个韵母转变为卷舌韵母,这种现象,叫做"儿化",儿化后的韵母叫"儿化韵"。

带儿化韵母的音节,一般用两个汉字来表示,用汉语拼音字母拼写这些儿化音节,只需在原来的音节之后,加上"r"表示卷舌动作就可以了。

例如:

    门儿 menr 馅儿 xianr 花儿 huar

(二) 儿化韵的实际读音

一般韵母在儿化了之后,会发生或大或小的音变,因受卷舌动作的影响,有的韵母的韵腹带上卷舌色彩,有的韵母变成较低较央的元音,变化的情况根据韵腹和韵尾而定。

(1) 前一音节的韵腹或韵尾是 a、o、e、ê、u 的,原韵母不变,加上卷舌动作 r。

例如:

      刀把儿 bar 台阶儿 jier

(2) 前一音节的韵尾是 i、n 的,丢去韵尾,主要元音加卷舌动作 r。但要注意:对于 ui、un 这两个韵母,必须写成 uei、uen,再去掉 i 或 n。

例如:

      小孩儿 har 一点儿 diar
      墨水儿 shuer 打盹儿 duer

(3) 前一音节的韵母是 i、ü,韵母不变,加上卷舌韵母 er。

例如：

　　　　　　小鸡儿 jier　　玩意儿 yier　　金鱼儿 yüer

（4）前一音节韵母是 in、ün 的，去掉 n，加上卷舌韵母 er。

例如：

　　　　　　脚印儿 yier　　合群儿 qüer

（5）前一音节的韵母是 -i[ɿ]、-i[ʅ] 的，丢掉韵母，加上卷舌韵母 er。

例如：

　　　　　　石子儿 zer　　没事儿 sher

（6）前一音节韵尾是 ng 的，丢掉韵尾，加上卷舌动作，同时主要元音鼻化。

例如：

　　　　　　帮忙儿 mãr　　小熊儿 xiõr　　麻绳儿 shẽr

从以上儿化的实际读音中可以看出，儿化韵母的音变往往不是简单地在韵母后加上一个卷舌的动作，而是伴随脱落、增音、更换和同化现象。普通话韵母除 ê、er 之外都可以儿化。

（三）儿化的作用

（1）区别词义，如"头—头儿、火—火儿"。

（2）区别词性，如"盖—盖儿、画—画儿"。

（3）区分同音词，如"开火儿—开伙、拉链儿—拉练"。

（4）表示细小、轻微的意思。

（5）表示亲切、喜爱的感情色彩。

在北京话中，儿化是一种较普遍的现象，用好了有助于思想感情的表达，但也不能滥用儿化。

四、语气词"啊"的变读

"啊"作为叹词可以单用，独立地表示一定的语意。用在词句末尾的"啊"是语气词，常受前一个音节末尾音素的影响而发生变化，发生音变后，字形亦可根据实际读音改写。

（1）在 a、o、e、ê、i、ü 后，读 ya，可写作"呀"。如"好大呀、真积极呀"。

（2）在 u（包括 ao、iao）后读作 wa，可写作"哇"。如"哭哇、好哇"。

（3）在 n 后，读作 na，可写作"哪"。如"难哪"。

（4）在 ng 后，读作 nga，汉字写作"啊"。如"节省啊、一样啊"。

（5）在 -i[ɿ] 后，读作 [za]；在 -i[ʅ] 或 er 后，读 ra，汉字写作"啊"。如"写字啊、自私啊、没事啊、好吃啊"。

掌握了"啊"的变读，说话，朗读时就能语气自然，就能准确地表达语气，写作时也能恰当地使用语气词。

本节练习

1. 读准带"一、不"的双音节词语。

一一　一半　一定　一般　一起　一生　一路　一天
一体　一行　不好　不顾　不够　不屈　不能　不及
不想　不日　不拘　不适

2. 读准带轻声字的双音节词语。

刀子　车子　孙子　丫头　后头　胳膊　抽屉　姑娘
师傅　苍蝇　哆嗦　他们　朋友　时候　铺盖　记得
心思　知识　扎实　软和　那边　在乎　老婆　模糊
月亮　洒脱　似的　亲家　簸箕　进项　便宜　别扭
拨弄　直溜　硬朗

3. 读准带儿化韵的双音节词语。

本色儿　好好儿　沾阄儿　拔尖儿　冰棍儿　老头儿　豆角儿
蛐蛐儿　纳闷儿　墨水儿　围脖儿　一块儿　照片儿　玩儿命
起名儿　中间儿　小曲儿　片儿汤　一会儿　做活儿

4. 朗读短文。

（1）一个大一个小，一件衣服一顶帽。一边多一边少，一打铅笔一把刀。一个大一个小，一只西瓜一颗枣。一边多一边少，一盒饼干一块糕。一个大一个小，一头肥猪一只猫。一边多一边少，一群大雁一只鸟。一边唱，一边跳，大小多少记得牢。

（2）不久前，一艘巨大的木船把我们送到这个小岛上，周围是不平静的大海，看不见这小岛以外的陆地，听不到城市的种种声音。带我们到这儿来，不会毫无目的吧？我找不到一个熟悉的人，只好不顾面子，向同来的一个欧洲人发问，也不知他懂不懂汉语。结果他不声不响，只是目不转睛地盯着不远的地方，身子动也不动。我得不到答复，不得已只好待在小屋里。不久，他们送来了吃的，也不知道是些什么东西。本不想吃，可肚子不答应，勉强吃了一点儿，不甜不咸，不酸不辣，说不出是什么滋味儿，这样过了几天，每天不是听海浪的呼啸，就是遥望大海，不仅没人能够交谈，也不敢随意走动。

第六节　语音规范化

　　语音的规范，是指民族共同语语音明确的、一致的标准，主要是根据语音发展的规律来确立和推广标准音。这里，主要包含了两方面的内容：第一，确立普通话的各种语音标准；第二，大力推广以北京语音为标准音的普通话。

　　普通话以北京语音为标准音，但普通话语音并不完全等同于北京语音。一般认为作为普通话规范标准的北京语音,是指北京话的语音系统,即北京话的声韵调系统,而不是说北京话中每一个字的发音都是标准音。因此,由于北京语音的内部存在着分歧,某些语音成分的取舍还没有一致的标准,方言区的人在学习普通话时感到普通话语音的规范在某些方面还不够明确。例如轻声和儿化是北京语音的特点,对意义的表达有一定的作用,但轻声和儿化是不是都要吸收到普通话里来,哪些应该吸收,哪些不应该吸收,这些问题还没有得到很好的解决。又如北京话里存在着一词两读的现象,各方言区的人学习普通话,遇到这种现象时,就不知道应该以哪一个读音作为标准。语音规范化的目的是让语言这个工具更好地发挥它的交际功能。

(一) 轻声和儿化现象

轻声和儿化是北京话里突出的语言现象,它们在语言的表达和区别部分同音词上有一定的作用,因此,应该在普通话语音系统中给予轻声和儿化应有的地位。

北京话里轻声和儿化现象虽然很普遍,分析起来大致也不外乎以下几种情况。

(1) 有辨义作用的,也就是有区别意义的。如"东西、大意、买卖",读轻声或不读轻声,意义不同。"地道"不读轻声是名词,表示"地面下的通道";读轻声时是形容词,表示"真正的、纯粹的"。

又如,"白面(白粉)—白面儿(毒品)、一块——一块儿、摊—摊儿、个—个儿",儿化或不儿化,意义不同。

这些轻声和儿化有区分词义、词性或色彩的作用,对这类词,应该按轻声或儿化念。

(2) 习惯上非如此不可,但没有区别意义作用的。如:"上面"只读"上面";"哥哥"只读"哥哥"。又如只读"这儿、哪儿、小孩儿、冰棍儿、打鸣儿",这些词都只有一种说法,没有区别意义的作用,但在语言里已经用得很普遍。

(3) 两可的情况。没有一定的读法。例如"沙发、烦恼、喜鹊",第二个音节可以读轻声,也可以不读轻声。又如"冒烟、嘴唇、帮忙、有事",可儿化,也可不儿化,没有一定的说法。

根据这样的情况,可以认为具有区别意义作用的轻声和儿化情况算合乎规范的;没有区别意义作用的轻声和儿化情况(即第二类)要分别对待,对于其中有较强规律性的已被普遍采用的,可以吸收到普通话里来,以丰富语言的表达手段。两可的情况(即第三类)则基本上不采用,那些没有区别意义作用的,或是本来就是两可的,可作为北京话的方言土语成分看待,不必吸收到普通话里来,以免加重其他方言区人学习普通话的负担。

轻声和儿化的规范问题比较复杂,目前尚未定出明确的规范标准。要完全得到解决还必须深入地进行调查研究,并且要结合词汇语法的规范问题一起来考虑和研究。

(二) 异读词现象

北京话里存在着许多一词两读的现象。例如:"跃进"可以读 yuèjìn,也可以读

yàojìn；"机械"可以读 jīxiè，也可读 jījiè；"琴弦"可以读 qínxián，也可以读 qínxuán。这种可以两读的词称为"异读词"，北京话里的异读词相当多，普通话应该以哪一个读音作为标准，是值得研究的问题。

1．异读词现象的具体情况

北京话里的异读词，从语音的角度来分析，不外是声母不同、韵母不同和声调不同三种。

例如（下面圆括号内的读音是北音语音）：

① 声母不同

荒谬 miù(niù)　　接触 chù(zhù)　　森林 sēn(shēn)
秘密 mì(bì)　　　商埠 bù(fù)　　　步骤 zhòu(zòu)

② 韵母不同

熟练 shú(shóu)　　淡薄 bó(báo)　　琴弦 xián(xuán)
揩油 kāi(kā)　　　飘浮 fú(fóu)　　烙饼 lào(luò)

③ 声调不同

复习 fù(fú)　　疾病 jī(jí)　　细菌 jūn(jùn)
混淆 hùn(hǔn)　伪装 wěi(wèi)　质量 zhì(zhí)

还有一些读音差别更大的异读词，声母、韵母、声调中有两项或三项不同。

例如：

卡片 kǎ(qiǎ)　　傍晚 bàng(pàng)　巷道 hàng(xiàng)
五更 gēng(jīng)　奇数 jī(qí)　　供给 jǐ(gěi)

2．异读词现象产生的原因

北京话里异读产生的原因很多，从来源看，主要有以下几个方面的原因。

1) 文白异读

文白异读，就是读书音和口语音不同，如"贼"口语音读 zéi，读书音念 zé。又如表 1-5 所示。

表 1-5　文白异读例字

例　字	柏	摘	剥	凿	液	血	肋	削
口语音	bǎi	zhāi	bāo	záo	yè	xiě	lèi	xiāo
读书音	bó	zhé	bō	zuó	yì	xuè	lè	xuē

两种音的韵母差别很大，就主要元音来说，口语音元音舌位较低，读书音元音舌位较高，这是鉴别两种音的主要办法。另外，如果韵母元音有多有少，则元音较多的是口语音。

2) 方音影响

有的方言词的读音为北京话所吸收，而同北京话原有的读音并存，因而造成异读。例如，"揩油"，kāyóu 来自方言，同普通话读法 kāiyóu 并存。

3）讹读影响

有些字被人读错了，影响扩大，正误并存，形成异读。如"商埠"中的"埠"原读 bù，但被人讹读为 fù。

4）背离规律

有些字按语音发展规律应读某音，但又出现了一个不合规律的读法，两音并存。实际上是由于北京语音本身特殊的发展，如"帆"字是古浊声母平声字，按发展规律应读阳平，但又出现阴平的读法，造成异读。

3. 异读词的审订

对于这些异读词，要确定哪一个合乎语音的规范，就必须有一个审音的标准，而来源这样复杂，审音的标准就不能定得太简单。

1956 年中国科学院成立了普通话审音委员会，专门审订异读词的读音。在确定审音的标准时，考虑了以下几项原则。

（1）一个字的读音在北京话里非常通行但不合北京语音的一般发展规律的，这个音可以采用，但同时要考虑到这个音在北方方言里应用得是否广泛。例如"危、期、帆"，在北京话里有阴平、阳平两种读法，这三个字在古代都是浊声母字，按照一般发展规律来考虑，应该采用阳平，但是阴平的读法不但在北京话里比阳平的读法通行，而且在北方方言里也用得比较广泛，因此，最终审订采用阴平的读法。

但是，如果只是在北京方言里比较通行，既不符合一般发展规律，又没有在北方方言里广泛通行，那就宁可牺牲北京话里较通行的读音。如"暂（zhàn）、酵（xiào）、诊（zhēn）"就都只是北京特有的读音，这些不合规律的音就不应用，而把"暂、酵、诊"的音各审订为 zàn、jiào、zhěn。

（2）开齐合撮的读法，原则上以符合语音发展规律为准。例如："淋"采用 lín，不采用 lún 或 luń；"花蕾"用 huālěi，不采用 huāluǐ。

（3）古代清入字在北京话的声调，凡是没有异读的，就采用北京已经通行的读法，凡是有异读的，假若其中一个是阴平调，原则上就采用阴平。如"息、击"。否则逐字考虑。

因此，异读词的读音体现了以下几个特征。

第一，符合普通话语音发展规律。如普通话中"波"原有 bō、pō 两读，"波"在古汉语中属帮母字，而不是滂母字，按古今语言发展规律在现代北京语音中应读 bō。

第二，坚持以北京语音为标准音，但不拘泥于北京的土音。如"骨"在北京话中原有 gū、gú、gǔ 三读，1995 年的《普通话异读词审音表》（简称《审音表》）基本上没有照顾北京的土音，对"骨"音审订为：除"骨碌、骨朵"读 gū 外，其余都读 gǔ，如"骨头、骨肉"。

对原有 zhī、zhí、zhǐ 三种读音的"指"也审订为一种读音 zhǐ，如"手指、指甲、指头"。

第三，便于广大群众学习普通话。对于音异义别的词，在审订时尽可能减少没有辩义作用的异读。前面所举的"指"，在北京土音中原先分别读成"指甲（zhī）、指头

(zhí)、大拇指(zhǐ)",这是没有辨义作用的异读,所以便归并为大家都熟悉的读音 zhǐ。又如"呆"原读 ái、dāi,现规定统读为 dāi。

第四,从今、从俗、从众。如"暴露"的"暴"过去读 pù,但现代很多人都念 bào,且这种读法越来越普遍,《审音表》审订"暴露"念 bàolu。对"暴露"不订为 pù,是从今而不泥古,是采取了约定俗成、承认现实的态度。

对于一般的异读词是这样,对于人名(包括姓氏)、地名等专门用字异读音的处理也是这样。如《普通话异读词三次审音总表初稿》(简称《审音初稿》)原审订"葛布、葛藤、瓜葛、诸葛"中的"葛"读 gé,单姓"葛"读 gě,1985 年《审音表》则审订"葛藤"等 3 个词中的"葛"读 gé,"葛"姓(包括单姓,复姓)一律读 gě,这也体现了从俗从众的原则。

(三)关于多音多义字的读音

有些汉字,有几种读音,不同的读音代表不同的意义,这就是多音多义字。对多音多义字,我们一定要根据它们出现的具体语言环境来确定读音。

如:

扒土 bā—扒手 pá　　处分 chǔ—处所 chù　　畜牧 xù—畜生 chù
薄纸 báo—薄情 bó—薄荷 bò　　宿舍 sù—一宿 xiǔ—星宿 xiù

异读词是专指一个汉字在一个词内有不同的读音,如果同一个汉字在不同的词中读音不同,或者不同的读音代表不同的意义,这些都不算是异读词,是不属于词音规范化范围之内的。普通话常用字中有三四百个多音多义字,这些多音多义字字形同一,读音、意义和用法却不同,必须仔细分辨,认真掌握。

造成多音多义的因素大体有以下几种。

1. 词性不同而异读的

例如:

号　hào(名词)号码—háo(动词)号叫
为　wèi(介词)为什么—wéi(动词)人为、大有作为
量　liàng(名词)质量—liáng(动词)丈量
泊　bó(动词、形容词)停泊、淡泊—pō(名词)湖泊、血泊

2. 词义不同而异读的

例如:

恶　ě 恶心—è 恶意—wù 可恶
差　chā 差距—chà 差劲—chāi 出差
的　dì 目的—dí 的确—de(助词、轻声)我的

3. 文白不同异读的

例如:

口语音—读书音
窄　zhái—zé
液　yè—yì

血　xiě—xuè

4. 普通用法与特殊用法不同而异读的

还有一部分多音多义字是由于普通用法和人名、地名用法不同而造成的。
例如：

单　dān　　单一、单纯、名单
　　chán　　单于（古代匈奴的君主）
　　shàn　　单（姓氏）、单县（地名）
翟　dí　　　墨翟（墨子）
　　zhái　　翟（姓）
区　qū　　　区别
　　ōu　　　区（姓）
牟　móu　　牟取
　　mù　　　牟（姓）

这些字在一般词里面的读音与作为姓氏、人名或地名的读音不同，必须注意它们之间的区别。

（四）防止读错字音

汉字中形声字的字音很容易被人读错。有的人无原则地根据形声字的声旁进行类推而导致误读。如：酗（xù）据声旁"凶"误读为 xiōng；迸（bèng）据声旁"并"误读为 bìng；绽（zhàn）据声旁"定"误读为 dìng；莠（yǒu）据声旁"秀"误读为 xiù。

有的人根据带某一声旁的字的读音进行类推而导致误读。如："提"的声旁"是"读 tí，于是将堤（dī）误读为 tí；"欧"的声旁"区"读 ōu，于是将岖（yū）误读为 ōu；"喘"读 chuǎn，于是将"湍"（tuān）、"揣"（chuǎi）、"踹"（chuài）、"惴"（zhuì）都误读为 chuǎn。

我们要了解汉字不是表音文字，字形与读音的联系很不紧密，大部分声旁相同的形声字，在选字的时候是同音的，但由于语音的变化，后来好些字都不同音了。因此，要想读准字音，只有勤查字典，多辨音、义和用法，只有这样，才能把字音读正确。

本节练习

1. 写出本节内容提要（300字左右）。

2. 查看《普通话异读词审音表》，用汉语拼音注出并读出下列异读词的规范读音。

澎湃（　　　）　粗糙（　　　）　乘客（　　　）　拂晓（　　　）
复习（　　　）　给予（　　　）　垃圾（　　　）　召开（　　　）
足迹（　　　）　镜框（　　　）　教室（　　　）　荫凉（　　　）
文摘（　　　）　确凿（　　　）　荨麻疹（　　　）　排忧解难（　　　）

3. 查看《普通话异读词审音表》,用汉语拼音注出并读出下列加着重号的多音字的规范读音。

(1) 牲畜( )　　畜牧( )
(2) 唱片( )　　唱片儿( )
(3) 闯劲( )　　闯荡( )
(4) 模范( )　　模样( )
(5) 应付( )　　应届( )
(6) 贫血( )　　出血了( )
(7) 安宁( )　　宁可( )
(8) 恐吓( )　　吓了一跳( )
(9) 连累( )　　累赘( )　　受累( )
(10) 着落( )　　落枕( )　　丢三落四( )

第二章 口语交际基础知识

第一节 口语交际概说

一、口语的含义

"口语"一词在《辞海》中的解释为:也叫"口头语",是口头上交际使用的语言,与书面语相对。这与《现代汉语词典》和《汉语大词典》中的定义基本相同。要更准确理解"口语"的含义,可从以下几个方面把握。

(一)口语是口说之语

人类表达语言的方式大致能分为口头的和书面的,只有用嘴说出的有声语言才算口语,用文字记录的语言则被人们称为"书面语"。早在文字产生之前,口语就伴随着人类的诞生而存在,因此人类口语的历史至少要比书面语早几十万年。而且人们日常语言表达绝大部分都是通过口语进行的。可见,口语比书面语更基本、更重要。

(二)口语表达的是人的语言

语言具有音义结合的特点,仅仅用嘴发出某些声音却不表达意义,或者仅在大脑中构思意义却不发出声音,都不是语言,更不是口语。

(三)口语主要存在人际交往当中

虽然口语表达既包括两人或多人之间的口头对话,也包括一个人的自言自语,但绝大部分的口语都存在于人与人之间的口耳相传之中。

常见的口语形式有:交谈、演讲、论辩、诵读、主持、讲故事、说相声等。对于教师和学生来说,最常见的口语形式是课堂讲解、问答问题、课外讨论、聊天之类。

二、口语的特点

口语是相对于书面语而言的一个概念,其特点自然主要表现在和书面语的差异上,具体包括以下几个方面。

(一)简便灵活

(1)口语不依赖于文字及笔、纸等书写工具,表达起来极其便利。可以说,任何两个说同一语言的人,只要具备健康的大脑、发音器官和听觉器官,他们就可以进行口语交流,哪怕是在黑暗的环境中,哪怕是在相隔千里的电话两头,哪怕是在遥远、没有文字的原始部落……相反,书面语会受到文字、纸、笔这些因素的制约。可见在简便性方面,口语明显优于书面语。

(2) 口语表达常常脱口而出,不必像构思书面表达那样深思熟虑,因此相对较灵活。而书面表达要受到书写空间和版面效果的限制,表达者不能随心所欲,总要想好了再下笔。从这个角度看,口语表达往往灵活多变,而书面表达严谨规范。

(二) 直接形象

(1) 口语要用声音来表现,更容易传达情感色彩和话语形象。口语和书面语在传递思想的方式上最大的区别在于,前者用声音信息刺激听觉神经,而后者用文字信息刺激视觉神经。人的声音信息比文字信息包含有更多、更直观的内容,比如人在说话时可以用轻重缓急、抑扬顿挫来表达自己的心情,还可以模拟出各种声音形象引发听者的联想,这些信息能够直观、形象地进入听者大脑。而文字却只能通过抽象字符来表达,其包含的人物感情和形象必须依靠读者的大脑转换才能被理解。两者的表达效果和接受者所需要付出的努力有很大的不同。这也是小孩子普遍喜欢听人讲故事,大人多数喜欢听相声、听说书的原因之一吧。

(2) 在面对面的口语交际中,常常伴随着说话人的体态动作,这相对于单纯的书面语来说更能传情达意。大多数口语交际是交际双方同时在场的,这时的口语交际是全方位的,即不光是语言上的交流,往往还伴随着说话人眼神、表情、手势、姿态等方面的交流,这种语言外因素的交流营造出基本的交际氛围,为扩充交际内容、增加交际信度、丰富言语形象创造了有利条件。而书面语交际往往是在交际双方分离的情况下进行的,缺少体态语的辅助,因此在直观和形象方面不如口语。

(三) 不易保存

(1) 声音稍纵即逝,口语不易留存。口语不依赖于书写工具,表达起来简便灵活,但这也带来它不易保存的缺点。声音是口语的负载形式,但声音稍纵即逝,要把口语保存下来就不像保存书面语那么简单了。据科学试验,一般人听连续的讲话,能精确地记住的时间不过七八秒钟,况且人的脑容量是有限制的,因此想把口语以声音的形式精确储存在大脑里是根本不可能的。现在人们借助文字或录音设备记录口语,虽然在很大程度上弥补了口语的这一缺点,但付出的成本也不低——口语转录为文字目前还不能完全依靠电脑去完成,大部分需要烦琐的人工输入和校对,另外,录音、储存、放音设备也价格不菲。

(2) 口语表达常常来不及思考,所以广泛存在不规范、不简洁的缺陷,这在转录过程中也是个不利的因素。口语表达简便灵活,却导致人们不重视它的经济性,加上口语表达常常是来不及精心准备的即兴发挥,因此里面存在大量的语病和啰唆现象。据调查统计,人们日常口语中有超过一半的表达是毫无意义的重复,语病更是举不胜举。这些东西如果要保存下来,容易造成浪费。

（四）易受干扰

口语表达虽然对书写工具没有要求，但对交际环境有较大程度的依赖，很容易受到以下两个因素的制约和影响。

1. 易受交际双方时空距离和身体因素的影响

口语交际主要在交际双方面对面的情况下进行的，这就对说者和听者的时空距离有严格要求。时间上，它无法像书面语那样可以跨越不同时代，而是必须让听说双方处于同一时间，否则就无法进行。所以当今的人们可以阅读古人留下来的书籍，而不可能听到古人的声音并与之对话。空间上，它也不像书面语那样容易跨越不同地域。虽然现在有了电话、互联网，人们可以相隔万里进行通话，但是与异地阅读比较起来，还是麻烦得多，至少在客观条件的限制上更为严格。口语交际同样受到听说双方身体因素的制约，这主要表现在对健康发声器官和听觉器官的依赖方面，就像瞎子不方便看书一样，哑巴和聋子是难以进行口头交际的。

2. 易受交际场景中其他声音的干扰

书面语交际中，语言发出和接受这两个过程可以在时空上分开，但口语交际不行，口语交际必须在一定的场合同步进行。因此口语交际很容易受到周围环境的影响，特别是声音环境。在嘈杂的场合，口语交际受到的干扰很大，当噪音超过交际语言时，口语交际就无法进行。而书面语交际却可以不受这方面的影响，人们完全可以在嘈杂的环境中读书、看信。

以上谈论了口语的四个特点，前面两个是优点，后面两个是缺点，其实它们是相辅相成的。口语的特点是相对于书面语来说的，口语的长处恰好是书面语的短处，而其短处又正好是书面语的长处（见表 2-1）。

表 2-1　口语与书面语的特征比较

	口　　语	书　面　语
表达方式	简便、灵活	有书写工具的要求
表达效果	直接、形象	间接、严密、精确
保存难度	稍纵即逝，难以保存	便于保存、传播
干扰因素	易受时空环境影响	看、写分离，对环境依赖程度小

如此看来，口语和书面语各有用武之地，缺一不可。当然，本书主要涉及口语交际问题，后面对书面语并不作详细讨论。

三、口语交际的过程

口语交际是人们通过有声语言交流信息、传情达意的社会活动。构成口语交际的基本要素包括：交际者、交际意图、交际内容及交际环境。

交际者即进行口语交际的双方，包括说话者和听话者。实际交际过程中，两者往往是相互的——一方说话时，另一方是听话者，而后者听完开始说话时，前者又变成了听话者。口语交际就是在听说双方身份不断转换的情况下得以延续的。

交际意图即口语交际者开口说话的目的。一般来说，人与人交际都有特定的意图，比如询问、商量、称赞、责骂等，哪怕是闲聊，也存在打发时间、交流感情的目的。

交际离不开交际内容，交际内容即口语承载的信息。

交际环境指交际过程中进行信息交流时所依赖的言语内外的主客观环境，全面的交际环境从宏观到微观一般包括社会背景、交际场合、前言后语三个方面。

口语交际的过程其实就是声音信息从说话者传递到听话者，又被听话者反馈给说话者的连续互动过程。这一过程可以分解为以下几个环节。

第一环节：编码。说话者在大脑中把想要表达的内容转换成语言。

第二环节：发送。说话者把想要说的话用有声语言表达出来。

第三环节：传递。声音直接通过空气或被转换为数字信息后通过电信工具进行传播。

第四环节：接收。听话者接收到对方发出的语音信息。

第五环节：解码。听话者将听到的语音转换为可理解的内容。

以上对口语交际过程的分解其实还不够完整，仅仅包括一次对话的单向过程，现实中的交际往往是上述五个环节的不断轮回——即听话者理解说话者的语言之后，马上作出反馈，这时听话者变成说话者，说话者则变成听话者，再次经历编码—发送—传递—接收—解码的过程。之后听说双方再次转换角色，重复上述过程，直至交际活动结束。在口语交际过程中，还存在环境因素的影响，我们称之为"噪音"。交际双方总要克服噪音的影响才能完成交际。口语交际过程如图2-1所示。

图2-1 口语的交际过程

四、口语交际的表达方式

口语交际有多种表达方式，根据不同标准可以划分出不同的种类。

根据交际场合的正式程度，口语交际可以分为正式的口语交际和非正式的口语交际。正式的口语交际一般出现在正式场合，比如主持盛大仪式、进行国际谈判、组织课堂教学等，言语交际者需要用规范、文雅的口语进行表达。而非正式的口语交际一般出现在熟人闲谈、轻松娱乐等非正式场合，交际者的表达往往显得随意，表达中多使用短句。

根据交际双方的对应情况，口语交际可以分为一对一的交际、一对多的交际、多对多的交际。一对一的交际即只有两个交际者的口语交际活动。这种模式下，听说双方十分明确,一方为言者,另一方就是唯一的听者,反之亦然,两人必须始终完全参与才能保证交际的持续进行,因此这类方式交际效果较好。一对多的交际即一个主要的说话人对应多个听众,演讲、课堂教学、主持节目等都是典型的一对多口语交际模式。多对多的交际是两个以上的交际者在不分主次的情况下互相交流的模式,比如多人座谈会、无组织的多人聊天等都属于此类。虽然有很多人在一起说话,但具体到某个说话者、某个听话者,他们的听说对象都是确定的,而不是混到一起。

根据是否有准备,口语交际可以分为有准备的口语交际和突发性的口语交际。有准备的口语交际一般出现在演讲、谈判、答辩、课堂教学等活动中。有准备的口语交际不完全等同于正式场合的口语交际,比如说相声、演小品就属于前者而不属于后者,在正式场合的即兴演讲就属于后者而不属于前者。日常生活中的口语交际大部分是无准备的,如熟人之间的闲聊、买东西时的讨价还价等。

根据声音传递方式,口语交际可以分为面对面的口语交际和远距离通话交际。在现代通信设施产生以前,人们只能近距离面对面说话。电话、互联网发明之后,人们可以相隔万里进行通话。特别是通过互联网,人们不仅能够远距离听到对方的声音,而且能够在通话的同时看到对方的视频,可以称为远距离的面对面交际了。

根据不同交际活动的特点,口语交际还可以细分为交谈、演讲、主持、辩论等。交谈是最基本、最常见的口语交际活动,一般在两个人或多个人之间进行,有正式的也有非正式的。它与其他几种交际活动的最大区别在于交际双方的互动性比较强,双方一般没有主次之分,典型的交谈方式包括聊天、谈心、劝解等。演讲是以宣传鼓动为目的的带有一定艺术性的严肃的言语活动,其特点是正式性和单向性,另外演讲一般配合体态语的使用以增强表达效果。主持是另一种口语交际形式,在这种活动中一般有一个主要说话者,他在整个交际过程中起到组织话题、引导发言的作用,其他人则在他的引导下对相关问题展开讨论。典型的主持类交际活动是电视访谈节目,其实课堂教学也是一种老师起主持作用的交际活动。辩论是交际双方就某一问题所作的正误之争,是一种语言直接对抗的口语交际形式。辩论的本质在于"辩",即交际双方对同一个话题持有完全不同的观点,其目的在于辩明真理。

虽然口语表达方式有很多种,但最明显的区分在于是否正式,表达的正式程度直接影响到说话人的遣词造句和表达风格。关于具体的表达样式,本书第五章还会详细讨论。

五、口语交际与语境

任何交际都是在一定背景、环境下进行的,因此口语交际离不开语境。"语境"是一个广泛使用的语言学术语,《语言学百科辞典》对"语境"的定义是:又称"情景语境",指使用语言时所处的实际环境,包括语言之内和语言之外的。语境具体包括:①上下文,即口语中的前言和后语,书面语中的上句和下句、上段和下段;②发生言语行为时的实际情境;③某个言语社团的社会文化,即操某种语言的人特有的文化背景、社会规范和习俗。这三个方面从微观到宏观,反映了语境的不同层次,人们一般将第一个层次称为"狭义语境",后两个层次称为"广义语境"。

不论是狭义语境还是广义语境都对口语交际有重要影响,主要表现在以下几个方面。

1. 语境能够补充、丰富语言的意义

人们在口语交际中,为了追求交际效率常常采用省略句。而语言表达上的省略必然导致信息不足,要充分理解对方的话语就不能不靠语境来补充。比如一个人到车站买票,他对售票员说:"一张6号北京。"售票员马上能听懂他的意思——买一张6号到北京的车票。在此过程中,买票这一语境为售票员补充了那些必要却被省略的信息,如果离开语境的支持,这句话就很难懂了。还有,一些双关表达也需要语境的支持才能获得丰富的意义。比如《天安门诗抄》中有这么一首诗:黄浦江上有座桥,江桥腐朽已动摇。江桥摇,眼看要垮掉;请指示,是拆还是烧?(摘自《天安门诗抄·向总理请示》)

《天安门诗抄》是1976年百万人民在天安门广场悼念周总理时所作诗歌的选集,当时"四人帮"横行多年,周总理逝世后,"四人帮"又阻止群众悼念,激起人们公愤。此诗表面写的是江上的桥要垮了,实际上暗指以江青、张春桥、姚文元等人为成员的"四人帮"要垮台了。这种深层的双关意义只有结合当时的社会背景才能得到理解。可见语境具有补充和丰富语言的意义和作用。

2. 语境可以消解歧义

语境可使交际者对交际内容理解得更准确。比如"我借了他五块钱"这句话有两种意思:一种是"我借给了他五块钱";一种是"我向他借了五块钱"。像这样有多重理解的句子是歧义句,消解歧义的有效办法之一就是结合语境去理解。如果上面这句话的前后语境为"我借了他五块钱,根本没指望他还",那就只可能是前一种意思——"我借给了他五块钱";而如果这句话的前后语境为"我借了他五块钱,明天就还给他",那它就只可能是后一种意思——"我向他借了五块钱"。可见语境可以提供比话语更多的信息,人们可以结合语境更准确地理解说话者的意思,从而更好地交际。

上面两点是语境因素对口语交际的积极影响,其实语境有时也可能为交际带来负面影响。首先就是噪音问题,从信息论的角度看,口语交际活动中所有阻碍或不利于语言接收、理解的因素都可称为噪音。比如嘈杂的交际环境、与说话内容无关的废话信息等,都会影响到实际的交际效果。另外,语境虽然可以消解歧义,但也可能增加歧义,从而造成交际的失误。比如下面这个笑话。

某人请张、王、赵、李四位朋友来家做客吃饭。开始来了三位,只有姓李的客人迟迟未到。主人等得着急,说:"该来的还不来。"客人张听到后心想:"那我就是不该来的啦!"便气冲冲地走了。主人见张走了,慌不择言道:"不该走的又走了。"客人王听后,心中不甚气愤:"那就是说我是应该走的啦!"也生气地走了。见两位客人都走了,主人冤枉地对客人赵说:"我又不是说他们。"客人赵起身便走,心想:"不是说他们,那就是说我啦!"结果此人一个客人也没有请到。

这则笑话中主人所说的三句话严格来说并没有错,单独来看每句话的意思也都是明确的,但在上述语境中却让听话者产生了和说话者本意不同的理解。造成这种误解的主要原因就是语境增添了本不该有的言外之意。

还有因为语境造成误解引来杀身之祸的。相传清初,有个书生见到风把书本吹得一页页翻起,就吟了一句诗来描述:"清风不识字,何故乱翻书。"没想到被人解读为:"清风"指清朝政府,"不识字"、"乱翻书"是讽刺清代的文字狱。结果这个书生被杀了头。这种误解之所以会产生,就是因为故事出现在清代,是时代背景造成了语言意义的多重理解。

既然语境对口语交际有这么重要的影响,人们在交际活动中就必须留意并合理运用语境因素,一方面充分利用语境把话说得更简洁,另一方面也要防止不必要的歧义。

第二节 发声技能

一、发音器官与发音原理

语音是由人的发音器官发出来的,人的发音器官根据功能可以分为三类。

(一) 呼吸器官:肺和气管

肺是产生气流的动力站,气管是气流的通道。肺部呼出的气流,通过支气管、气管到达喉头,冲击声带振动。

(二) 发声器官:喉头和声带

喉头是由四块软骨构成的圆筒,圆筒的中部附着声带。声带是两片富有弹性的肌肉薄膜,两片薄膜中间的空隙是声门,声音就是气流通过声门时冲击声带振动产生的。人的声带可以放松,也可以拉紧。放松时发出的声音较低,拉紧时发出的声音较高。

(三) 共鸣器官:咽腔、口腔和鼻腔

咽腔是个"三岔口",下连喉头,前通口腔,上连鼻腔。鼻腔和口腔靠软腭和小舌隔开,软腭和小舌上升时口腔畅通,这时发出的音主要在口腔中共鸣,叫做口音。软腭和小舌垂下时,口腔被堵塞,气流只能从鼻腔呼出,这时发出的音主要在鼻腔中共鸣,叫做鼻音。在口腔中还有一系列器官对发口音很关键,主要有舌头、唇、齿、齿龈、硬腭、软腭、小舌等,其中舌头被用得最多,它与口腔不同部位接触能形成不同的共鸣腔,从而发出多种多样的语音来。

人体发音器官图如图 2-2 所示。

以上三类发音器官各有分工,都十分重要——肺部产生的气流是引起声带振动的基本前提,因此是人类发出声音的动力源;声带在气流的冲击下产生振动是发出

第二章 口语交际基础知识

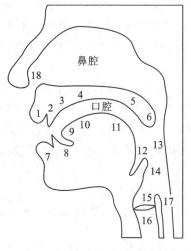

注
1. 上唇　2. 上齿　3. 齿龈
4. 硬腭　5. 软腭　6. 小舌
7. 下唇　8. 下齿　9. 舌尖
10. 舌面　11. 舌根　12. 咽腔
13. 咽壁　14. 喉盖　15. 声带
16. 气管　17. 食道　18. 鼻孔

图 2-2　人体发音器官图

声音的根本原因,可以看作人类语音的发声源;咽腔、口腔和鼻腔通过形状的改变对声带发出的声音进行调节,构成了人类语音的调音器。人类就是在这些发音器官的配合下才发出各种语音来,任何器官发生病变都会对说话产生影响。

二、用气发声

在口语交际过程中,人们都希望自己语音准确,声音清晰响亮、圆润甜美,并具有一定的魅力。但在现实生活中并非人人都能做到这一点。特别是在朗读或朗诵文学作品的时候,很多人声音干涩,语调平淡,语音不准。因此掌握一些发声技能是非常必要的。这些技能主要体现在用气发声、吐字归音和共鸣控制三个方面。

气息是声音的动力来源,想要嗓音富于弹性、耐久,需要掌握正确的呼吸方法。常见的呼吸方法有三种:胸式呼吸、腹式呼吸,以及胸腹式联合呼吸。胸式呼吸主要靠提起肋骨来吸气,其特点是:吸气量小,呼出的气流浅而弱,声音窄而细、轻飘,易造成胸部、喉部紧张,声带疲劳,声音僵化,不是理想的呼吸方式。腹式呼吸主要靠降低横膈膜、扩张腹部空间来吸气,其特点是:吸气时腹部放松外突,呼吸量大,但发音较低沉,音色发闷,老人、病人常用这种方式呼吸,也不是理想的呼吸方式。较为科学的呼吸方法是第三种——胸腹式联合呼吸法,这种方法介于胸式呼吸和腹式呼吸之间,主要运用小腹收缩,靠丹田的力量控制呼吸,因此也称"丹田呼吸法",其具体操作方法如下。

吸气时,小腹向内即向丹田收缩,相反,大腹、胸、腰同时向外扩展,可以感觉到腰带渐紧,前腹和后腰分别向前、后、左、右撑开的力量。用鼻吸气,要做到快、静、深。具体要领是:吸气要深,吸入肺底,横膈下降;扩展两肋,增大胸腔前后左右径;腹壁站定;小腹内收,气沉丹田。

呼气时,小腹基本上要始终收住,不可放开,使胸、腹部在努力控制下,将肺部储气慢慢放出,均匀地外吐。呼气要用嘴,做到匀、缓、稳。在呼气过程中,语音一个接一个地发出后,组成有节奏的有声语言。具体要领是:状态方面——保持吸气状态(膈肌、两肋、小腹、后腰、双肩、后颈);控制方面——要拉住气息,稳劲持久地呼出(呼吸抗衡力);灵活方面——会调节、有变化。

这种呼吸方法靠胸部两肋和横膈膜共同运动来实现,使腹部和丹田充满气息,从而为发音提供充足的"气"。同时由于小腹向内收缩,前胸向外扩张,以小腹、后腰和后胸为支柱点,为发音提供了充足的"力"。"气"与"力"的融合使发出的声音坚实、响亮、持久,为优美的声音奠定了坚实的基础。因此胸腹式联合呼吸法在播音员和演员当中广为使用。

练习这种呼吸方式的办法有很多,常见的有以下几种。

(1) 模拟闻花香:把气深深地吸下去,一直吸到肺底,获得小腹及腰围的胀满感,要吸得深入、自然、柔和。

(2) 半打哈欠:嘴巴半开地打哈欠,体会进气最后一刻的感觉。意念上感觉气息沿后背脊柱而下,吸入肺底部,后腰有胀满感。注意力放在两肋后面向左右打开支撑的感觉上。

(3) 轻吹蜡烛:点着蜡烛后,深吸一口气,然后对着火焰轻轻吹去,不要将火焰吹灭,气要轻而匀,使火焰向外方倾斜,并努力让自己的气使它保持在倾斜状态。这是检验出气量是否均匀的一个好方法。

(4) 发延长的"呲"音:深吸一口气后,咬住牙,从牙缝中发出"呲——"声,吸一口气能够呼出 30~40 秒为好。发出的声音可检验呼出的气流控制得是否匀量、匀速。

(5) 朗读古诗词:朗读《静夜思》、《登鹳雀楼》等,要求气息通,吸入深,呼出稳,吐字饱满、圆润。

(6) 还可以把练气与练习绕口令结合起来,比如练习下面两个绕口令。

①《数枣儿》:出东门,过大桥,大桥底下一树枣,拿着杆子去打枣,青的多,红的少。一个枣、两个枣、三个枣……十个枣;十个枣、九个枣、八个枣……一个枣。

②《数葫芦》:南园一堆葫芦,结得嘀里嘟噜,甜葫芦,苦葫芦,红葫芦,绿葫芦,好汉说不出 36 个葫芦。一个葫芦、两个葫芦、三个葫芦……

这两个气息绕口令,既可练气息,又可练口齿。练习时一定要发好每一个音,吐字要清晰准确,不要为了一气说完,而吐字含糊不清。中间不可换气,争取一气说完。经过这样反复练习,呼吸气息量会越来越大,朗读或朗诵时,声音必然会洪亮、持久。

在讲话过程中,要处理好讲话和呼吸的关系。在正常情况下,说话在呼气时进行,而停顿在吸气时进行。要尽可能在讲话中的自然停顿处换气,不要等讲完一个长句才大呼大吸。另外还要处理好说话时的姿势问题,无论是站姿和还是坐姿,都要抬头舒肩展背,胸部要稍向前倾,小腹自然内收,双脚并立平放。这样发音的关键部位——胸、腹、喉、舌等才能处于良好的呼吸准备和行进状态之中。呼吸顺畅了,语流才能顺畅。

三、吐字归音

有些人说话声音含混,别人听不清,主要原因就是吐字不清晰,归音不到位。克服这种毛病的办法就是要学会吐字归音。

"吐字归音"是我国传统说唱艺术理论中的一个术语。它将一个音节的发音过程分为出字—立字—归音三个阶段。出字是指声母和韵头(介音)的发音过程;立字是指韵腹(主要元音)的发音过程;归音是指音节发音的收尾(韵尾)过程。其基本要领是:出字要准确有力;立字要明亮充实,圆润饱满;归音趋向要鲜明、干净利索。总之,就是要求一个音节的发音过程有头有尾,具备所谓"枣核型"的特点——声母、韵头为一端,韵尾为一端,韵腹为核心;字的中间发音动程大、时间长,字的两头发音动程小,所占时间也短。吐字时,不仅要有头有尾、不含混,而且要连接得好,浑然一体,不能有分解、断接的痕迹。当然,对"枣核型"发音也不可作绝对化的理解,在实际说话过程中,不可能也不需要做到字字如"核"。也就是说,不要违背语言交流的本质去追求技巧和方法,任何发音技巧的使用都应该在不破坏声音的感情色彩和内在节奏的基础上进行。

人们对吐字归音的要求,往往用字正腔圆作为衡量标准,具体指:准确、清晰、圆润、集中、流畅。一个汉字的音程很短,大多在三分之一秒就会结束。要在短短的时间内兼顾声韵调和吐字归音,必须从日常训练开始严格要求。练习吐字归音,可循序渐进地做以下几种练习。

1. 快速练读不同发音部位的单个字音

例如:

拍 拔 打 塔 都 通 那 拉 鸟 练 细 纪 前 现 黑 飞
分 凤 苏 资 聪 散 诗 初 专 输 日 入 热 软 序 循
下 现 拍 平 盆 补 姑 科 海 航 吃 者 车 双 窗 传

2. 口部操练习

1) 唇的练习

唇的练习可分为"喷"、"咧"、"撇"、"绕"几个动作来进行。

喷——也称作双唇打响。双唇紧闭,将唇的力量集中于唇中纵线三分之一的部位,唇齿相依,不裹唇,阻住气流,然后突然连续喷气出声,发出[p]音。

咧——将双唇闭紧,尽力向前噘起,然后将嘴角用力向两边伸展,反复进行。

撇——双唇闭紧,向前噘起,然后向左、右歪,向上抬,向下压。

绕——双唇闭紧,向前噘起,然后向左或向右做360°的转圈运动。

2) 舌的练习

刮舌——舌尖抵下齿背,舌体贴住齿背,随着张嘴,用上门齿齿沿刮舌叶、舌面,使舌面能逐渐向上挺起隆起,然后,将舌面后移向上贴住硬腭前部,感觉舌面向头顶上部百会穴的位置立起来。

顶舌——闭唇,用舌尖顶住左内颊,用力顶,似逗小孩嘴里有糖状,然后,用舌尖顶住右内颊,做同样练习。左右交替,反复练习。

伸舌——将舌伸出唇外,舌体集中,舌尖分别做向前、向左右、向上下的伸展。练习舌体集中、舌尖集中用力。

绕舌——闭唇,将舌尖伸到齿前唇后,向顺时针方向环绕360°,然后向逆时针方向环绕360°,交替进行。

舌打响——将舌尖顶住硬腭,用力持阻,然后突然弹开,发出类似dang、da的响声;力量集中在舌尖,抵住上齿龈阻住气流,再突然放开,爆发出d、t的声音。

练舌根——舌根抬起至软硬腭交界处,体会用力发ga(嘎)音时,舌根与软硬腭交界处成阻、持阻、除阻时的动作。然后,像发g、k时那样,舌根与软硬腭交界处不断连续做阻气→突然打开→阻气→突然打开的打响动作。

捣舌——将枣核样物体(如橄榄核、枣核等)尖端对正口腔前后中纵线,放在舌面上,用舌面挺起的动作使它翻转,反复练习。

弹舌——用舌尖连续轻弹上齿,使舌部放松、灵活。

3)练习绕口令

(1)八百标兵奔北坡,炮兵并排往北跑。炮兵怕把标兵碰,标兵怕碰炮兵炮。

(2)东洞庭,西洞庭,洞庭山上一根藤,藤上挂个大铜铃,风起藤动铜铃动,风停藤定铜铃静。

(3)树上结了四十四个涩柿子,树下蹲着四十四只石狮子。树下四十四只石狮子,要吃树上四十四个涩柿子。树上四十四个涩柿子,不让树下四十四只石狮子吃树上四十四个涩柿子,树下四十四只石狮子偏要吃树上四十四个涩柿子。

(4)红粉墙,黄粉墙,粉墙上面画凤凰。红粉墙画上黄凤凰,黄粉墙画上红凤凰。红黄粉墙真堂皇,好似天上飞着一对真凤凰。不知是红黄粉墙画上了黄红凤凰,还是黄红凤凰飞上了红黄粉墙。

(5)进了门儿,倒杯水儿,喝了两口运运气儿,顺手拿起小唱本儿,唱了一曲儿又一曲儿,练完了嗓子练嘴皮儿。绕口令儿,练字音儿,还有单弦儿牌子曲儿,小快板儿,大鼓词儿,越说越唱越带劲儿。

四、共鸣方式

人们发出的声响都是依靠两片声带振动而成,本质上没有多大的差别,但是声带发出的声音经过了咽腔、口腔、鼻腔等共鸣器官后,就被逐渐修饰、放大,形成不同的声音。有人感觉说话费劲,声音传不远,大致有两个原因:其一是没有充分利用共鸣器官;其二是气息不稳。控制气息的方法前面已经谈过,现在谈谈语音共鸣的控制技巧。

直接引起语音共鸣的主要是声带上方的咽、口、鼻三腔,此外,胸腔和头腔也有共鸣作用。说话用声是以口腔共鸣为主,以胸腔共鸣为基础。共鸣又可分为高音、中音、低音三区共鸣。高音共鸣区即头腔、鼻腔共鸣,音流通过该区共鸣,可以获得高亢响亮的声音;中音共鸣区就是咽腔、口腔共鸣,这里是语音的制造场,是人体中最灵活的共鸣区,音流在这里通过,可以获得丰满圆润的声音;低音共鸣区主要是胸腔共鸣,音流通过该区共鸣,可以获得浑厚低沉的声音。调整共鸣方式的要领是:气息下沉,两肋打开,喉部放松,胸部自然,声音通畅,使发出的声音明亮、结实、圆润、清晰。

好的用声者使用在声带上的能量只占总能量的1/5,而4/5的能量用在控制发音器官的形状和运动上面。科学控制共鸣器官,可以做到高音不喊,低音不散。有的人不懂得这个道理,为了追求声音洪亮,一味加大发声力度加强声带的振动,结果不仅效果不佳,还容易造成声带充血,声音嘶哑。

很多人存在"发音偏前"的问题,其实就是说话时口腔开度不够所致。解决的办法是,说话时一定要把口腔打开,特别是口腔后部要扩张,这可以通过略微压低舌头前部,将"舌高点"推后来实现,口腔形状有点类似于呕吐时的情形。只有把口腔后部和咽喉部张开,才能把声音"立"起来,使之更有力度和磁性。另外,口腔的大小要和声带的松紧配合恰当,发高音时,口腔的开度要随着声带的紧张度的增加逐渐扩展;发低音时,口腔开度不宜太大,共鸣腔的肌肉不要因发低音而放松,口腔要起控制气流和造成音响的作用。不论发高音或是发低音,共鸣腔的肌肉都要保持均衡紧张,以造成韧性较强的共鸣,这样才能产生响亮而优美的音色。

1. 口腔共鸣

1)要领

颈部、脊背要自然伸直,提颧肌、颊肌、笑肌,打开牙关,挺软腭,放松下巴、喉部,声挂前腭,声音成束,声波直接冲击硬腭前部,集中射向腭前区,唇的力量要集中到中部,舌的力量集中到舌的前部中线上。

2)练习

(1)读双音节词:耍滑、爱戴、彩排、挂花、丑陋、结业。

(2)读成语:高朋满座、光明磊落、老生常谈、来日方长、抛砖引玉、牢不可破、阳光大道、慷慨激昂、鸟语花香、刀山火海、豪情壮志。

(3)读诗词:飒飒西风满院栽,蕊寒香冷蝶难来。他年我若为青帝,报与桃花一处开。

2. 胸腔共鸣

1)要领

找胸部响点,发声时震动感沿着胸骨上下移动,振感集中点由胸骨下缘上移至喉器的下方,反之亦然。

2)练习

(1)读词语:大地、下海、辽阔、沉郁、到达、计划。

(2)朗读。①小柳树,满地栽,金花谢,银花开。②为什么我的眼里常含泪水,因为我对这土地爱得深沉。③千山鸟飞绝,万径人踪灭。孤舟蓑笠翁,独钓寒江雪。

3. 鼻腔共鸣

1）要领

鼻腔共鸣：软腭下垂，口腔通道关闭，声音全部从鼻腔通过。鼻化元音：软腭略垂，声波分两路同时从口腔、鼻腔通过，取得鼻腔共鸣，硬腭的传导作用，引起鼻腔共鸣。头腔共鸣：高密度、高压力的声束引起鼻腔及鼻窦的共鸣，形成独特的金属声，称做"高音共鸣"或"上部共鸣"。

2）练习

（1）发口音 di—pi—ba，再发 ma—mi—mu 体会非鼻音和鼻音的不同。交替发口音 a、o、e 和鼻化音 ã、õ、ẽ，体会软腭上挺或下垂的不同感受。

（2）朗读：蓝蓝的天上白云飘，白云下面马儿跑。挥动鞭儿响四方，百鸟齐飞翔。

 小知识

保护嗓子的窍门：①练声时，声音由小到大、从近到远、从弱到强、由高到低，避免一开始就大喊大叫损伤声带；②保证充足的睡眠是保护声带的重要措施；③生病尤其感冒的时候，要尽量少用嗓子，因为此时声带黏膜增厚，容易产生病变；④尽量少吃辛辣刺激性食物，油腻、甜黏、冷热刺激的食品也是嗓子的杀手，烟酒也要避免；⑤说话时音量要适中，保持好正确的姿势和发声方法，充分利用共鸣器官，不过量使用声带。

掌握了以上发声技能后，还需要坚持练习，特别是在平时说话过程中都应有意识地去实践，让自己的口语说得越来越"美"——发音正确、吐字清晰、表达流畅，富于感染力。

第三节 体 态 语

人的语言有广义、狭义之分，陈望道先生曾说："普通所谓语言，便是指这一种口头语言而言……较广义的语言，又是指语言和文字这两种而言……语言的更广义，又是含有声音语、文字语和'态势语'这三种。"他所提到的态势语现在一般称为"体态语"，这是一种在日常生活中十分常见却往往不被注意的语言形式，本节将从以下三个方面对人的体态语作简要介绍。

一、体态语的特征与作用

体态语是由人体发出的具有表情达意功能的一套图像性符号，包括人的面部表情、身体姿势、肢体动作和身体位置变化等，是人类重要的交际手段之一。

理解体态语的含义需要注意两点。第一，体态语虽然是人体发出的一套图像性符号，但它不等同于人的一般动作。能够称作体态语的行为动作，必须有表情达意的功能，即必须能起交际作用。体态语与一般动作的关系是：人体姿态动作包括体态语,而体态语只是姿态动作中能交流思想、起社会交际作用的那部分。第二,体态语是一种伴随性的辅助语言,它也能够像有声语言一样表达意义,但一般不单独使用,而是和口语配合使用。不过伴随性、辅助性特征并不意味着它不重要,相反,体态语在许多场合不仅不可或缺,而且作用显著。所以有人曾说过:"我们用发音器官说话,但我们用整个身体交谈。"

根据体态语的表达部位,人们一般将其分为面部表情、身体姿势、肢体动作、身体位置变化等几个方面,其中眼神、表情、手势、身体姿势的使用最为广泛,在传情达意方面的表现力也最强。

体态语与其他语言形式相比,最大的特点是无声性、伴随性、辅助性。无声性指的是,体态语不是通过发出声音,而是通过体态动作来传递信息。伴随性和辅助性前面已经讲过,指的是体态语往往不独立使用,而是和口语配合使用,起到补充、辅助的作用。一般而言,体态语具有下列符合语言规律的特征。

（一）共通性

由于人的生理构造都是一样的,因此表达基本情感的形式具有某种程度上的统一性。比如,不管是哪个国家的人,不管是哪个民族的人,不管是大人还是小孩,要表达痛苦、悲哀的感情,几乎都是用哭的形式,表达高兴、喜悦的感情,几乎都是用笑的形式。人类大都用愁眉苦脸表现苦恼的情绪,用暴跳如雷表示极度愤怒的情感……这些看起来有些神奇,其实这是由人的生物性决定的。达尔文曾提出,人类用面部表达感情的方式是共通的,很可能是遗传的结果。现在世界上有几千种语言,如果没有翻译,使用不同语言的人之间很难沟通,但体态语却不同,有相当一部分体态语的表现形式几乎全世界通用,诸如体育裁判手势、握手礼、微笑、接吻等。

（二）民族性

人类体态语具有相对统一性,但也不排斥多样性的可能。世界不同区域、不同民族的人受到地域环境、历史、文化、语言、习惯等方面的不同的影响,形成了一些各自不同的体态语,即同一个意思不同民族或地区的人可能用不同的体态动作来表示,而同样的体态动作在不同民族或地区又可能表达不同的意义。比如,见面时,中国人多以握手致礼,而英、美等国的人多用拥抱和接吻致礼。中国人常以竖起大拇指表示夸奖,竖起小拇指表示轻蔑;但日本人却以竖起大拇指表示老爷子,竖起小拇指则表示情人。大多数民族以摇头表示否定,而匈牙利人以摇头表示肯定。斯里兰卡人摇头则既可以表示肯定又可以表示否定,只是摇头的方式不一样:表示肯定时,一般是微微摇头,表示否定时,则使劲地摇头,表示非常赞同时则要点点头。体态语的民族性和共通性并不矛盾,前者体现了体态语的个性,后者体现了体态语之间的共性,这符合世间万物是个性和共性统一体的自然规律。

（三）模糊性

任何语言都有模糊性,但和口语、书面语比较起来,体态语的模糊性更为明显。

原因其实很简单：口语、书面语中有十分丰富的语音、词汇、语法表达手段，因此表意相对精确，而人用来表达意思的体态动作却十分有限，加上人眼分辨体态动作的能力也有限，所以体态语从表意上来说就比有声语言和书面语言更为模糊，往往同一个眼神、手势、动作会有不同的解释。下面这个笑话就很好地反映了体态语的这一特点。

  一僧号不语禅，本无所识，全仗二侍者代答。适游僧来参问："如何是佛？"时侍者他出，禅者忙迫无措，东顾复西顾。又问："如何是法？"禅不能答，看上又看下。又问："如何是僧？"夕禅无奈，辄瞑目矣。又问："如何是加持？"僧但伸手而已。游僧出，遇侍者，乃告之曰："我问佛，禅师东顾西顾，盖谓人有东西，佛有南北也；我问法，禅师看上又看下，盖谓是法平等，无有高下也；我问僧，彼且瞑目，盖谓白云深处卧，便是一高僧也；问加持，则伸手，盖谓接引众生也。此大禅可谓明心见性矣。"侍者还，禅僧大骂曰："尔等何往？不来帮我。他问佛，教我东看你又不见，西看你又不见；他又问法，教我上天无路，入地无门；他又问僧，我没奈何，只假睡；他又问加持，我自愧诸事不知，做甚长老？不如伸手沿门去叫化也罢。"(《广笑府》卷四《不语禅》)

这个笑话是通过体态语的模糊性构成笑料的。那位"诸事不知"的所谓高僧，本来是无话可说、无可奈何做的动作，却被游僧做了高深的理解。日常生活中也不乏因为体态语的模糊性造成误解的例子。体态语的模糊性有时可以通过联系语境来克服。

（四）约定性

语言都是约定俗成的产物，体态语也是人们在日常生产生活中约定俗成的结果。也就是说，只要大家共同约定和遵守，不同时代、不同地域、不同行业的体态语是可以有所不同的。比如晚辈见长辈要表示尊敬，在我国古代要行叩头礼，那是当时约定的习惯，而现在，人们很少这样了，一般只是双方握手或鞠躬，这种改变同样是人们约定俗成的结果。又比如在我国大部分地区，客人接受主人的敬茶，通常恭身，双手接茶，以示谢意，而在福建、广东、广西一些地方，客人则用右手食指弯曲点触桌面，像叩头一样，表示谢意。不同行业的体态语也是约定俗成的，比如：警察拦下违规车辆罚款时首先要敬礼；黑道弟兄相见要拱手；运动员被替换下场时要双手向观众示意；积极分子入党宣誓要举起右拳等。这些都是体态语约定性的最好证明。有的时候，特殊体态语的动作和含义还可以在少数人之间临时约定。比如在足球比赛中，两个前锋可以赛前约定，用招手表示要对方把球传给自己，用摆手表示把球踢出场外等，只要他们两人认可，到时候就可以这么表示。

（五）真实性

有时候人做出某种体态动作是有意识的，有时是无意识的。据调查分析，人们说话时发出的体态动作大多数是无意识的。心理学知识告诉我们，一个人的无意识行为往往比有意识行为更能真实反映他的心理状态。这样说来，观察人的体态语是判断一个人真实想法的有效手段:当说话人嘴上所说的话与其体态动作所反映出来的信息一致时,听话人能够进一步证实自己的判断;而当说话人嘴上说的话和其体态动作所反映出来的信息相互矛盾时,听话人则能据此发现说话人的真实意思。比如我们常在电影或电视剧中看到,一对恋人吵架,女方嘴上一边骂"我恨死你了",一边用手轻轻地捶打对方。女方言行不一致,男方通过女方轻轻捶打的动作就会知道,女方说的是反话,其实女方并不恨男方。我们还常看到这样的镜头:有人给贪官送礼,贪官嘴上说:"你这是做什么?我不能要,不能要!"可贪官的手却毫不犹豫地接过对方的钱财。这种言行矛盾的场景,深入揭露了那些贪官贪得无厌的本质。正如心理学家弗洛伊德所说:"没人能保守秘密,如果他的嘴保持沉默,他的手指尖却在喋喋不休地说着,他的浑身每一个毛孔都渗出对他的背叛。"

(六) 辅助性

前面说过,体态语是一种伴随性的辅助语言,其作用也主要体现在对有声语言的辅助表达上。

1. 补充或强化口语信息

人在交际过程中,仅仅依靠有声语言难以全面、完整地表达所有意思,正所谓"言不尽意",而体态语是弥补这一缺陷的有效办法。比如一位母亲错误批评了孩子,心里感到愧疚,但又不好意思向孩子道歉,只能一边对孩子说"好了,好了,没事了,我给你买蛋糕吃",一边把委屈的孩子搂到怀里轻轻抚摸他的头,孩子虽然没有听到母亲的道歉,但通过母亲的动作却体会到了她的歉意。这位母亲巧妙利用体态语表达了自己难以言说的感情。利用体态语强化口语信息的例子更为常见,比如人在高兴的时候,除了嘴上大喊大叫,还会做出各种不同的动作,如蹦蹦跳跳、挥舞双手、满脸笑容、哈哈大笑等,这些动作都是强化口语信息、突出表达意思或情感的重要方式。

2. 弱化或否定口语信息

当体态动作和口语表达一致时,体态语起到补充或强化口语信息的作用,但是当体态动作和口语表达不一致时,体态语就有弱化或否定口语信息的效果。比如小明收到一份生日礼物,嘴上客气地说"谢谢你送我这么贵重的礼物",脸上却没有愉快的表情,并且随手将礼物丢在一边。小明的表情、动作弱化甚至否定了他的口语信息,即他其实并不感激别人送了他那件礼物。因为与口语信息相比,体态语隐含的意义更真实。

3. 使口语表达更形象直观

口语是一套听觉符号,具有抽象性和间接性,而体态语是一套视觉符号,具有形象性和现场感。在口语表达中配合使用体态语,可以使说话人更形象、直观、简单地表达思想。比如一位老师要向留学生解释"抓"、"握"、"拿"、"捏"等字词的意义和区别,单纯用语言解释是很费劲的,如果边解释边做手势,学生就能够理解得很清楚。体态语还有指示作用,使口语表达更简洁、明了。比如一个普通话说得不标准的人要买十个本子,他说出的"十"听起来很像"四",卖东西的人弄不清他到底要买多少个,他用两个食指做出"十"的样子,就不会让对方产生疑惑了。

4. 调控交际过程

口语交际过程中,单一的语言表达显得十分单调,恰到好处地运用一些表情、手势、体态动作,可以吸引对方的注意,掌控口语交际的主动权,调控交际过程。比如:说话时配合说话内容做一些手势,可以加强表达效果;听话时,可以用目视对方、不时点头来表明自己在认真听对方的话,支持对方继续说下去;交谈中,可以用翘着腿、东张西望来表明自己对所听的内容不感兴趣,暗示对方停止说话或者换一个话题。

体态语在一般情况下只对口语表达起辅助作用,但在特定的情景下,体态语甚至可以取代口语,达到口语难以取得的效果。比如与聋哑人交际,或者与说不同语言的人交际,单纯的口语就派不上用场,而必须使用体态语。还比如交通警察指挥交通车辆,股票交易员在嘈杂的大厅里传递买卖信息和行情等,都不能依靠口语,而必须使用特定的体态语传递信息。因此,体态语和口语各有所长,体态语作为口语的重要补充必不可少。

二、交际中体态语的要求

体态语直接作用于人的视觉感官,是口头交际重要的辅助手段,如果运用得当,不仅可以弥补口头表达的不足,还可以吸引听话人的注意力,加深对方的印象,引起交际对象的共鸣。运用体态语时,必须注意结合口语实际,坚持自然得体、准确适度、和谐统一的原则,否则不仅起不到上述作用,还会产生负面效果。

(一)自然得体

自然指的是,体态语的运用应该是情之所至,自然大方,而不应该矫揉造作,故作姿态。也就是说,体态语应在口语表达需要辅助、补充的地方才使用,而不是为了显示体态动作就去刻意模仿,因为生硬的体态语会让人觉得别扭,甚至难以忍受。得体指的是,体态语运用要恰如其分,与交际场合及听说双方的年龄、身份等相符合。不得体的体态语容易让人反感。比如,据说赫鲁晓夫有一次参加联合国大会,会上为了表示不满,竟脱下皮鞋,敲打桌子。这种粗鲁的行为是与国际会议不相协调的,也与赫鲁晓夫作为大国领导人的身份不合。如此使用体态语言,会给人以轻狂的感觉,有失身份,有伤大雅,有损国家和他本人的形象。

(二)准确适度

体态语多种多样,各自的使用特点和要求也互不相同,使用体态语应当准确恰当,否则就起不到应有的效果。比如鞠躬,为了向对方表示敬意或歉意,应当将腰弯下,但如果仅仅将头低一点就会让对方觉得没有诚意。又比如,在中国同性之间表示亲切可以采用拥抱、拍肩等动作,但这些动作随意用在异性身上,就不恰当。所以说,体态语的运用不仅要注意场合、对象,还要注意使用的方式。适度运用体态语,指体态动作的幅度不应过分夸张,力度要适中,频率不宜过高,形式不宜复杂,要有助于口语表达,不要喧宾夺主。过度使用体态语会起到反作用。

(三)和谐统一

相对于上面两个应用体态语的原则,和谐统一是体态语运用的更高层次的要求。这一原则具体包括两个方面。第一,体态语要与有声语言的内容、语调、响度、节奏等相协调,与说话者或听话者的心态、情感相吻合,与特定语境相适应,与交际目的相统一。只有如此,体态语的辅助传情达意的作用才能得到更好的发挥。比如在演讲当中,演讲者的表情、动作应当和演讲内容相协调,在表达悲伤的时候应露出悲伤的表情,在发出号召的时候要做出干脆有力的手势,等等,这样能够更好地实现演讲效果。再比如:一个人在出席正式会议宣读会议报告时,就应当衣着庄重、表情严肃、动作稳重,否则就与交际场合、人物身份不协调;而在主持一个娱乐晚会时,就应当衣着华丽、笑容满面、动作放松,否则也不够协调。第二,各种体态语之间的配合使用也必须协调一致,即运用体态语要有整体观念,不应相互矛盾或杂乱无章。比如表示愤怒,可以同时采用横眉冷对、面露愠色、暴跳如雷等表情和动作,但不应与和颜悦色、点头称赞之类的表情动作混杂起来。一般来说,只要是自然、自发做出的体态动作,就会是和谐统一的,而生硬模仿、矫揉造作发出的体态动作就很难让人觉得和谐统一。

三、不同体态语在交际中的合理运用

现在具体介绍一些常见的体态语在交际中的运用要求。

(一)眼神

眼神也被称为"目光语"。俗话说"眼睛是心灵的窗户",眼神具有十分丰富的传情达意功能,且能够反映人的深层心理活动,是极为重要的体态语。在交际中,恰当运用眼神,不仅能够配合表达口语信息,更能传递出内心真实的情感和态度。眼神的运用与注视对方的部位、注视的方式、目光停留的时间等有关。

1. 眼神注视对方的部位

一般来说,眼神注视在对方两眼与胸部之间的倒三角区域,是亲密注视的表现;眼神注视在对方双眼与腹部之间的倒三角区域,是普通社交注视的表现;眼神注视在对方前额区域,则是严肃注视的表现。不过,不同地域、不同民族可能有不同的习惯和文化背景,如南欧人和非洲人常常把注视对方看成是冒犯;日本人在谈话时是注视对方的颈部,而不是面部。因此,在使用眼神交际时一定要考虑文化差异。

2. 眼神的注视方式

一般情况下,交谈时正视对方表明尊重对方、重视谈话的内容,而采用斜视,则表明对谈话内容不感兴趣。当然在特定情况下,同样的注视方式也有不同的意义,具体的含义需要根据语境来判断。在多人交际中,还有一种扫视或环视的注视方式,这是一种"虚视"的眼神,没有具体正视任何一个人,但从整体上注意到了在场的所有人,是尊重听众的一种表现,常常在演讲和教师上课时使用。

3. 目光停留的时间

交谈过程中,眼神注视对方的时间也很有讲究,过长或过短都不好,长时间正视对方可能引起对方紧张,使之怀疑自己说错了什么话或做错了什么事;而从不注视对方,则会被认为冷落对方,或对对方不感兴趣。因此目光停留的时间要适度,注视对方一段时间以后应当转移一下目光,然后再注视对方,如此既可以表明在认真和对方交流,也不会给对方造成压力和误解。

巧妙运用眼神是一门交际艺术,需要根据场合、对象、心理、谈话内容进行调整,只有使用得当才能使自己拥有一对"会说话的眼睛",为个人交际带来事半功倍的效果。

(二) 表情

法国作家罗曼·罗兰曾经说过:"面部表情是多少世纪培养成功的语言,比嘴里讲的更复杂到千百倍的语言。"表情不仅能给人以直观印象,而且还能给人以情绪感染,它同有声语言配合,能产生极佳的交际效果。人的面部表情由脸颊、眉毛、眼睛、嘴巴的动作来体现,配合起来多种多样,可以表达十分丰富的意义和感情。下面主要讲一讲微笑的使用。

微笑是通过不显著、不出声的笑容来传情达意的体态语言。微笑具有跨文化属性,几乎所有的民族都认为微笑是心情愉悦的表现和向别人表示友好的方式。不过,交际中运用微笑也有一定的讲究。

其一,微笑应自然。只有发自内心的笑容才能够感染别人,假装出来的笑不仅自己感到勉强,别人也会看着不舒服。

其二,微笑应得体。微笑应该注意场合,在庄严的场合,比如在追悼会、民主评议会上,就不宜面带笑容,因为这与严肃的氛围不相容。微笑应该注意谈话的内容,在谈论悲伤的内容时,也不应该微笑。微笑还应该注意交际对象,与熟人微笑是亲密的表示,与陌生人微笑是友好的表示,而跟敌人微笑就不太恰当,易被理解为嘲笑。

其三,微笑应适度。微笑是一种不显著、不出声的笑,和大笑、讥笑、苦笑、暗笑都不相同,在交际过程中笑得太过分、没有节制,就会有失身份,引起对方的反感。

微笑是一种重要的交际艺术,但日常生活中很多人没有养成微笑的习惯。其实培养微笑习惯的办法很简单,只要懂得满足、热爱生活,笑容就自然会爬上脸庞。

(三) 手势

手势是最常用的体态语之一,它使用方便,表意丰富,且能给人以鲜明突出的视觉形象,极大地强化有声语言传递的信息。

根据手势的表意特点,我们可以将其分为:①象形手势,这种手势具有描摹性特点,形象而直观,如用手比出的方圆长短等手势;②情绪手势,这种手势用来表达鲜明的情感,如捶胸、拍桌、挥拳等;③指示性手势,此类手势有指示或引起注意的作用,如用手指着一样东西表明口语内容的指称对象,还有用招手动作要求对方过来等;④象征性手势,此类手势用以表达一定的象征意义,如用握手表示友好、鼓掌表示欢迎、挥手表示再见等。不同的手势有各自不同的要求,下面简单介绍几种最常见的手势在交际中的运用要领。

第一种,手指动作。人有双手十指,手指动作十分丰富复杂,除了最基本的用竖起手指表示数量和用食指指向某个事物表示指称之外,人们还可以竖起大拇指表示称赞,伸出小拇指表示轻蔑,将大拇指和食指弯成 O 形并将其余手指翘起表示"OK",用食指和中指比成 V 形表示成功等。交际中需要注意的是,不要轻易使用令对方反感的手指动作。比如:谈及自己时,不要用大拇指自指鼻头,否则会给人傲慢、缺乏教养的印象;谈及对方时,不要用手指直指对方,那样会显得鲁莽和刺眼;谈论周围第三方时,不能对着人家指指点点,否则容易引起误会。还有,不雅的手指动作更不能随便使用。比如在谈话过程中用手指抠鼻子、掏耳朵都是粗俗、无礼的表现,令人生厌。再如伸出中指向上或指着对方,在西方是骂人的意思,如果对人使用这样的手势,很容易引起矛盾和冲突。

第二种,握手。握手作为一种礼节性的手势动作被绝大多数国家的人所接受,它的作用很多,可以表示友好、合作、诚意、谅解、鼓励、欢迎、告别、挑战、试探对方,等等。交际过程中,握手礼仪的运用有一套基本定型的规定,例如:握手时应双目注视对方,微笑致意,不要东张西望;男子在与人握手前应先脱下手套、摘下帽子;多人同时握手时注意不要交叉;握手一般由主人、年长者、身份高者、妇女主动发起;年轻者对年长者、身份低者对身份高者握手,前者应稍稍欠身,双手去握对方的手,以示尊敬;男子和妇女握手时,往往只握一下妇女的手指部分,等等。由此可见,握手应根据场合、对象决定握手的方式、力度、时间,握手过程中也应当注意对方的反应,从中体会对方对自己的情感态度。

第三种,鼓掌。鼓掌是一种表示态度的体态语言,可以表示欢迎、支持、称赞、祝贺、感谢等,也可以鼓倒掌、喝倒彩,表示不满。当然后者使用较少,因为一般被认为是不文明的行为。鼓掌虽然简单,但也有需要注意的地方。一是要注意场合,因为不是所有的场合都可以鼓掌,比如观看盲人体育比赛,就不应在比赛过程中鼓掌,因为鼓掌发出的声音会妨碍队员的听力判断,从而影响比赛进程。二是要注意时机,在该鼓掌的时候鼓掌。比如在别人一句话未讲完时,在文艺表演处于惊险状态时,都不应鼓掌,否则也会对说话者或表演者造成负面影响。三是要注意协调,因为鼓掌往往是很多人一起进行的,作为其中一员,鼓掌的响度和长短就不应独树一帜,而要和其他人协调统一。

第四种,挥手。挥手常常表示号召听众、表明决心、跟对方告别等含义。恰到好处地挥手能够鲜明有力地表达自己的感情态度。在使用挥手时,应当注意与说话内容相配合,不可生搬硬套,到处乱用。另外,挥手动作也不宜频繁使用,否则容易让人眼花缭乱，从而削弱手势表达感情的力度。

人在说话过程中一般都会自然而然地使用一些手势动作，同一动作不同的人使用，取得的效果却千差万别。使用效果不好的情况一般都是由这样几种原因引起的：手势太多，运用太频繁；手势夸张，动作太大；手势单调，简单重复。其实归结到一点就是手势和说话内容不协调，没有把握好运用手势的度。解决这一问题的根本办法是，要理解手势作为体态语的核心价值在于辅助说话，而不是为了有手势就去做手势。说话过程中要时刻体会正在表达的内容和自己的交际目的，只有从此出发去安排手势才是恰当的。当然，实现手势与口语表达的和谐统一除了理解上述道理，还需要长期的练习。

（四）身姿

身姿是通过静态和动态的身体姿势传递交际信息的方式。静态的身姿主要包括站姿、坐姿、卧姿等，动态的身姿主要是走路的姿势。这里主要讲一讲口语交际中的站姿和坐姿。

每个人都会站立和坐下，但不是每个人都懂得交际中的正确站姿和坐姿，因为交际中的正确站姿和坐姿受到交际场合、对象和社会行为规范的制约。

站姿和坐姿都可以分为严肃的和随意的两种。严肃的站姿是腰身挺直，精神振作，即所谓"站如松"；随意的站姿是两脚分开或身体依靠在其他物体上。严肃的坐姿是上身挺直，精神集中，双脚并拢或略微分开，两手平放在膝上，即所谓"坐如钟"；随意的坐姿是背靠椅背，双手随便放在扶手上或交叉放在胸前，一只腿架在另一只腿上。这几种身姿在交际中都可能用到，区别就在使用的场合和对象上，在正式的交际场合或与长者、有身份的人交流时，一般采用严肃的站姿和坐姿，在非正式的交际场合或与亲近的人交流时，一般采用随意的站姿和坐姿。

在交际中需要克服的是太过随意的站姿和坐姿，比如：站立时歪着身子，双手插在腰间，踮着脚不停抖动；坐下时腿跷在桌子上或两腿叉得很开且来回晃动。这些身姿都会让人觉得傲慢、缺乏教养。

总之，体态语是不可忽视的无声交际手段，其运用涉及多种文化知识和个人修养。在交际过程中，体态语的运用要和交际场合、对象、说话内容统一起来，通过自然、得体的表现辅助口语交际，也只有这样才能达到好的交际效果，否则不仅会妨碍口语交际的进行，还可能弄巧成拙，损害个人形象。

第四节　口语交际中的心理

一、口语交际中必备的心理素质

人的交际活动除了受环境、对象的影响，还受到交际者心理因素的制约，拥有健全的心理素质是口语交际获得成功的前提条件之一。总的来看，口语交际必备的心理素质包括以下几个方面。

1. 自尊自信

自尊,就是尊重自己的人格和名誉;自信,就是对自己的能力有充分的估计。人在交际中要获得对方的尊重和信任,首先要自尊自信。一个人不管家庭背景、经济基础、社会地位、个人能力如何,都应当认识到:自己在人格上是独立的,并且"天生我才必有用","我之所以为我是因为我有与众不同之处"。因此,自尊自信是做人的基本标准。在人际交往中,自尊的人言行堂堂正正,自信的人说话底气十足,这样很容易形成自己的人格魅力,进而影响到别人的心理和行为。

自尊和自信在口语交际中主要表现为不屈服于权威,勇于发表自己的看法,不人云亦云,且敢于对自己所说的话负责。自尊不等于自大,自信不等于自负,这其中的区别关键在于度的把握:过于自尊,不把别人放在眼里就变成了自大;过于自信,不承认自己有任何错误,就变成了自负。自尊自信必须建立在"人人平等"的信条的基础上。

2. 真诚热情

真诚即真实诚恳,不虚情假意。人与人之间交往,最基本的也最重要的就是坦诚相对,因为只有相互真诚才能换来相互信任,而交际双方只有相互信任才能实现交际活动的深入发展。充满虚情假意的口语交际只是逢场作戏,既得不到真实的信息,也得不到真正的朋友,终究是不长久的。就像林肯在竞选总统时所说的:你能在所有的时候欺骗某些人,也能在某些时候欺骗所有的人,但不能在所有的时候欺骗所有的人。所以,真诚是促进人际关系和深化口语交际的基础和前提。

热情是一种在人际交往中积极主动的行为和态度,热情的人一般会有更多的交际机会,从而能够结交到更多的朋友。要对别人充满热情,首先要对自己的生活充满热情,只有天天保持积极向上的阳光心态,才能用这种心态去感染周围的人。

真诚在口语交际中的表现就是诚恳直率,不说假话;热情的表现是主动开口,关心对方。真诚能够通过热情表现出来,而热情必须以真诚为前提,只有用真实的热情,才能换来对方的欢迎和认可。

3. 平等宽容

自尊自信是对自己的正确态度,真诚热情则是对别人的正确态度,这两种心理素质其实都建立在平等宽容的认识基础上。因为只有认同人人平等,才会在强权面前自尊自信不自卑,在朋友之间真诚热情不虚伪。"人非圣贤,孰能无过",既然人人都是如此,就没必要对自己的弱点过意不去,也没有必要对别人的错误和缺点耿耿于怀,对人对己都应当宽容。

平等宽容在口语交际中主要表现为愿意倾听,说话时能站在对方的立场上思考。如能做到这一点,必然能赢得对方的尊重和理解。美国汽车大王福特曾在总结自己成功秘诀的时候说:"假如有什么成功秘诀的话,就是设身处地替别人着想,了解别人的态度和观点。"

二、口语交际中的心理障碍

拥有上述必备的心理素质是实现成功交际的重要基础,然而在现实生活中,仍有不少人在某些方面存在欠缺,在口语交际中出现这样或那样的心理障碍。口语交际中的心理障碍主要表现为以下几个方面。

1. 羞怯

羞怯心理在口语交际中主要表现为:害怕在公众场合说话,在众人面前讲话会面红耳赤、呼吸急促,甚至身体发抖、语无伦次;与人交谈时,不敢与人对视、声音很小。很多青少年都存在这种心理障碍,引发羞怯心理的原因多种多样,不过大多数与他们性格内向、参与社会活动少、口语表达锻炼不足有关。

2. 自卑

有自卑心理的人,总觉得自己处处不如人,他们在交际过程中虽然有交际的愿望,但又不自信,害怕说不好受到别人的冷落和嘲笑,结果表现为高度紧张、语无伦次。自卑心理不光在青少年当中存在,许多成年人都有这种心理障碍。比如:从农村来到城市的人,会担心别人笑话自己土气而自卑;有些身体条件存在缺陷的人,可能会担心周围的人嘲笑自己而自卑;有些学习成绩差的学生,可能担心老师和同学瞧不起自己而自卑,等等。自卑容易使人离群、苦闷、消沉,甚至导致嫉妒、沮丧、暴怒等不良情绪发生,必须尽早引起重视和克服。

3. 猜疑

猜疑即无中生有地怀疑别人,对别人感到不放心。表现在口语交际中,常常是不相信别人所说的话,而喜欢猜度别人话语的言外之意。这也是语言交际中一种不正常的心理状态,因为猜度原本不存在的言外之意往往会导致误解和矛盾,过分猜疑会造成人际关系的恶化,还可能导致自身严重的心理疾病。

4. 嫉妒

嫉妒心理是对与自己有联系而又强过自己的人的一种不服、不悦、失落、仇恨,甚至带有某种破坏性的危险情感。引起嫉妒心理的主要原因是自己能力有限却又心胸狭窄,不能容忍别人比自己强。语言交际中的嫉妒心理主要表现为造谣中伤、讽刺挖苦或自我解嘲。嫉妒心理不仅对别人是一种伤害,对自己内心也是一种折磨,是口语交际中的大敌。

5. 偏激

偏激的人总是以绝对的、片面的眼光看问题,喜欢以偏概全,固执己见;在情绪上往往按照个人的好恶和一时的心血来潮去论人论事,缺乏理性的态度和客观的标准;在行动上则是莽撞从事,不顾后果。偏激心理在语言交际上主要表现为说话不留余地,且固执己见,听不进不同的意见。偏激心理多出现在年轻人群中,导致该心理障碍的主要原因是:知识经验不足,不会一分为二地看问题,往往抓住一点就以为看到了事物的全部,且过于自信,认为自己从来不会错。

6. 自负

自负即过高地估计自己,同时低估别人。自负的人总是把注意力集中在自己身上,他们在口语交际中喜欢高谈阔论,技压群雄,自己滔滔不绝却不允许别人插一句话,说话时丝毫不考虑别人的感受。自负的人有的是因为自己确实有一定能力而瞧不起别人,有的却不是如此,即使自己水平一般,他也只看到自己的优点和别人的缺点,从而找到沾沾自喜的资本。导致自负最根本的原因是没有把自己和别人放到平等的地位上去衡量,自以为高人一等,但实际情况却并非如此。自负也是不利于交际的负面心理因素,需要克服。

语言交际中的心理障碍还有其他一些表现形式,例如自私、虚荣、抵触等。不同的心理障碍形式有不同的特点,各自出现的交际范围也有所不同,如嫉妒心理大多存在于与自己相似或相临近的人的交际中,羞怯大多存在于与陌生人的交际中,猜疑则大多数存在于与自己有密切关系的人的交际中。当然,这些心理都不利于语言交际的顺利进行。

导致交际心理障碍的原因有客观的环境因素,也有主观的个人因素。如:自卑心理的形成往往与一个人的生活经历及生存环境有关;虚荣心理一般是社会心理对个人心理影响的结果;偏激心理是受到知识经验积累和辩证思维形成的制约;而羞怯心理往往与内向性格相关;嫉妒心理是心胸狭窄的表现;猜疑心理则和一个人的内心过于敏感有密切的联系……克服交际心理障碍不仅要从改变客观环境条件入手,更要注意个人主观因素的调节。

三、克服交际心理障碍的方法

(一)克服交际心理障碍的宏观原则

交际心理障碍不利于口语交际的正常进行,但通过一定方法是可以得到克服的。如上所述,克服心理障碍可以从改变交际环境入手,但更根本的还是要通过调整个人心理状态来实现。总而言之,克服交际心理障碍应遵循以下宏观原则。

1. 学习一定的文化、心理知识

交际心理障碍有时是因为不懂交际文化和社会心理知识引起的,比如存在自负心理障碍的人一般不知道做人要谦虚、说话要顾及别人的感受等道理,或者即使知道这些道理但没有真正理解。所以学习和了解一定的文化、心理知识是必要的。这些知识包括:中国传统文化、思想道德修养、交际心理学等。掌握这些知识有助于全面提升自身素养,培养正确的价值观。

2. 掌握基本的语言交际原则

语言交际的基本原则主要包括平等原则、诚信原则、合作原则。

平等原则指交际者之间可以存在社会角色的不同,却没有高低贵贱之分,作为同一交际活动的参与者,他们理应是平等的。

诚信原则即与人交往要信任对方,不说假话,只有建立在诚信基础上的人际关系才能健康和持久。

合作原则是美国语言学家格莱斯提出的一套会话准则,他认为人在言语交际过程中必须共同遵守下列准则才能使交际顺利进行。

(1)量的准则:所说的话信息足量。具体包括:①所说的话应包含交谈目的所需要的信息;②所说的话不应包含超出需要的信息。

(2)质的准则:保证所说的话是真实的。具体包括:①不要说自知是虚假的话;②不要说缺乏足够证据的话。

(3)关系准则:说出的话要互相关联。

(4)方式准则:表达要清楚明白。具体包括:①避免晦涩;②避免歧义;③简练,避免啰唆;④井井有条。

理解和掌握这些语言交际原则对于认识、克服交际心理障碍有很大的帮助,比如:理解平等原则会有助于克服自卑、自负的心理;理解诚信原则会有利于克服猜疑心理;而掌握合作原则不仅对于克服褊狭心理有指导作用,还可以帮助我们把话说得更恰当。

3. 保持平和、健康的交际心态

解决心理障碍的根本办法是改善自己的心理状态。一些人在口语交际中存在这样或那样的心理障碍,常常是因为没有卸下心理上的负担。比如:担心自己说不好遭人嘲笑;担心自己的想法被别人反对;担心别人说话抢了自己的风头;担心对方是不是在骗自己,等等。只有把这些不利于交际的心理负担放下,才能使交际活动不受负面心理因素的影响。敞开胸襟,放松自己,宽容他人,保持平和、健康的交际心态是保证口语交际顺利进行的重要前提。

4. 学习一定的口语交际技巧

口语交际是一门艺术,掌握一定的技巧是完全有必要的。有的口语交际活动(如演讲、论辩、主持等)开始之前,可以提前做一些准备工作,这样有助于克服羞怯心理,准备得越充分,交际成功的可能性就越大。口语交际过程中,有一些处理技巧很实用,比如自我暗示。当感到羞怯时,可以在内心暗示自己"我准备得很充分,一定可以把话说好";当有自负倾向时,可以在内心告诫自己"我应该虚心点";当发现自己有猜疑心理时,可以在内心提醒自己"我应该信任对方"……自我暗示可以及时调整心态,克服心理障碍的发生。还有,在交际中学会随机应变也很重要。口语交际过程有一定的随机性和偶然性,当交际内容超出准备范围时,需要我们根据现场环境及时作出调整。口语交际结束后,应当总结其中的经验和教训,这样有助于下次发挥得更好。

5. 积极参与交际实践

口语交际是一种实践活动而非单纯的理论知识,交际中的心理障碍需要通过增加交际实践来克服,同时交际中的一些原则和技巧也需要在实践中去掌握。这样说来,只有在不断的交际实践中锻炼,才能真正克服自身存在的问题,才能提高口语交际能力。

（二）克服交际心理障碍的具体方法

上面介绍了克服交际心理障碍的宏观原则，其实具体来看，不同的交际心理障碍往往采用不同的办法来克服，有一些办法甚至完全相反，比如克服自卑心理和自负心理就得使用相反的两种心理暗示去克服。下面再具体谈一谈几种常见心理障碍的解决办法。

1. 克服自卑的心理障碍

引起自卑的原因比较复杂，不同原因造成的自卑心理需要采用不同的方法去克服。

因生理缺陷导致的自卑心理需要用辩证思维来克服，即不能认为自己的生理缺陷是上天的不公，而应感谢父母给了自己一次生命；不要总觉得自己生下来就比别人差，而要相信上天在某一方面少给了你应有的东西，一定会在其他方面给你补偿。

因社会地位、经济条件、文化水平等社会环境因素造成的自卑心理，可以通过树立平等思想，调试心理平衡，增强自我认同来克服。比如自己家里穷，而周围的人都比自己富有，往往容易造成自卑心理。这种情况需要从心理上调试平衡来克服，也就是说，要从内心鼓励自己：虽然我家里穷，但我可以在比他们差的条件下把学习、工作干得更好，所以我应当更有自信才对。

因为生活经历造成的自卑心理可以通过吸取教训、重拾信心来克服。

因性格内向造成的自卑心理可以通过多参加集体活动、多交朋友来克服。

自卑心理障碍一般不能一下子就克服，不能急于求成，可以用渐进训练的方法，先从容易的事情做起，即使不显眼，也不要放过训练的机会，锻炼多了就会逐渐增强自信。

2. 克服自负的心理障碍

自负与自卑是完全相反的两种心理障碍，克服自负的缺点主要通过交叉比较来实现，即不要总拿自己的长处和别人的短处比，而要多想想：我是不是每个方面都比别人强呢？我比周围人强的地方放到更大范围里还是最强的吗？只有认识到自己的不足，才能真正克服自负的心理。克服自负的另外一个办法是，在人多的交际场合管住自己的嘴，多听少说。做一个会倾听别人的人不仅能在交际中获得更多的信息，还能获得更多的知心朋友。

3. 克服羞怯的心理障碍

克服羞怯的心理障碍首先要正确认识到：羞怯是一种正常的心理生理反应，几乎所有的人都不同程度地有着或有过羞怯心理。羞怯心理所引起的心跳和呼吸加速、思维混乱、语无伦次等生理反应都是正常的，而且所持续的时间不会很长，所以羞怯心理障碍并不可怕，完全可以通过状态调控、心理暗示、强化实践来克服。

（1）状态调控。一般人初次在人多的场合讲话都会害羞、胆怯，其实如果准备工作做得好，身心状态调整得好，是可以缓解羞怯心理的。假如要登台演讲，我们可以提前准备好演讲稿，并且对稿子内容记得越牢越好。演讲前提前进入会场，熟悉环境,熟悉听众,尝试同听众交谈,如果这样做还是紧张的话,多做几次深呼吸,可以喝少量的温开水。上台后不要急着开口,可以深呼吸一次,环视听众,然后再开始演讲。上述做法对于有准备的口语交际活动是有效的。

(2)心理暗示。同陌生人谈话,或在人多的地方谈话,可以在心里默念"大家都是普通人,有什么可紧张的,说不定他们还不如自己呢,我一定能成功",也可以回顾自己的成功经验,肯定自己的优势等,这些心理暗示的办法对于克服羞怯心理障碍有很明显的帮助作用。

(3)强化实践。上文介绍的办法可以临时解决羞怯心理障碍,效果显著,但无法从根本上解决问题。要完全消除羞怯心理障碍,必须通过增加实践机会来达到。有很多著名的演说家早年也存在自卑、羞怯等心理障碍,但都是通过一次又一次的强化练习才把自己锻炼成老练的交际家。据说林肯就是这样,他年轻的时候,也害怕在众人面前说话,说话的时候会手心出汗,但他敢于克服,有说话的机会就上台锻炼,没有机会就对着小树说,最终成就了他超凡出众的演说才能。

4. 克服猜疑的心理障碍

引发猜疑的主要原因是对他人不够信任,所以克服这一心理障碍的关键是培养自己对人的信任感。培养信任感可以从家人、亲密朋友等与自己亲近的人开始,因为和他们建立信任关系最容易,然后再尝试扩大到普通朋友和陌生人。也许最初仍然难以完全克服对他人的猜疑习惯,但要把这种情绪克制住,不能表现出来,等事情过去了再用事实检验自己当初的猜疑是否有道理,如果确实是自己多疑了,就要告诫自己不应"以小人之心,度君子之腹",以后要信任对方。只要能够慢慢增强对他人的信任感,就会减少猜疑心理的出现机会。克服猜疑,建立信任的另一个办法是多与对方交流,不要把自己的猜疑想法憋在心里,可以用委婉的方式与之讨论,弄清对方的真实想法之后自然就不会再猜疑了。

5. 克服嫉妒的心理障碍

存在嫉妒心理的人往往目光短浅、心胸狭窄,把身边比自己强的人视为威胁,其实大可不必这样。把视野放宽一些,你会发现比自己强的人实在是太多了,都去嫉妒的话,忙都忙不过来;把心胸放宽一些,你会发觉世界上每个人都是独一无二的,没有人能够代替得了你。只要自己不断努力,没有人能够威胁到自己的地位。另外,思维方式上的自我转换也是克服嫉妒心理障碍的好办法。嫉妒者认为别人比自己强就不服气,其思维逻辑是"既然我不行,我就让你也不行"。这种步入歧途的思维方式于人于己都有害无益,永远没有出路。如果能够转变一下——"既然你比我强,我就要通过自身努力变得比你更强"——把压力变为动力,把嫉妒变为激励,于人于己于社会都有益无害,这样难道不是更高明吗?

本章练习

1. 口语和书面语有哪些不同点?两者各自的长处和局限体现在哪些特点上?

2. 什么是口语交际的对象？你对经常交往的人了解吗？请说一说其中一两个人的情况。

3. 口语交际环境是指什么？它包括那些因素？

4. 有人曾问墨子："多说话有好处吗？"墨子回答："虾、蟆、蛙、蝇，日夜都在叫，说得舌头都干燥了，然而人们不去听，但雄鸡一声天下人都为之震动。多说话有什么好处呢？只有说得在时候上才行。"

孔子说："夫子时然后言，人不厌其言。"

孔子说："言未及之而言，谓之躁；言及之而不言，谓之隐；未见颜色而言，谓之瞽。"

想一想，墨子的话、孔子的话和语境的哪些要素有关。

5. 与同学谈谈自己学习胸腹式联合呼吸法的体会。

6. 举例说一说口语和体态语之间的关系。

7. 口语表达的基本形式有哪些？它们有哪些具体的要求？

8. 倾听与口语表达的关系如何？

9. 介绍一下自己初次登台时的心理状态，以及自己是如何稳定情绪的。

第三章 朗读与命题说话

第一节 朗读

一、什么是朗读

朗读是一门艺术。朗读是朗读者把书面文字转化为有声语言的一种创造性活动。朗读是对作品的一种再现和再创造。

（一）朗读的作用

1. 朗读有助于提高语言表达能力

叶圣陶先生曾经说："好的文章要多读，读到能背。一边想一边读有好处。这好处就是自己的想法好像跟作者的想法合在一起了，自己的想法和语言运用能力就从而提高不少。"这段话说明了朗读对提高语言表达能力的作用。朗读训练，还可以使朗读者积累大量的词汇和丰富的语言素材，再运用恰当的修辞方法和语气、语调，就能使语言表达生动活泼，富于表现力和感召力，说得有感染力。

2. 朗读是达到教师口语规范化的途径

朗读，是普通话训练的重要手段。用普通话朗读，声母、韵母、声调的发音要正确，轻声、儿化、变调等要符合音变规律，普通话的词汇语法也不同于方言，所以朗读有利于消除日常口语交际中的方言土语，促使口语规范化。

3. 朗读有助于更深入地理解和感受作品

叶圣陶先生曾经说："读文章，写文章，最好不要光用眼睛看，光用手写，还要用嘴念。读人家的东西，念出来，比光看容易吸收。有感情的文章，念几遍就更容易领会。"反复朗读，就会更熟悉作品的内容、结构、情感，获得对作品的准确和深刻的理解。反复朗读，可以透过文字，展开想象，把语言文字描绘的情景，转化为可听可感的形象，转化成有声的画面，才能如闻其声，产生身临其境的感觉。

4. 朗读能使听者获得艺术享受

朗读有助于情感的传递，进而发挥作品的感染力。朱光潜认为，多朗读，就能从字句抓住声音节奏，从声音节奏抓住作者的情趣、气势或神韵。通过朗读，让自己进入作品所描写的特定情景之中，用心灵与作品对话，从而体验作者的情感和作品人物的感情，有感而发，以情托声的朗读更感染人、更陶冶人。

（二）朗读的要求

朗读作品有以下三点基本要求。

1. 用普通话语音朗读

朗读首先要规范、准确,普通话声母、韵母、声调的发音要正确,变调、轻声、儿化、语气词"啊"等音变现象要符合音变规律,避免语音错误和语调偏误。同时语流音变也要准确,避免错读、添读、漏读、改读、颠倒读、回读等。其次要自然、流畅。朗读不流畅是指朗读时语调生硬,语感贫乏,语句不连贯,回读较多等。朗读流畅是指朗读作品时,要语句连贯,停连得当,语速适中,情感适度,同时要注意语流中的音变、连读变调等。流畅的基础是熟练,所以朗读要做好充分的准备。

2. 理解和感受作品

叶圣陶先生说过:"作者胸有境,入境始与亲。"朗读者要恰如其分地表现作品内容,深入地理解和感受作品,首先需要理清文章的结构,明确作品立意,抓住作品的灵魂,其次要了解作品的主题、思想、情感、时代背景、人物形象等,这样,朗读者就能从作品思想内容出发,把握住作品的基调。

3. 掌握朗读技巧

朗读就是清晰、响亮地把文章读出来,它是一门有声语言的艺术。朗读者要把作品所表现的思想、形象、情感、意境等元素以声音的形式表达出来,所以朗读者要运用各种朗读技巧,如停连、重音、语速、语调等,恰当地表达作品。

二、朗读的基本技巧

朗读是把书面文字转化为有声语言的一种再创造。朗读技巧是指在对朗读作品正确理解和感受的基础上,熟练地运用停连、重音、语气、节奏等技巧,将对作品的体验恰如其分地表达出来。朗读技巧是朗读成功的关键。

(一)停连

1. 什么是停连

停连是指朗读语流中声音的停歇和延续。在朗读中,层次之间、段落之间、语句之间、词组之间、词和词之间,都可能出现声音的中断(或停歇)和延续。声音的中断或停歇叫停顿,声音的延缓叫连接。

2. 停连的目的

无论是停还是连,都是为了把作品准确、生动地表达出来。朗读中,停连是为了自然准确地表达语义,或为了显示语句的脉络,以及为了调节气息、加重情感、增强语势、突出重点、控制语速、调整节奏等,所以停连不是任意的,它既是生理上的需要,也是表情达意的需要。

3. 确定停连的几种方法

停连不当易造成对词语的肢解,或造成言语误解、形成歧义,例如:①"咬死了猎人|的狗",这句话的意思是猎人被咬死了,而"咬死了|猎人的狗",这句话的意思是狗被咬死了;②"我看见他|笑了",这句话的意思是"我"笑了,而"我看见|他笑了",这句话的意思是"他"笑了。恰当地处理停连,能使语言变得参差错落,语意层次分

明,避免听者产生误解。

1) 句逗停连

根据句中的标点符号进行的停连即句逗停连。一般说来,标点符号中,句号、问号和感叹号停顿的时间最长,其次依次是冒号、分号、逗号,顿号停顿的时间则最短。句中的省略号和破折号也表示一定的停顿。

① 母亲要走大路,│大路平顺;‖我的儿子要走小路,│小路有意思。‖(《散步》)

② 它│不苟且、∨不俯就、∨不妥协、∨不媚俗,‖甘愿│自己冷落自己。‖(《牡丹的拒绝》)

2) 语法停连

在句子结构复杂或句子较长时,为了使语意清晰、逻辑严密,或调整气息,常使用语法停连。语法停连能反映句子内部的语法关系,也能突出句子之间或词组之间并列、递进、转折等结构关系。如:

① 在繁华的│巴黎大街的路旁,站着一个│衣衫褴褛、∨头发斑白、∨双目失明的老人。(《语言的魅力》)

② 与其说│它是一种情绪,不如说│它是一种智慧、∨一种超拔、∨一种悲天悯人的宽容和理解……(《喜悦》)

3) 强调性停连

为了突出强调某一特殊的意思或情感所进行的停连叫作强调性停连。在句子、词组或词之间,为了强调某个句子、词组或词所表达的意思,或为了使作品的情感表达更加鲜明,使听众受到感染,在没有标点的地方,或在语法停顿不允许的地方都进行停顿,使所强调的词句凸现出来。强调性停连与重音有密切的关系。如:

① 老麻雀全身倒竖着羽毛,惊恐万状,发出绝望、∨凄惨的叫声,接着│向露出牙齿、∨大张着的狗嘴│扑去。(屠格涅夫《麻雀》)

② 信里面说│她看到了这篇文章心里非常激动,没想到│在离开家乡、∨漂泊异地这么久之后,会看见│自己仍然在一个人的记忆里……(《永远的记忆》)

4) 其他停连

停连还可根据整篇文章的段落层次考虑。一般说来,文章中的句子停顿时间要短于自然段,自然段的停顿时间短于段落,层次的停连时间又短于部分与部分之间的停连时间。另外,文章的标题、作者的姓名后,应有明显的停顿。如:

《国家荣誉感》│

一个大问题一直盘踞在我脑袋里;‖

世界杯怎么会有如此巨大的吸引力?│除去足球本身的魅力之外,还有什么超乎其上而更伟大的东西?‖

近来观看世界杯,忽然从中得到了答案;│是由于一种无上崇高的精神情感——国家荣誉感!‖

（二）重音

朗读作品时，重读的音节或词语就是重音。在朗读艺术中把握好重音，可以强调、突出作品的重点，使表达更加准确鲜明。重音可分为词重音和句重音。

1. 词重音

词重音即词的轻、重格式中重读的音节。单音词没有词重音的讲究，在双音节和多音节词语中，大多数最后一个音节为重音。具体如下：①双音节词的轻、重音基本格式是"中—重"，"重—轻"格式的双音节词一般是轻声词语，如"麻烦、规矩、客气"等；②三音节词语的轻、重音格式一般为"中—轻—重"格式；③四音节词语的轻、重音格式一般为"中—轻—中—重"格式，少数为"重—轻—中—轻"格式，如"讨论讨论"、"打听打听"、"学习学习"。如果在朗读中掌握不好词重音，就会造成语调偏误。但是，在朗读作品时，应以语句重音为主，因为词语的轻、重音格式在语流中会有变化。

2. 句重音

句重音是语流中句子的某些词语读得较重的语音现象。句重音可分为语法重音和逻辑重音两种。

1）语法重音

语法重音是根据语法结构的特点，把有些句子成分读得稍重一些。语法重音的位置比较固定，常见的有以下几种情况。

（1）主谓结构的谓语常重读。例如：

① 农民不许人去捉它们。（《小鸟的天堂》）

② 我们这些做孩子的，也讨厌起它来，曾合伙要搬走它，但力气又不足；虽时时咒骂它，嫌弃它，也无可奈何，只好任它留在那里了。（《丑石》）

（2）动宾结构的宾语，中心语前面的定语、状语，以及中心语后面的补语读得稍重些。例如：

① 我愿给您的圣诞树挖一个树坑。（《天才的造就》）

② 年岁逐增，渐渐挣脱外在的限制与束缚，开始懂得为自己活，照自己的方式做一些自己喜欢的事……（《朋友和其他》）

③ 外祖母永远不会回来了。（《丑石》）

④ 王友更惊疑了，他眼睛睁得大大的。（《陶行知的四块糖果》）

2）逻辑重音

逻辑重音是指在朗读中根据作品语义或情感的需要，把句中的某些词语读得重一些，使语句的逻辑关系更加严密，以便强调和突出某种情感或意义。

逻辑重音有并列性、对比性、转折性、肯定性、递进性、强调性重音等，运用好逻辑重音，能更好地表达情感，使语言表达充满生气，富有感染力。例如：

① 世上有预报台风的，有预报蝗灾的，有预报瘟疫的，有预报地震的。没有人预报幸福。（《提醒幸福》）

②阳光虽然为生命所必需,但是阳光中的紫外线却有扼杀原始生命的危险。(《海洋与生命》)

③小姐,您是哪国人?喜欢渥太华吗?(《捐诚》)

④这就是白杨树,西北极普通的一种树,然而决不是平凡的树!(《白杨礼赞》)

重音与停顿往往是连在一起的。许多停顿前或停顿后的音节常常是重音,而有重音的地方一般都需要停顿。在朗读中,应注意重音与停顿的配合运用。

(三)语调

语调,就是一句话在声音上的高低升降、快慢的变化。通过语调抑扬顿挫的变化,可以增强语句的表现力。

语调可以概括为平调、升调、降调、曲折调四种类型。

1. 平调

平调是指语调平稳,变化不大。平调常用来表示庄重、严肃、平淡等语气。如:

① 因此,巨大的海洋就像是天然的"温箱",是孕育原始生命的温床。→(《海洋与生命》)

② 烈士们的英名和业绩将永垂不朽!→

2. 升调

语调前平后高,或句末上升,常用来表示疑问、反问、号召、呼唤等语气。如:

① 犯得着在大人都无须上班的时候让孩子去学校吗?↗ (《课不能停》)

② 那就是:为祖国而战!↗(《国家荣誉感》)

3. 降调

语调先平后降。常用来表示肯定、感叹或请求等语气。如:

① 盼望着,盼望着,东风来了,春天的脚步近了。↘(《春》)

② 但我的白话电报却只用了五个字:"干不了,谢谢!"↘(《胡适的白话电报》)

4. 曲折调

句子先降后升,或先升后降,就是曲折调。常用来表示强调、讽刺、夸张、反语等语气或感情。如:

①"为什么你已经有钱了↘还要?"↗父亲不解地问。(《二十美金的价值》)

② 这使我们都很惊奇,→这又怪又丑的石头,↗原来↗是天上的啊!↘(《丑石》)

上面两个例句中,第二句的语势开始较平缓,用平调来读,再逐步上行,用升调来读,到"原来"达到顶峰,然后再逐步回落,变成降调。

语调与语句的句调、停顿、轻重音、语速等有密切的联系,另有音高、音长等构成了语言表达中抑扬顿挫的变化。正确运用语调,可使朗读声情并茂,韵味十足。否则,朗读中易出现语调偏误。

(四)语速

语速指朗读时的快慢缓急。在朗读中恰当处理好语速的快慢,可使语言富有节奏感,也使情感的表达更加鲜明。语速的快慢会随着作品的内容和情感的变化而变化,语速大致可分为快速、中速、慢速。

1. 快速

描述紧张、急剧变化的场面,表达紧张、激动、热烈、急促等心情时语速可快些。如:

① 父亲发怒了:"如果你只是要借钱去买毫无意义的玩具的话,给我回到你的房间睡觉去。好好想想为什么你会那么自私。我每天辛苦工作,没时间和你玩儿小孩子的游戏。"(《二十美金的价值》)

② 忽然,从附近一棵树上飞下一只黑胸脯的老麻雀,像一颗石子似的落到狗的跟前。老麻雀全身倒竖着羽毛,惊恐万状,发出绝望、凄惨的叫声,接着向露出牙齿、大张着的狗嘴扑去。(《麻雀》)

2. 慢速

朗读比较悲痛、庄重的内容,用于表达沉痛、凄苦、凝重、迟疑等心情时,语速可慢些。如:

① 那哀痛的日子,断断续续地持续了很久,爸爸妈妈也不知道如何安慰我。他们知道与其骗我说外祖母睡着了,还不如对我说实话:外祖母永远不会回来了。(《和时间赛跑》)

② 是啊,请不要见笑。我崇敬那只小小的、英勇的鸟儿,我崇敬它那种爱的冲动和力量。(《麻雀》)

3. 中速

叙述、介绍、说明、交代事实的语言,可用中速。如:

① 生命在海洋里诞生绝不是偶然的,海洋的物理和化学性质,使它成为孕育原始生命的摇篮。(《海洋与生命》)

② 生活对于任何人都非易事,我们必须有坚韧不拔的精神。最要紧的,还是我们自己要有信心。(《我的信念》)

三、不同文体的朗读

(一)诗歌的朗读

诗歌是富于艺术感染力的作品,其感情充沛,意境优美、深邃,想象丰富,韵律和谐,节奏鲜明,语言凝练,跳跃性强,非反复朗读不能品其味、赏其美。朗读诗歌时,必须读出诗歌的诗情画意,再现诗歌的韵味,给人以言有尽而意无穷的审美感受。

教师口语

根据不同的标准,诗歌有不同的分类,大致有叙事诗和抒情诗、格律诗和自由诗等。下面具体介绍一下格律诗和自由诗的朗读。

1. 格律诗的朗读

格律诗的特点是句式固定,语节划分较简单:五言诗分为两个语节,格式是二三式;七言诗分为三个语节,格式是二二三式。格律诗的三要素:平仄、对仗和押韵。格律诗有一定的节律。朗读格律诗时要注意语调、语流速度和平仄抑扬,将诗歌的意境、诗歌蕴含的情感、诗歌的音乐美和节奏感充分表达出来。如:

赋得古原草送别(节选)
白居易
离离‖原上草,
一岁‖一枯荣。
野火‖烧不尽,
春风‖吹又生。

出塞
王昌龄
秦时‖明月‖汉时关,
万里‖长征‖人未还。
但使‖龙城‖飞将在,
不教‖胡马‖度阴山。

一般为平声韵,平仄有限定:五言诗一、三这两个字不拘于平仄规律,二、四这两个字则定要讲究平仄规律;七言诗二、四、六这三个字要讲究平仄规律。

2. 自由诗的朗读

自由诗不拘格律,不拘平仄,不拘对称;音节自然,结构自由,段数、行数、字数没有限定;语言凝练且跳跃性强;跨行和断句等使自由诗节奏婉转,诗情的起伏跌宕使自由诗节奏抑扬顿挫。朗读自由诗,需把握诗的节奏,展现其回荡的旋律美和音乐美。朗读自由诗,还需抓住意象,通过想象,使自己与诗歌产生情感上的共鸣,深入意境,领悟意境美。例如:

再别康桥
徐志摩
轻轻的‖我走了,→
正如‖我轻轻的来;↗
我轻轻的‖招手,→
作别西天的‖云彩。↘

那‖河畔的金柳，→
是夕阳中的‖新娘；↗
波光里的艳影，→
在我的心头‖荡漾。↘

软泥上的青荇，→
油油的‖在水底招摇；↗
在康河的柔波里，→
我甘心‖做一条水草。↘

那榆荫下的一潭，→
不是清泉，是天上虹；↗
揉碎在浮藻间，→
沉淀着‖↗彩虹似的梦。↘

寻梦？↗撑一支长篙，→
向青草更青处‖漫溯；
满载一船星辉，→
在星辉斑斓里‖↘放歌。↗

但我不能放歌，↘
悄悄是别离的笙箫；↘
夏虫也为我沉默，→
沉默‖是今晚的康桥！↗

悄悄的‖我走了，→
正如‖我悄悄的来；→
我挥一挥衣袖，→
不带走‖一片↗云彩。↘

（二）记叙文的朗读

记叙文是通过记人、叙事、写景、状物，以表达对生活的切实感受的文章。它记人、叙事生动形象，写景、状物有画面感。记叙文可以让读者增广见闻，明辨是非，受到感染和启发，而且这种启发是潜移默化的。朗读记叙文，要区别对待，若是叙事，要根据内容运用恰当的重音、语速和语调来区分事件的发生、高潮和结局；若是记人记言，朗读时需注意人物语言的个性化，不必改变音色去模仿作品中的人物，通过停连、重音等朗读技巧把人物的思想感情、心理活动读出来就行了。例如：

雨｜是最寻常的，一下｜就是三两天。↘可别恼。↘看，像牛毛，像花针，像细丝，↗密密地斜织着，人家屋顶上｜全笼着一层薄烟。↘树叶儿｜却绿得发亮，小草儿｜也青得逼你的眼。↘傍晚时候，上灯了，一点点黄晕

的光,烘托出|一片这安静而和平的夜。↘在乡下,小路上,石桥边,有撑起伞|慢慢走着的人,还有地里|工作的农民,披着蓑|戴着笠。他们的草屋,稀稀疏疏的,在雨里静默着。↘(节选自朱自清的《春》)

(三) 说明文的朗读

说明文就是解说事物、突出事物特征、阐明事理的文章。朗读说明文,要缓慢地读,让听众听清楚说明对象、说明特征、说明方法、说明顺序等。说明文还常常阐明事理、说明规律,因此朗读时要语调平稳、节奏均衡地读,听者才能够透彻领会事理和规律,不需运用高低、快慢、强弱,读得大起大落,可运用停连和重音的技巧,以质朴的节奏,显示知识和科技的缜密。例如:

在浩瀚无垠的沙漠里,有一片|美丽的绿洲,绿洲里藏着一颗|闪光的珍珠。这颗珍珠就是敦煌莫高窟。它坐落在在我国甘肃省敦煌市|三危山和鸣沙山的|怀抱中。(《莫高窟》)

(四) 议论文的朗读

议论文就是说明、论证某种观点和某种道理的文章。议论文有三要素:论点、论据和论证。论点是议论文的灵魂。议论文论点鲜明,朗读时要突出论点,用重音、停顿把论点读出来,语气要肯定。议论文是以理服人,说理透彻、深刻,论据要有说服力,朗读时要语气中肯、果断,态度要明朗,表现出论据力度。议论文论证逻辑严密,其一般逻辑关系是提出问题、分析问题、解决问题,朗读时要把握文章内在的逻辑关系,运用停连和轻、重音等,将精辟的结论从容、肯定地突出出来,感情要含蓄。例如《读书人就是幸福人》,文章开篇提出论点:我常想读书人是世间幸福人。朗读时"我常想"后稍有停顿,"读书人"和"幸福人"应重读,论点读完,稍有停顿,再读论据,每个论据之间有较短停顿,对于论据间的递进关系,采用先抑后扬的语势,可加重语气并放慢语速加以突出。另外,层次之间要有较大的停顿,段落之间可有较小的停顿,以显示出清晰的逻辑关系和层次关系。

附:普通话朗读材料60篇

说明:

(1) 60篇朗读作品供普通话水平测试第四项——朗读短文测试使用。为适应测试需要,必要时对原作品做了部分更动。

(2) 朗读作品的顺序,按篇名的汉语拼音字母顺序排列。

(3) 每篇作品采用汉字和汉语拼音对照的方式编排。

(4) 每篇作品在第400个音节后用"//"标注。

(5) 为适应朗读的需要,作品中的数字一律采用汉字的书写方式书写,如:"1998年",写作"一九九八年","23%",写作"百分之二十三"。

（6）加注的汉语拼音原则依据《汉语拼音正词法基本规则》拼写。

（7）注音一般只标本调，不标变调。

（8）作品中的必读轻声音节，拼音不标调号。一般轻读，间或重读的音节，拼音加注调号，并在拼音前加圆点提示，如："因为"，拼音写作"yīn·wèi"；"差不多"，拼音写作"chà·bù duō"。

（9）作品中的儿化音节分两种情况。一是书面上加"儿"，拼音时在基本形式后加 r，如"小孩儿"的拼音写作"xiǎohái r"；二是书面上没有加"儿"，但口语里一般儿化的音节，拼音时也在基本形式后加 r，如"胡同"的拼音写作"hútòng r"。

作品 1 号

Nà shì lìzhēng shàngyóu de yī zhǒng shù, bǐzhí de gàn, bǐzhí de
那 是 力争 上游 的 一 种 树，笔直 的 干， 笔直 的
zhī. Tā de gàn ne, tōngcháng shì zhàng bǎ gāo, xiàngshì jiāyǐ
枝。它 的 干 呢， 通常 是 丈 把 高， 像是 加以
réngōng shìde, yī zhàng yǐnèi, juéwú pángzhī; tā suǒyǒu de yāzhī
人工 似的，一 丈 以内， 绝无 旁枝； 它 所有 的 丫枝
ne, yīlǜ xiàngshàng, érqiě jǐnjǐn kàolǒng, yě xiàngshì jiāyǐ réngōng
呢，一律 向上， 而且 紧紧 靠拢， 也 像是 加以 人工
shìde, chéngwéi yī shù, juéwú héng xié yì chū; tā de kuāndà de
似的， 成为 一 束， 绝无 横 斜 逸出；它 的 宽大 的
yèzi yě shì piànpiàn xiàngshàng, jīhū méi·yǒu xié shēng de, gèng
叶子 也 是 片片 向上， 几乎 没有 斜 生 的，更
bùyòng shuō dàochuí le; tā de pí, guānghuá ér yǒu yínsè de
不用 说 倒垂 了； 它 的 皮， 光滑 而 有 银色 的
yùnquān, wēiwēi fànchū dànqīngsè. Zhè shì suī zài běifāng de
晕圈， 微微 泛出 淡青色。 这 是 虽在 北方 的
fēngxuě de yāpò xià què bǎochízhe juéjiàng tǐnglì de yī zhǒng shù!
风雪 的 压迫 下 却 保持着 倔强 挺立 的 一 种 树！
Nǎpà zhǐyǒu wǎn lái cūxì ba, tā què nǔlì xiàngshàng fāzhǎn, gāo
哪怕 只有 碗 来 粗细 罢，它 却 努力 向上 发展，高
dào zhàngxǔ, liǎng zhàng, cāntiān sǒnglì, bùzhé bùnáo, duìkàngzhe
到 丈许， 两 丈， 参天 耸立， 不折 不挠， 对抗着
xīběifēng.
西北风。

　　Zhè jiùshì báiyángshù, xīběi jí pǔtōng de yī zhǒng shù, rán'ér
　　这 就是 白杨树， 西北 极 普通 的 一 种 树， 然而
jué bù shì píngfán de shù!
决 不是 平凡 的 树！

教师口语

Tā méi·yǒu pósuō de zītài, méi·yǒu qūqū pánxuán de qiúzhī,
它没有婆娑的姿态，没有屈曲盘旋的虬枝，
yěxǔ nǐ yào shuō tā bù měilì,——rúguǒ měi shì zhuān zhǐ "pósuō" huò
也许你要说它不美丽，——如果美是专指"婆娑"或
"héng xié yì chū" zhīlèi ér yán, nàme, báiyángshù suàn·bù·dé shù
"横斜逸出"之类而言，那么，白杨树算不得树
zhōng de hǎo nǚzǐ; dànshì tā què shì wěi'àn, zhèngzhí, pǔzhì,
中的好女子；但是它却是伟岸，正直，朴质，
yánsù, yě bù quēfá wēnhé, gèng bùyòng tí tā de jiānqiáng bùqū
严肃，也不缺乏温和，更不用提它的坚强不屈
yǔ tǐngbá, tā shì shù zhōng de wěizhàngfū! Dāng nǐ zài jīxuě chū
与挺拔，它是树中的伟丈夫！当你在积雪初
róng de gāoyuán·shàng zǒuguò, kàn·jiàn píngtǎn de dàdì·shàng
融的高原上走过，看见平坦的大地上
àorán tǐnglì zhème yī zhū huò yī pái báiyángshù, nándào nǐ jiù zhǐ
傲然挺立这么一株或一排白杨树，难道你就只
jué·dé shù zhǐshì shù, nándào nǐ jiù bù xiǎngdào tā de pǔzhì,
觉得树只是树，难道你就不想到它的朴质，
yánsù, jiānqiáng bùqū, zhìshǎo yě xiàngzhēngle běifāng de
严肃，坚强不屈，至少也象征了北方的
nóngmín; nándào nǐ jìng yīdiǎnr yě bù liánxiǎng dào, zài díhòude
农民；难道你竟一点儿也不联想到，在敌后的
guǎngdà // tǔdì·shàng, dàochù yǒu jiānqiáng bùqū, jiù xiàng zhè
广大//土地上，到处有坚强不屈，就像这
báiyángshù yīyàng àorán tǐnglì de shǒuwèi tāmen jiāxiāng de
白杨树一样傲然挺立的守卫他们家乡的
shàobīng! Nándào nǐ yòu bù gèng yuǎn yīdiǎnr xiǎngdào zhèyàng
哨兵！难道你又不更远一点想到这样
zhīzhī-yèyè kàojǐn tuánjié, lìqiú shàngjìn de báiyángshù, wǎnrán
枝枝叶叶靠紧团结，力求上进的白杨树，宛然
xiàngzhēngle jīntiān zài Huáběi Píngyuán zònghéng juédàng yòng
象征了今天在华北平原纵横决荡用
xuè xiěchū xīn Zhōngguó lìshǐ de nà zhǒng jīngshén hé yìzhì.
血写出新中国历史的那种精神和意志。

——节选自茅盾《白杨礼赞》

作品2号

两个同龄的年轻人同时受雇于一家店铺,并且拿同样的薪水。

可是一段时间后,叫阿诺德的那个小伙子青云直上,而那个叫布鲁诺的小伙子却仍在原地踏步。布鲁诺很不满意老板的不公正待遇。终于有一天他到老板那儿发牢骚了。老板一边耐心地听着他的抱怨,一边在心里盘算着怎样向他解释清楚他和阿诺德之间的差别。

"布鲁诺先生,"老板开口说话了,"您现在到集市上去一下,看看今天早上有什么卖的。"

布鲁诺从集市上回来向老板汇报说,今早集市上只有一个农民拉了一车土豆在卖。

"有多少?"老板问。

布鲁诺赶快戴上帽子又跑到集上,然后回来告诉老板一共四十袋土豆。

"价格是多少?"

教师口语

Bùlǔnuò yòu dì-sān cì pǎodào jí·shàng wènláile jiàgé.
布鲁诺 又 第三 次 跑到 集 上 问来了 价格。
"Hǎo ba," Lǎobǎn duì tā shuō, "Xiànzài qǐng nín zuòdào zhè
"好 吧," 老板 对 他 说, "现在 请 您 坐到 这
bǎ yǐzi·shàng yī jù huà yě bùyào shuō, kànkan Ānuòdé zěnme shuō."
把 椅子 上 一 句 话 也 不要 说, 看看 阿诺德 怎么 说。"
Ānuòdé hěn kuài jiù cóng jíshì·shàng huí·lái le. Xiàng lǎobǎn
阿诺德 很 快 就 从 集市 上 回来了。 向 老板
huìbào shuō dào xiànzài wéizhǐ zhǐyǒu yī gè nóngmín zài mài
汇报 说 到 现在 为止 只有 一 个 农民 在卖
tǔdòu, yīgòng sìshí kǒudai, jiàgé shì duō·shǎo duō·shǎo, tǔdòu
土豆, 一共 四十 口袋, 价格 是 多 少 多 少, 土豆
zhìliàng hěn bùcuò, tā dài huí·lái yī gè ràng lǎobǎn kànkan. Zhège
质量 很 不错, 他 带 回 来 一 个 让 老板 看看。 这个
nóngmín yī gè zhōngtóu yǐhòu hái huì nònglái jǐ xiāng xīhóngshì, jù
农民 一 个 钟头 以后 还会 弄来 几 箱 西红柿, 据
tā kàn jiàgé fēicháng gōng·dào. Zuótiān tāmen pùzi de xīhóngshì
他 看 价格 非常 公 道。 昨天 他们 铺子 的 西红柿
mài de hěn kuài, kùcún yǐ·jīng bù//duō le. Tā xiǎng zhème piányi
卖 得 很 快, 库存 已 经 不//多 了。 他 想 这么 便宜
de xīhóngshì, lǎobǎn kěndìng huì yào jìn yīxiē de, suǒyǐ tā bùjǐn
的 西红柿, 老板 肯定 会 要 进 一些 的, 所以 他 不仅
dàihuíle yī gè xīhóngshì zuò yàngpǐn, érqiě bǎ nàge nóngmín yě
带回了 一 个 西红柿 做 样品, 而且 把 那个 农民 也
dài·lái le, tā xiànzài zhèngzài wài·miàn děng huíhuà ne.
带 来 了,他 现在 正在 外 面 等 回话 呢。
Cǐshí lǎobǎn zhuǎnxiàngle Bùlǔnuò, shuō: "Xiànzài nín kěndìng
此时 老板 转向了 布鲁诺, 说:" 现在 您 肯定
zhī·dào wèi shénme Ānuòdé de xīn·shuǐ bǐ nín gāo le ba!"
知 道 为 什么 阿诺德 的 薪 水 比 您 高 了 吧!"

——节选自张健鹏、胡足青主编《故事时代》中的《差别》

作品3号

Wǒ chángcháng yíhàn wǒ jiā mén qián nà kuài chǒu shí: Tā
我 常常 遗憾 我家 门 前 那块 丑 石: 它
hēiyǒuyǒu de wǒ zài nà·lǐ, niú shìde múyàng; shéi yě bù zhī·dào shì
黑黝黝 地 卧 在 那里, 牛 似的 模样; 谁 也 不 知 道 是

什么时候留在这里的,谁也不去理会它。只是麦收时节,门前摊了麦子,奶奶总是说:这块丑石,多占地面呀,抽空把它搬走吧。

它不像汉白玉那样的细腻,可以刻字雕花,也不像大青石那样的光滑,可以供来浣纱捶布。它静静地卧在那里,院边的槐荫没有庇覆它,花儿也不再在它身边生长。荒草便繁衍出来,枝蔓上下,慢慢地,它竟锈上了绿苔、黑斑。我们这些做孩子的,也讨厌起它来,曾合伙要搬走它,但力气又不足;虽时时咒骂它,嫌弃它,也无可奈何,只好任它留在那里了。

终有一日,村子里来了一个天文学家。他在我家门前路过,突然发现了这块石头,眼光立即就拉直了。他再没有离开,就住了下来;以后又来了好些人,都说这是一块陨石,从天上落下来已经有二三百年了,是一件了不起的东西。不久便来了车,小心翼翼地将它运走了。

这使我们都很惊奇,这又怪又丑的石头,

>> 教师口语

原来是天上的啊！它补过天，在天上发过热、闪过光，我们的先祖或许仰望过它，它给了他们光明、向往、憧憬；而它落下来了，在污土里，荒草里，一躺就//是几百年了！

我感到自己的无知，也感到了丑石的伟大，我甚至怨恨它这么多年竟会默默地忍受着这一切！而我又立即深深地感到它那种不屈于误解、寂寞的生存的伟大。

——节选自贾平凹《丑石》

作品4号

在达瑞八岁的时候，有一天他想去看电影。因为没有钱，他想是向爸妈要钱，还是自己挣钱。最后他选择了后者。他自己调制了一种汽水，向过路的行人出售。可那时正是寒冷的冬天，没有人买，只有两个人例外——他的爸爸和妈妈。

他偶然有一个和非常成功的商人谈话的机会。当他对商人讲述了自己的"破产史"后，商人给了他两个重要的建议：一是尝试

wèi bié·rén jiějué yī gè nántí; èr shì bǎ jīnglì jízhōng zài nǐ
为 别 人 解决 一 个 难题； 二 是 把 精力 集中 在 你
zhī·dào de、nǐ huì de hé nǐ yōngyǒu de dōngxi·shàng.
知 道 的、你 会 的 和 你 拥有 的 东西 上。

　　Zhè liǎng gè jiànyì hěn guānjiàn. Yīn·wèi duìyú yī gè bā suì de
　　这 两 个 建议 很 关键。 因 为 对于 一 个 八 岁 的
háizi ér yán, tā bù huì zuò de shìqing hěn duō. Yúshì tā chuānguo
孩子 而 言， 他 不 会 做 的 事情 很 多。于是 他 穿过
dàjiē xiǎoxiàng, bùtíng de sīkǎo: Rénmen huì yǒu shénme nántí, tā
大街 小巷， 不停 地 思考： 人们 会 有 什么 难题，他
yòu rúhé lìyòng zhège jī·huì?
又 如何 利用 这个 机 会？

　　Yī tiān, chī zǎofàn shí fù·qīn ràng Dáruì qù qǔ bàozhǐ. Měiguó
　　一 天， 吃 早饭 时 父亲 让 达瑞 去 取 报纸。 美国
de sòngbàoyuán zǒngshì bǎ bàozhǐ cóng huāyuán líba de yī gè tèzhì
的 送报员 总是 把 报纸 从 花园 篱笆 的 一 个 特制
de guǎnzi·lǐ sāi jìn·lái. Jiǎrú nǐ xiǎng chuānzhe shuìyī shūshū fúfú
的 管子 里 塞 进 来。假如 你 想 穿着 睡衣 舒舒 服服
de chī zǎofàn hé kàn bàozhǐ, jiù bìxū líkāi wēnnuǎn de fángjiān,
地 吃 早饭 和 看 报纸， 就 必须 离开 温暖 的 房间，
màozhe hánfēng, dào huāyuán qù qǔ. Suīrán lù duǎn, dàn shífēn
冒着 寒风， 到 花园 去 取。 虽然 路 短， 但 十分
máfan.
麻烦。

　　Dāng Dáruì wèi fù·qīn qǔ bàozhǐ de shíhou, yī gè zhǔyi
　　当 达瑞 为 父亲 取 报纸 的 时候， 一 个 主意
dànshēng le. Dàngtiān tā jiù ànxiǎng lín·jū de ménlíng, duì tāmen
诞生 了。 当天 他 就 按响 邻居 的 门铃， 对 他们
shuō, měi gè yuè zhǐ xū fùgěi tā yī měiyuán, tā jiù měitiān
说， 每 个 月 只 需 付给 他 一 美元， 他 就 每天
zǎoshang bǎ bàozhǐ sāidào tāmen de fángmén dǐ·xià. Dàduōshù
早上 把 报纸 塞到 他们 的 房门 底下。 大多数
rén dōu tóngyì le, hěn kuài tā yǒu// le qīshí duō gè gùkè. Yī gè yuè
人 都 同意 了，很 快 他 有//了 七十 多 个 顾客。一 个 月
hòu, dāng tā nádào zìjǐ zhuàn de qián shí, jué·dé zìjǐ jiǎnzhí shì
后， 当 他 拿到 自己 赚 的 钱 时， 觉得 自己 简直 是

91

飞上了天。

很快他又有了新的机会，他让他的顾客每天把垃圾袋放在门前，然后由他早上运到垃圾桶里，每个月加一美元。之后他还想出了许多孩子赚钱的办法，并把它集结成书，书名为《儿童挣钱的二百五十个主意》。为此，达瑞十二岁时就成了畅销书作家，十五岁有了自己的谈话节目，十七岁就拥有了几百万美元。

——节选自[德]博多·舍费尔《达瑞的故事》，刘志明译

作品 5 号

这是入冬以来，胶东半岛上第一场雪。

雪纷纷扬扬，下得很大。开始还伴着一阵儿小雨，不久就只见大片大片的雪花，从彤云密布的天空中飘落下来。地面上一会儿就白了。

冬天的山村，到了夜里就万籁俱寂，只听得雪花簌簌地不断往下落，树木的枯枝被雪压断了，偶尔咯吱一声响。

大雪整整下了一夜。今天早晨，天放晴了，太阳出来了。推开门一看，嗬！好大的雪啊！

山川、河流、树木、房屋，全都罩上了一层厚厚的雪，万里江山，变成了粉妆玉砌的世界。落光了叶子的柳树上挂满了毛茸茸亮晶晶的银条儿；而那些冬夏常青的松树和柏树上，则挂满了蓬松松沉甸甸的雪球儿。一阵风吹来，树枝轻轻地摇晃，美丽的银条儿和雪球儿簌簌地落下来，玉屑似的雪末儿随风飘扬，映着清晨的阳光，显出一道道五光十色的彩虹。

大街上的积雪足有一尺多深，人踩上去，脚底下发出咯吱咯吱的响声。一群群孩子在雪地里堆雪人，掷雪球儿。那欢乐的叫喊声，把树枝上的雪都震落下来了。

俗话说，"瑞雪兆丰年"。这个话有充分的科学根据，并不是一句迷信的成语。寒冬大雪，可以冻死一部分越冬的害虫；融化了的水渗进土层深处，又能供应//庄稼生长的需要。我相信这一场十分及时的大雪，一定

> **教师口语**

会促进明年春季作物，尤其是小麦的丰收。有经验的老农把雪比做是"麦子的棉被"。冬天"棉被"盖得越厚，明春麦子就长得越好，所以又有这样一句谚语："冬天麦盖三层被，来年枕着馒头睡。"

我想，这就是人们为什么把及时的大雪称为"瑞雪"的道理吧。

——节选自峻青《第一场雪》

作品6号

我常想读书人是世间幸福人，因为他除了拥有现实的世界之外，还拥有另一个更为浩瀚也更为丰富的世界。现实的世界是人人都有的，而后一个世界却为读书人所独有。由此我想，那些失去或不能阅读的人是多么的不幸，他们的丧失是不可补偿的。世间有诸多的不平等，财富的不平等，权力的不平等，而阅读能力的拥有或丧失却体现为精神的不平等。

一个人的一生，只能经历自己拥有的那一份

第三章 朗读与命题说话

欣悦,那一份苦难,也许再加上他亲自闻知的那一些关于自身以外的经历和经验。然而,人们通过阅读,却能进入不同时空的诸多他人的世界。这样,具有阅读能力的人,无形间获得了超越有限生命的无限可能性。阅读不仅使他多识了草木虫鱼之名,而且可以上溯远古下及未来,饱览存在的与非存在的奇风异俗。

更为重要的是,读书加惠于人们的不仅是知识的增广,而且还在于精神的感化与陶冶。人们从读书学做人,从那些往哲先贤以及当代才俊的著述中学得他们的人格。人们从《论语》中学得智慧的思考,从《史记》中学得严肃的历史精神,从《正气歌》中学得人格的刚烈,从马克思学得人世//的激情,从鲁迅学得批判精神,从托尔斯泰学得道德的执着。歌德的诗句刻写着睿智的人生,拜伦的诗句呼唤着奋斗的热情。一个读书人,一个有机会拥有超乎个人生命体验的幸运人。

——节选自谢冕《读书人是幸福人》

作品 7 号

一天，爸爸下班回到家已经很晚了，他很累也有点儿烦，他发现五岁的儿子靠在门旁正等着他。

"爸，我可以问您一个问题吗？"

"什么问题？""爸，您一小时可以赚多少钱？""这与你无关，你为什么问这个问题？"父亲生气地说。

"我只是想知道，请告诉我，您一小时赚多少钱？"小孩儿哀求道。"假如你一定要知道的话，我一小时赚二十美金。"

"哦，"小孩儿低下了头，接着又说，"爸，可以借我十美金吗？"父亲发怒了："如果你只是要借钱去买毫无意义的玩具的话，给我回到你的房间睡觉去。好好想想为什么你会那么自私。我每天辛苦工作，没时间和你玩儿小孩子的游戏。"

小孩儿默默地回到自己的房间关上门。

父亲坐下来还在生气。后来，他平静下来

le. Xīnxiǎng tā kěnéng duì háizi tài xiōng le —— huòxǔ háizi
了。心想 他 可能 对 孩子 太 凶 了 —— 或许 孩子
zhēnde hěn xiǎng mǎi shénme dōngxi, zài shuō tā píngshí hěn shǎo
真的 很 想 买 什么 东西，再说 他 平时 很 少
yàoguo qián.
要过 钱。

Fù•qīn zǒujìn háizi de fángjiān: "Nǐ shuìle ma?" "Bà, hái
父 亲 走进 孩子 的 房间："你 睡了 吗？""爸，还
méi•yǒu, wǒ hái xǐngzhe." Háizi huídá.
没 有，我 还 醒着。" 孩子 回答。

"Wǒ gāngcái kěnéng duì nǐ tài xiōng le," Fù•qīn shuō, "Wǒ
"我 刚才 可能 对 你 太 凶 了，"父 亲 说，"我
bù yīnggāi fā nàme dà de huǒr —— zhè shì nǐ yào de shí měijīn."
不 应该 发 那么 大 的 火儿 —— 这 是 你 要 的 十 美金。"
"Bà, xièxie nín." Háizi gāoxìng de cóng zhěntou•xià náchū yīxiē
"爸，谢谢 您。"孩子 高兴 地 从 枕头 下 拿出 一些
bèi nòngzhòu de chāopiào, mànmàn de shǔzhe.
被 弄皱 的 钞票， 慢慢 地 数着。

"Wèishénme nǐ yǐ•jīng yǒu qián le hái yào?" Fù•qīn bújiě
"为什么 你 已 经 有 钱 了 还 要？"父 亲 不解
de wèn.
地 问。

"Yīn•wèi yuánlái bùgòu, dàn xiànzài còugòu le." Háizi huídá:
"因 为 原来 不够，但 现在 凑够 了。"孩子 回答：
"Bà, wǒ xiànzài yǒu//èrshí měijīn le, wǒ kěyǐ xiàng nín mǎi yī gè
"爸，我 现在 有//二十 美金 了，我 可以 向 您 买 一个
xiǎoshí de shíjiān ma? Míngtiān qǐng zǎo yīdiǎnr huíjiā——wǒ xiǎng
小时 的 时间 吗？明天 请 早 一点儿 回家——我 想
hé nín yīqǐ chī wǎncān."
和 您 一起 吃 晚餐。"

——节选自唐继柳编译《二十美金的价值》

作品 8 号

Wǒ ài yuèyè, dàn wǒ yě ài xīngtiān. Cóngqián zài jiāxiāng
我 爱 月夜，但 我 也 爱 星天。 从前 在 家乡
qī-bāyuè de yèwǎn zài tíngyuàn•lǐ nàliáng de shíhou, wǒ zuì ài
七八月 的 夜晚 在 庭院 里 纳凉 的 时候，我 最 爱

教师口语

kàn tiān·shàng mìmì-mámá de fánxīng. Wàngzhe xīngtiān, wǒ jiù
看 天 上 密密 麻麻 的 繁星。 望着 星天， 我 就
huì wàngjì yīqiè, fǎngfú huídào le mǔ·qīn de huái·lǐ shìde.
会 忘记 一切， 仿佛 回到 了 母亲 的 怀 里 似的。

Sān nián qián zài Nánjīng wǒ zhù de dìfang yǒu yī dào hòumén,
三 年 前 在 南京 我 住 的 地方 有 一 道 后门，
měi wǎn wǒ dǎkāi hòumén, biàn kàn·jiàn yī gè jìngjì de yè.
每 晚 我 打开 后门， 便 看 见 一 个 静寂 的 夜。
Xià·miàn shì yī piàn càiyuán, shàng·miàn shì xīngqún mìbù de
下 面 是 一 片 菜园， 上 面 是 星群 密布 的
lántiān. Xīngguāng zài wǒmen de ròuyǎn·lǐ suīrán wēixiǎo, rán'ér
蓝天。 星光 在 我们 的 肉眼 里 虽然 微小， 然而
tā shǐ wǒmen jué·dé guāngmíng wúchù-bùzài. Nà shíhou wǒ
它 使 我们 觉 得 光明 无处 不在。 那 时候 我
zhèngzài dú yīxiē tiānwénxué de shū, yě rènde yīxiē xīngxing,
正在 读 一些 天文学 的 书， 也 认得 一些 星星，
hǎoxiàng tāmen jiùshì wǒ de péngyou, tāmen chángcháng zài hé
好像 它们 就是 我 的 朋友， 它们 常常 在 和
wǒ tánhuà yīyàng.
我 谈话 一样。

Rújīn zài hǎi·shàng, měi wǎn hé fánxīng xiāngduì, wǒ bǎ
如今 在 海 上， 每 晚 和 繁星 相对， 我 把
tāmen rènde hěn shú le. Wǒ tǎng zài cāngmiàn·shàng, yǎngwàng
它们 认得 很 熟 了。 我 躺 在 舱面 上， 仰望
tiānkōng. Shēnlánsè de tiānkōng·lǐ xuánzhe wúshù bànmíng-bànmèi
天空。 深蓝色 的 天空 里 悬着 无数 半明 半昧
de xīng. Chuán zài dòng, xīng yě zài dòng, tāmen shì zhèyàng dī,
的 星。 船 在 动， 星 也 在 动， 它们 是 这样 低，
zhēn shì yáoyáo-yùzhuì ne! Jiànjiàn de wǒ de yǎnjing móhu le, wǒ
真 是 摇摇 欲坠 呢！ 渐渐 地 我 的 眼睛 模糊 了， 我
hǎoxiàng kàn·jiàn wúshù yínghuǒchóng zài wǒ de zhōuwéi fēiwǔ.
好像 看 见 无数 萤火虫 在 我 的 周围 飞舞。

Hǎi·shàng de yè shì róuhé de, shì jìngjì de, shì mènghuàn de. Wǒ
海 上 的 夜 是 柔和 的， 是 静寂 的， 是 梦幻 的。 我
wàngzhe xǔduō rènshi de xīng, wǒ fǎngfú kàn·jiàn tāmen zài duì
望着 许多 认识 的 星， 我 仿佛 看 见 它们 在 对

我眨眼,我仿佛听见它们在小声说话。这时我忘记了一切。在星的怀抱中我微笑着,我沉睡着。我觉得自己是一个小孩子,现在睡在母亲的怀里了。

有一夜,那个在哥伦波上船的英国人指给我看天上的巨人。他用手指着://那四颗明亮的星是头,下面的几颗是身子,这几颗是手,那几颗是腿和脚,还有三颗星算是腰带。经他这一番指点,我果然看清楚了那个天上的巨人。看,那个巨人还在跑呢!

——节选自巴金《繁星》

作品9号

假日到河滩上转转,看见许多孩子在放风筝。一根根长长的引线,一头系在天上,一头系在地上,孩子同风筝都在天与地之间悠荡,连心也被悠荡得恍恍惚惚了,好像又回到了童年。

儿时放的风筝,大多是自己的长辈或家人编扎的,几根削得很薄的篾,用细纱线

▶▶ **教师口语**

扎成各种鸟兽的造型，糊上雪白的纸片，再用彩笔勾勒出面孔与翅膀的图案。通常扎得最多的是"老雕""美人儿""花蝴蝶"等。

我们家前院就有位叔叔，擅扎风筝，远近闻名。他扎的风筝不只体形好看，色彩艳丽，放飞得高远，还在风筝上绷一叶用蒲苇削成的膜片，经风一吹，发出"嗡嗡"的声响，仿佛是风筝的歌唱，在蓝天下播扬，给开阔的天地增添了无尽的韵味，给驰荡的童心带来几分疯狂。

我们那条胡同的左邻右舍的孩子们放的风筝几乎都是叔叔编扎的。他的风筝不卖钱，谁上门去要，就给谁，他乐意自己贴钱买材料。

后来，这位叔叔去了海外，放风筝也渐与孩子们远离了。不过年年叔叔给家乡写信，总不忘提起儿时的放风筝。香港回归之后，他在家信中说到，他这只被故乡放飞到海外的风筝，尽管飘荡游弋，经沐风雨，

kě nà xiàntóur yīzhí zài gùxiāng hé // qīnrén shǒu zhōng qiānzhe,
可 那 线头儿 一直 在 故乡 和// 亲人 手 中 牵着,
rújīn piāo de tài lèi le, yě gāi yào huíguī dào jiāxiāng hé qīnrén
如今 飘 得 太 累 了,也 该 要 回归 到 家乡 和 亲人
shēnbiān lái le.
身边 来 了。

　　Shìde. Wǒ xiǎng, bùguāng shì shūshu, wǒmen měi gè rén dōu
　　是的。我 想, 不光 是 叔叔, 我们 每 个 人 都
shì fēngzheng, zài māma shǒu zhōng qiānzhe, cóngxiǎo fàngdào
是 风筝, 在 妈妈 手 中 牵着, 从小 放到
dà, zài cóng jiāxiāng fàngdào zǔguó zuì xūyào de dìfang qù a!
大,再 从 家乡 放到 祖国 最 需要 的 地方 去 啊!

——节选自李恒瑞《风筝畅想曲》

作品 10 号

　　Bà bù dǒng·dé zěnyàng biǎodá ài, shǐ wǒmen yī jiā rén
　　爸 不 懂 得 怎样 表达 爱, 使 我们 一 家 人
róngqià xiāngchǔ de shì wǒ mā. Tā zhǐshì měi tiān shàngbān
融洽 相处 的 是 我 妈。他 只是 每 天 上班
xiàbān, ér mā zé bǎ wǒmen zuòguo de cuòshì kāiliè qīngdān,
下班, 而 妈 则 把 我们 做过 的 错事 开列 清单,
ránhòu yóu tā lái zémà wǒmen.
然后 由 他 来 责骂 我们。

　　Yǒu yī cì wǒ tōule yī kuài tángguǒ, tā yào wǒ bǎ tā sòng
　　有 一 次 我 偷了 一 块 糖果, 他 要 我 把 它 送
huí·qù, gàosu mài táng de shuō shì wǒ tōu·lái de, shuō wǒ yuàn·yì
回去, 告诉 卖 糖 的 说 是 我 偷来 的, 说 我 愿意
tì tā chāi xiāng xiè huò zuòwéi péicháng. Dàn māma què míngbai
替 他 拆 箱 卸 货 作为 赔偿。但 妈妈 却 明白
wǒ zhǐshì gè háizi.
我 只是 个 孩子。

　　Wǒ zài yùndòngchǎng dǎ qiūqiān diēduànle tuǐ, zài qiánwǎng
　　我 在 运动场 打 秋千 跌断了 腿, 在 前往
yīyuàn túzhōng yīzhí bàozhe wǒ de, shì wǒ mā. Bà bǎ qìchē tíng
医院 途中 一直 抱着 我 的, 是 我 妈。爸 把 汽车 停
zài jízhěnshì ménkǒu, tāmen jiào tā shǐkāi, shuō nà kòngwèi shì
在 急诊室 门口, 他们 叫 他 驶开, 说 那 空位 是

> **教师口语**

liúgěi jǐnjí chēliàng tíngfàng de. Bà tīngle biàn jiàorǎng dào:"Nǐ
留给　紧急　车辆　　停放　的。爸 听了　便　叫嚷　道："你
yǐwéi zhè shì shénme chē? Lǚyóuchē?"
以为　这　是　什么　车？ 旅游车？"
　　Zài wǒ shēngri huì·shàng, bà zǒngshì xiǎn·dé yǒuxiē bùdà
　　在 我 生日　会　上，爸 总是　显　得 有些 不大
xiāngchèn. Tā zhǐshì máng yú chuī qìqiú, bùzhì cānzhuō, zuò
相称。　他 只是　忙 于 吹 气球， 布置　餐桌，做
záwù. Bǎ chāzhe làzhú de dàngāo tuī guò·lái ràng wǒ chuī de, shì
杂务。把 插着　蜡烛 的 蛋糕 推 过 来 让 我 吹 的，是
wǒ mā.
我 妈。
　　Wǒ fānyuè zhàoxiàngcè shí, rénmen zǒngshì wèn:"Nǐ bàba
　　我 翻阅　照相册　时， 人们　总是　问："你 爸爸
shì shénme yàngzi de?" Tiān xiǎo·dé! Tā lǎoshì mángzhe tì
是 什么　样子　的？" 天 晓 得！他 老是　忙着 替
bié·rén pāizhào. Mā hé wǒ xiàoróng-kějū de yīqǐ pāi de zhàopiàn,
别 人 拍照。 妈 和 我 笑容　可掬 地 一起 拍 的　照片，
duō de bùkě-shèngshǔ.
多 得 不可　胜数。
　　Wǒ jì·dé mā yǒu yī cì jiào tā jiāo wǒ qí zìxíngchē. Wǒ jiào tā
　　我 记得 妈 有 一 次 叫 他 教 我 骑 自行车。我 叫 他
bié fàngshǒu, dàn tā què shuō shì yīnggāi fàngshǒu de shíhou le.
别 放手， 但 他 却　说 是　应该　放手　的 时候 了。
Wǒ shuāidǎo zhīhòu, mā pǎo guò·lái fú wǒ, bà què huīshǒu yào tā
我 摔倒 之后， 妈 跑 过 来 扶 我，爸 却 挥手　要 她
zǒukāi. Wǒ dāngshí shēngqì jí le, juéxīn yào gěi tā diǎnr yánsè
走开。 我 当时　生气　极 了， 决心　要 给 他 点儿 颜色
kàn. Yúshì wǒ mǎshàng pá·shàng zìxíngchē, érqiě zìjǐ qí gěi tā
看。 于是 我 马上　爬　上　自行车，而且 自己 骑 给 他
kàn. Tā zhǐshì wēixiào.
看。他 只是　微笑。
　　Wǒ niàn dàxué shí, suǒyǒu de jiāxìn dōu shì mā xiě de. Tā//
　　我 念 大学 时， 所有　的 家信　都 是 妈 写 的。他//
chúle jì zhīpiào wài, hái jìguo yī fēng duǎn jiǎn gěi wǒ, shuō
除了 寄 支票　外， 还 寄过 一 封　短　柬 给 我，说

102

因为我不在草坪上踢足球了，所以他的草坪长得很美。

每次我打电话回家，他似乎都想跟我说话，但结果总是说："我叫你妈来接。"

我结婚时，掉眼泪的是我妈。他只是大声擤了一下鼻子，便走出房间。

我从小到大都听他说："你到哪里去？什么时候回家？汽车有没有汽油？不，不准去。"爸完全不知道怎样表达爱。除非……

会不会是他已经表达了，而我却未能察觉？

——节选自[美]艾尔玛·邦贝克《父亲的爱》

作品11号

一个大问题一直盘踞在我脑袋里：

世界杯怎么会有如此巨大的吸引力？除去足球本身的魅力之外，还有什么超乎其上而更伟大的东西？

近来观看世界杯，忽然从中得到了答案：是由于一种无上崇高的精神情感——国家荣誉感！

教师口语

　　地球上的人都会有国家的概念，但未必时时都有国家的感情。往往人到异国，思念家乡，心怀故国，这国家概念就变得有血有肉，爱国之情来得非常具体。而现代社会，科技昌达，信息快捷，事事上网，世界真是太小太小，国家的界限似乎也不那么清晰了。再说足球正在快速世界化，平日里各国球员频繁转会，往来随意，致使越来越多的国家联赛都具有国际的因素。球员们不论国籍，只效力于自己的俱乐部，他们比赛时的激情中完全没有爱国主义的因子。

　　然而，到了世界杯大赛，天下大变。各国球员都回国效力，穿上与光荣的国旗同样色彩的服装。在每一场比赛前，还高唱国歌以宣誓对自己祖国的挚爱与忠诚。一种血缘情感开始在全身的血管里燃烧起来，而且立刻热血沸腾。

　　在历史时代，国家间经常发生对抗，好男儿戎装卫国。国家的荣誉往往需要以自己的生命去换//取。但在和平时代，唯有这种国家之间大规模对抗性的大赛，才可以唤起那种遥远而神圣的情感，那就是：为祖国而战！

——节选自冯骥才《国家荣誉感》

作品 12 号

夕阳落山·不久，西方的天空，还燃烧着一片橘红色的晚霞。大海，也被这霞光染成了红色，而且比天空的景色更要壮观。因为它是活动的，每当一排排波浪涌起的时候，那映照在浪峰·上的霞光，又红又亮，简直就像一片片霍霍燃烧着的火焰，闪烁着，消失了。而后·面的一排，又闪烁着，滚动着，涌了过来。

天空的霞光渐渐地淡下·去了，深红的颜色变成了绯红，绯红又变为浅红。最后，当这一切红光都消失了的时候，那突然显·得高而远了的天空，则呈现出一片肃穆的神色。

教师口语

　　Zuì zǎo chūxiàn de qǐmíngxīng, zài zhè lánsè de tiānmù·shàng
　　最早 出现 的 启明星，在 这 蓝色 的 天幕 上
shǎnshuò qǐ·lái le. Tā shì nàme dà, nàme liàng, zhěnggè
闪烁 起 来 了。它 是 那么 大，那么 亮，整个
guǎngmò de tiānmù·shàng zhǐyǒu tā zài nà·lǐ fàngshèzhe lìng rén
广漠 的 天幕 上 只有 它 在 那里 放射着 令人
zhùmù de guānghuī, huóxiàng yī zhǎn xuánguà zài gāokōng
注目 的 光辉，活像 一 盏 悬挂 在 高空
de míngdēng.
的 明灯。
　　Yèsè jiā nóng, cāngkōng zhōng de "míngdēng" yuèláiyuè duō
　　夜色 加 浓，苍空 中 的 "明灯" 越来越 多
le. Ér chéngshì gè chù de zhēn de dēnghuǒ yě cìdì liàngle qǐ·lái,
了。而 城市 各处 的 真 的 灯火 也 次第 亮了 起来，
yóuqí shì wéirào zài hǎigǎng zhōuwéi shānpō·shàng de nà yī piàn
尤其 是 围绕 在 海港 周围 山坡 上 的 那一片
dēngguāng, cóng bànkōng dàoyìng zài wūlán de hǎimiàn·shàng,
灯光，从 半空 倒映 在 乌蓝 的 海面 上，
suízhe bōlàng, huàngdòngzhe, shǎnshuòzhe, xiàng yī chuàn
随着 波浪，晃动着，闪烁着，像 一 串
liúdòngzhe de zhēnzhū, hé nà yīpiànpiàn mìbù zài cāngqióng·lǐ de
流动着 的 珍珠，和 那 一片片 密布 在 苍穹 里的
xīngdǒu hùxiāng huīyìng, shà shì hǎokàn.
星斗 互相 辉映，煞 是 好看。
　　Zài zhè yōuměi de yèsè zhōng, wǒ tàzhe ruǎnmiánmián de
　　在 这 幽美 的 夜色 中，我 踏着 软绵绵 的
shātān, yánzhe hǎibiān, mànmàn de xiàngqián zǒu·qù. Hǎishuǐ,
沙滩，沿着 海边，慢慢 地 向前 走去。海水，
qīngqīng de fǔmōzhe xìruǎn de shātān, fāchū wēnróu de //
轻轻 地 抚摸着 细软 的 沙滩，发出 温柔 的 //
shuāshuā shēng. Wǎnlái de hǎifēng, qīngxīn ér yòu liángshuǎng.
刷刷 声。晚来 的 海风，清新 而 又 凉爽。
Wǒ de xīn·lǐ, yǒuzhe shuō·bùchū de xīngfèn hé yúkuài.
我 的 心 里，有着 说 不出 的 兴奋 和 愉快。
　　Yèfēng qīngpiāopiāo de chuīfúzhe, kōngqì zhōng piāodàngzhe
　　夜风 轻飘飘 地 吹拂着，空气 中 飘荡着

一种大海和田禾相混合的香味儿，柔软的沙滩上还残留着白天太阳炙晒的余温。那些在各个工作岗位上劳动了一天的人们，三三两两地来到这软绵绵的沙滩上，他们浴着凉爽的海风，望着那缀满了星星的夜空，尽情地说笑，尽情地休憩。

——节选自峻青《海滨仲夏夜》

作品 13 号

　　生命在海洋里诞生绝不是偶然的，海洋的物理和化学性质，使它成为孕育原始生命的摇篮。

　　我们知道，水是生物的重要组成部分，许多动物组织的含水量在百分之八十以上，而一些海洋生物的含水量高达百分之九十五。水是新陈代谢的重要媒介，没有它，体内的一系列生理和生物化学反应就无法进行，生命也就停止。因此，在短时期内动物缺水要比缺少食物更加危险。水对今天的生命是如此重要，它对脆弱的原始生命，

教师口语

更是举足轻重了。生命在海洋里诞生，就不会有缺水之忧。

水是一种良好的溶剂。海洋中含有许多生命所必需的无机盐，如氯化钠、氯化钾、碳酸盐、磷酸盐，还有溶解氧，原始生命可以毫不费力地从中吸取它所需要的元素。

水具有很高的热容量，加之海洋浩大，任凭夏季烈日曝晒，冬季寒风扫荡，它的温度变化却比较小。因此，巨大的海洋就像是天然的"温箱"，是孕育原始生命的温床。

阳光虽然为生命所必需，但是阳光中的紫外线却有扼杀原始生命的危险。水能有效地吸收紫外线，因而又为原始生命提供了天然的"屏障"。

这一切都是原始生命得以产生和发展的必要条件。//

——节选自童裳亮《海洋与生命》

作品 14 号

读小学的时候，我的外祖母去世了。外祖母生前

第三章 朗读与命题说话

最疼爱我，我无法排除自己的忧伤，每天在学校的操场上一圈儿又一圈儿地跑着，跑得累倒在地上，扑在草坪上痛哭。

那哀痛的日子，断断续续地持续了很久，爸爸妈妈也不知道如何安慰我。他们知道与其骗我说外祖母睡着了，还不如对我说实话：外祖母永远不会回来了。

"什么是永远不会回来呢？"我问着。

"所有时间里的事物，都永远不会回来。你的昨天过去，它就永远变成昨天，你不能再回到昨天。爸爸以前也和你一样小，现在也不能回到你这么小的童年了；有一天你会长大，你会像外祖母一样老；有一天你度过了你的时间，就永远不会回来了。"爸爸说。

爸爸等于给我一个谜语，这谜语比课本上的"日历挂在墙壁，一天撕去一页,使我心里着急"和"一寸光阴一寸金,寸金难买寸光阴"还让我感到可怕；也比作文本上的"光阴似箭,日月如梭"更让我觉得有一种说不出的滋味。

时间过得那么飞快，使我的小心眼儿里不只是着急，还有悲伤。有一天我放学回家，看到太阳快落山了，就下决心说："我要比太阳更快地回家。"我狂奔回去，站在庭院前喘气的时候，看到太阳//还露着半边脸，我高兴地跳跃起来，那一天我跑赢了太阳。以后我就时常做那样的游戏，有时和太阳赛跑，有时和西北风比快，有时一个暑假才能做完的作业，我十天就做完了；那时我三年级，常常把哥哥五年级的作业拿来做。每一次比赛胜过时间，我就快乐得不知道怎么形容。

如果将来我有什么要教给我的孩子，我会告诉他：假若你一直和时间比赛，你就可以成功！

——节选自（台湾）林清玄《和时间赛跑》

作品15号

三十年代初，胡适在北京大学任教授。讲课时他常常对白话文大加称赞，引起一些只喜欢文言文而不喜欢白话文的学生的不满。

一次，胡适正讲得得意的时候，一位姓魏的学生突然站了起来，生气地问："胡先生，难道说白话文就毫无缺点吗？"胡适微笑着回答说："没有。"那位学生更加激动了："肯定有！白话文废话太多，打电报用字多，花钱多。"胡适的目光顿时变亮了。轻声地解释说："不一定吧！前几天有位朋友给我打来电报，请我去政府部门工作，我决定不去，就回电拒绝了。复电是用白话写的，看来也很省字。请同学们根据我这个意思，用文言文写一个回电，看看究竟是白话文省字，还是文言文省字？"胡教授刚说完，同学们立刻认真地写了起来。

十五分钟过去，胡适让同学举手，报告用字的数目，然后挑了一份用字最少的文言电报稿，电文是这样写的：

"才疏学浅，恐难胜任，不堪从命。"

白话文的意思是：学问不深，恐怕很难担任

111

> 教师口语

zhège gōngzuò, bùnéng fúcóng ānpái.
这个 工作， 不能 服从 安排。

　　Hú Shì shuō, zhè fèn xiě de quèshí bùcuò, jǐn yòngle shí'èr gè zì. Dàn wǒ de báihuà diànbào què zhǐ yòngle wǔ gè zì:
　　胡适 说， 这 份 写得 确实 不错， 仅 用了 十二 个 字。但 我 的 白话 电报 却 只 用了 五 个 字：

"Gàn·bùliǎo, xièxie!"
"干 不了， 谢谢！"

　　Hú Shì yòu jiěshì shuō: "Gàn·bùliǎo" jiù yǒu cáishū-xuéqiǎn、kǒng nán shèngrèn de yìsi; "Xièxie" jì // duì péngyou de jièshào biǎoshì gǎnxiè, yòu yǒu jùjué de yìsi. Suǒyǐ, fèihuà duō·bù duō, bìng bù kàn tā shì wényánwén háishì báihuàwén, zhǐyào zhùyì xuǎnyòng zìcí, báihuàwén shì kěyǐ bǐ wényánwén gèng shěng zì de.
　　胡适 又 解释 说： "干 不了" 就 有 才疏 学浅、恐 难 胜任 的 意思； "谢谢" 既 // 对 朋友 的 介绍 表示 感谢， 又 有 拒绝 的 意思。所以， 废话 多 不 多， 并 不 看 它 是 文言文 还是 白话文， 只要 注意 选用 字词， 白话文 是 可以 比 文言文 更 省 字 的。

　　　　——节选自陈灼主编《实用汉语中级教程》(上)中的《胡适的白话电报》

作品 16 号

　　Hěn jiǔ yǐqián, zài yī gè qīhēi de qiūtiān de yèwǎn, wǒ fàn zhōu zài Xībólìyà yī tiáo yīnsēnsēn de hé·shàng. Chuán dào yī gè zhuǎnwān chù, zhǐ jiàn qián·miàn hēiqūqū de shānfēng xià·miàn yī xīng huǒguāng mò·dì yī shǎn.
　　很 久 以前， 在 一 个 漆黑 的 秋天 的 夜晚， 我 泛 舟 在 西伯利亚 一 条 阴森森 的 河 上。 船 到 一 个 转弯 处， 只 见 前 面 黑黢黢 的 山峰 下 面 一 星 火光 蓦 地 一 闪。

　　Huǒguāng yòu míng yòu liàng, hǎoxiàng jiù zài yǎnqián……
　　火光 又 明 又 亮， 好像 就 在 眼前……

　　"Hǎo la, xiètiān-xièdì!" Wǒ gāoxìng de shuō, "Mǎshàng jiù dào guòyè de dìfang la!"
　　"好 啦， 谢天 谢地！" 我 高兴 地 说， "马上 就 到 过夜 的 地方 啦！"

第三章 朗读与命题说话

Chuánfū niǔtóu cháo shēnhòu de huǒguāng wàng le yī yǎn,
船夫 扭头 朝 身后 的 火光 望 了 一 眼,
yòu bùyǐwéirán de huá·qǐ jiǎng·lái.
又 不以为然 地 划 起 桨 来。

"Yuǎnzhe ne!"
"远着 呢!"

Wǒ bù xiāngxìn tā de huà, yīn·wèi huǒguāng chōngpò ménglóng
我 不 相信 他 的 话, 因为 火光 冲破 朦胧
de yèsè, míngmíng zài nàr shǎnshuò. Bùguò chuánfū shì duì de,
的 夜色, 明明 在 那儿 闪烁。 不过 船夫 是 对 的,
shìshí·shàng, huǒguāng díquè hái yuǎnzhe ne.
事实 上, 火光 的确 还 远着 呢。

Zhèxiē hēiyè de huǒguāng de tèdiǎn shì: Qūsàn hēi'àn,
这些 黑夜 的 火光 的 特点 是: 驱散 黑暗,
shǎnshǎn fāliàng, jìn zài yǎnqián, lìng rén shénwǎng. Zhà yī kàn,
闪闪 发亮, 近 在 眼前, 令 人 神往。 乍 一 看,
zài huá jǐ xià jiù dào le…… Qíshí què hái yuǎnzhe ne!……
再 划 几 下 就 到 了…… 其实 却 还 远着 呢!……

Wǒmen zài qīhēi rú mò de hé·shàng yòu huále hěn jiǔ. Yīgègè
我们 在 漆黑 如 墨 的 河上 又 划了 很 久。 一个个
xiágǔ hé xuányá, yíngmiàn shǐ·lái, yòu xiàng hòu yí·qù, fǎngfú
峡谷 和 悬崖, 迎面 驶 来, 又 向 后 移 去, 仿佛
xiāoshī zài mángmáng de yuǎnfāng, ér huǒguāng què yīrán tíng zài
消失 在 茫茫 的 远方, 而 火光 却 依然 停 在
qiántóu, shǎnshǎn fāliàng, lìng rén shénwǎng —— yīrán shì zhème
前头, 闪闪 发亮, 令 人 神往 —— 依然 是 这么
jìn, yòu yīrán shì nàme yuǎn……
近, 又 依然 是 那么 远……

Xiànzài, wúlùn shì zhè tiáo bèi xuányá-qiàobì de yīnyǐng
现在, 无论 是 这 条 被 悬崖峭壁 的 阴影
lǒngzhào de qīhēi de héliú, háishì nà yī xīng míngliàng de
笼罩 的 漆黑 的 河流, 还是 那 一 星 明亮 的
huǒguāng, dōu jīngcháng fúxiàn zài wǒ de nǎojì, zài zhè yǐqián hé
火光, 都 经常 浮现 在 我 的 脑际, 在 这 以前 和
zài zhè yǐhòu, céng yǒu xǔduō huǒguāng, sìhū jìn zài zhǐchǐ, bùzhǐ
在 这 以后, 曾 有 许多 火光, 似乎 近 在 咫尺, 不止
shǐ wǒ yī rén xīnchí-shénwǎng. Kěshì shēnghuó zhī hé què réngrán
使 我 一 人 心驰 神往。 可是 生活 之 河 却 仍然

> **教师口语**

zài nà yīnsēnsēn de liǎng'àn zhījiān liúzhe, ér huǒguāng yě yījiù
在 那 阴森森 的 两岸 之间 流着, 而 火光 也 依旧
fēicháng yáoyuǎn. Yīncǐ, bìxū jiājìn huá jiǎng……
非常 遥远。 因此, 必须 加劲 划 桨……

　　Rán'ér, huǒguāng a…… bìjìng…… bìjìng jiù // zài qiántou!
　　然而, 火光 啊…… 毕竟…… 毕竟 就 // 在 前头!
……
……

——节选自（俄）柯罗连科《火光》，张铁夫译

作品 17 号

　　Duìyú yī gè zài Běipíng zhùguàn de rén, xiàng wǒ, dōngtiān
　　对于 一个 在 北平 住惯 的 人, 像 我, 冬天
yào shì bù guāfēng, biàn jué·dé shì qíjì; Jǐnán de dōngtiān shì
要 是 不 刮风, 便 觉 得 是 奇迹; 济南 的 冬天 是
méi·yǒu fēngshēng de. Duìyú yī gè gāng yóu Lúndūn huí·lái de rén,
没 有 风声 的。 对于 一个 刚 由 伦敦 回来 的 人,
xiàng wǒ, dōngtiān yào néng kàn de jiàn rìguāng, biàn jué·dé shì
像 我, 冬天 要 能 看 得 见 日光, 便 觉 得 是
guàishì; Jǐnán de dōngtiān shì xiǎngqíng de. Zìrán, zài rèdài de
怪事; 济南 的 冬天 是 响晴 的。 自然, 在 热带 的
dìfang, rìguāng yǒngyuǎn shì nàme dú, xiǎngliàng de tiānqì, fǎn
地方, 日光 永远 是 那么 毒, 响亮 的 天气, 反
yǒudiǎnr jiào rén hàipà. Kěshì, zài běifāng de dōngtiān, ér néng
有点儿 叫 人 害怕。 可是, 在 北方 的 冬天, 而 能
yǒu wēnqíng de tiānqì, Jǐnán zhēn děi suàn gè bǎodì.
有 温晴 的 天气, 济南 真 得 算 个 宝地。

　　Shèruò dāndān shì yǒu yángguāng, nà yě suàn·bùliǎo chūqí.
　　设若 单单 是 有 阳光, 那 也 算 不了 出奇。
Qǐng bì·shàng yǎnjing xiǎng: Yī gè lǎochéng, yǒu shān yǒu shuǐ,
请 闭 上 眼睛 想: 一个 老城, 有 山 有 水,
quán zài tiān dǐ·xià shàizhe yángguāng, nuǎnhuo ānshì de shuìzhe,
全 在 天 底 下 晒着 阳光, 暖和 安适 地 睡着,
zhǐ děng chūnfēng lái bǎ tāmen huànxǐng, zhè shì·bùshì lǐxiǎng de
只 等 春风 来 把 它们 唤醒, 这 是 不 是 理想 的

114

境界？小山整把济南围了个圈儿，只有北边缺着点口儿。这一圈小山在冬天特别可爱，好像是把济南放在一个小摇篮里，它们安静不动地低声地说："你们放心吧，这儿准保暖和。"真的，济南的人们在冬天是面上含笑的。他们一看那些小山，心中便觉得有了着落，有了依靠。他们由天上看到山上，便不知不觉地想起：明天也许就是春天了吧？这样的温暖，今天夜里山草也许就绿起来了吧？就是这点儿幻想不能一时实现，他们也并不着急，因为这样慈善的冬天，干什么还希望别的呢！

最妙的是下点小雪呀。看吧，山上的矮松越发的青黑，树尖儿上//顶着一髻儿白花，好像日本看护妇。山尖儿全白了，给蓝天镶上一道银边。山坡上，有的地方雪厚点儿，有的地方草色还露着；这样，一道儿白，一道儿暗黄，给山们穿上一件带水纹儿的

教师口语

huāyī; kànzhe kànzhe, zhè jiàn huāyī hǎoxiàng bèi fēng'ér chuī
花衣；看着 看着，这件 花衣 好像 被 风 儿 吹
dòng, jiào nǐ xīwàng kàn·jiàn yīdiǎnr gèng měi de shān de jīfū.
动，叫 你 希望 看 见 一点儿 更 美 的 山 的 肌肤。
Děngdào kuài rìluò de shíhou, wēihuáng de yángguāng xié shè zài
等到 快 日落 的 时候，微黄 的 阳光 斜 射 在
shānyāo·shàng, nà diǎnr báo xuě hǎoxiàng hūrán hàixiū, wēiwēi
山腰 上，那 点儿 薄 雪 好像 忽然 害羞，微微
lòuchū diǎnr fěnsè. Jiùshì xià xiǎoxuě ba, Jǐnán shì shòu·bùzhù
露出 点儿 粉色。就是 下 小雪 吧，济南 是 受 不住
dàxuě de, nàxiē xiǎoshān tài xiùqi.
大雪 的，那些 小山 太 秀气。

——节选自老舍《济南的冬天》

作品 18 号

Chúnpǔ de jiāxiāng cūnbiān yǒu yī tiáo hé, qūqū-wānwān, hé
纯朴 的 家乡 村边 有 一 条 河，曲曲 弯弯，河
zhōng jià yī wān shíqiáo, gōng yàng de xiǎoqiáo héngkuà liǎng'àn.
中 架 一 弯 石桥，弓 样 的 小桥 横跨 两岸。
Měi tiān, bùguǎn shì jī míng xiǎo yuè, rì lì zhōng tiān, háishì
每 天，不管 是 鸡 鸣 晓 月，日 丽 中 天，还是
yuèhuá xiè dì, xiǎoqiáo dōu yìnxià chuànchuàn zújì, sǎluò
月华 泻 地，小桥 都 印下 串串 足迹，洒落
chuànchuàn hànzhū. Nà shì xiāngqīn wèile zhuīqiú duōléng de
串串 汗珠。那 是 乡亲 为了 追求 多棱 的
xīwàng, duìxiàn měihǎo de xiáxiǎng. Wānwān xiǎoqiáo, bùshí
希望， 兑现 美好 的 遐想。弯弯 小桥， 不时
dàngguò qīngyín-dīchàng, bùshí lùchū shūxīn de xiàoróng.
荡过 轻吟 低唱， 不时 露出 舒心 的 笑容。
Yīn'ér, wǒ zhìxiǎo de xīnlíng, céng jiāng xīnshēng xiàngěi
因而， 我 稚小 的 心灵， 曾 将 心声 献给
xiǎoqiáo: Nǐ shì yī wān yínsè de xīnyuè, gěi rénjiān pǔzhào
小桥： 你 是 一 弯 银色 的 新月，给 人间 普照
guānghuī; nǐ shì yī bǎ shǎnliàng de liándāo, gēyìzhe huānxiào de
光辉； 你 是 一 把 闪亮 的 镰刀， 割刈着 欢笑 的
huāguǒ; nǐ shì yī gēn huàngyōuyōu de biǎndan, tiāoqǐle cǎisè de
花果； 你 是 一 根 晃悠悠 的 扁担， 挑起了 彩色 的

明天!哦,小桥走进我的梦中。

我在漂泊他乡的岁月,心中总涌动着故乡的河水,梦中总看到弓样的小桥。当我访南疆探北国,眼帘闯进座座雄伟的长桥时,我的梦变得丰满了,增添了赤橙黄绿青蓝紫。

三十多年过去,我带着满头霜花回到故乡,第一紧要的便是去看望小桥。

啊!小桥呢?它躲起来了?河中一道长虹,浴着朝霞熠熠闪光。哦,雄浑的大桥敞开胸怀,汽车的呼啸、摩托的笛音、自行车的叮铃,合奏着进行交响乐;南来的钢筋、花布,北往的柑橙、家禽,绘出交流欢悦图……

啊!蜕变的桥,传递了家乡进步的消息,透露了家乡富裕的声音。时代的春风,美好的追求,我蓦地记起儿时唱//给小桥的歌,哦,明艳艳的太阳照耀了,芳香甜蜜的花果捧来了,五彩斑斓的岁月拉开了!

教师口语

我心中涌动的河水,激荡起甜美的浪花。我仰望一碧蓝天,心底轻声呼喊:家乡的桥啊,我梦中的桥!

——节选自郑莹《家乡的桥》

作品 19 号

三百多年前,建筑设计师莱伊恩受命设计了英国温泽市政府大厅。他运用工程力学的知识,依据自己多年的实践,巧妙地设计了只用一根柱子支撑的大厅天花板。一年以后,市政府权威人士进行工程验收时,却说只用一根柱子支撑天花板太危险,要求莱伊恩再多加几根柱子。

莱伊恩自信只要一根坚固的柱子足以保证大厅安全,他的"固执"惹恼了市政官员,险些被送上法庭。他非常苦恼,坚持自己原先的主张吧,市政官员肯定会另找人修改设计;不坚持吧,又有悖自己为人的准则。矛盾了很长一段时间,莱伊恩终于想出了一条妙计,他在大厅里增加了四根柱子,不过这些柱子并未与天花板接触,只不过是装装样子。

三百多年过去了,这个秘密始终没有被人发现。直到前两年,市政府准备修缮大厅的天花板,才发现莱伊恩当年的"弄虚作假"。消息传出后,世界各国的建筑专家和游客云集,当地政府对此也不加掩饰,在新世纪到来之际,特意将大厅作为一个旅游景点对外开放,旨在引导人们崇尚和相信科学。

作为一名建筑师,莱伊恩并不是最出色的。但作为一个人,他无疑非常伟大,这种//伟大表现在他始终恪守着自己的原则,给高贵的心灵一个美丽的住所,哪怕是遭遇到最大的阻力,也要想办法抵达胜利。

——节选自游宇明《坚守你的高贵》

作品 20 号

自从传言有人在萨文河畔散步时无意发现了金子后,这里便常有来自四面八方的淘金者。他们都想成为富翁,于是寻遍了

> **教师口语**

整个河床，还在河床上挖出很多大坑，希望借助它们找到更多的金子。的确，有一些人找到了，但另外一些人因为一无所得而只好扫兴归去。

也有不甘心落空的，便驻扎在这里，继续寻找。彼得·弗雷特就是其中一员。他在河床附近买了一块没人要的土地，一个人默默地工作。他为了找金子，已把所有的钱都押在这块土地上。他埋头苦干了几个月，直到土地全变成了坑坑洼洼，他失望了——他翻遍了整块土地，但连一丁点儿金子都没看见。

六个月后，他连买面包的钱都没有了。于是他准备离开这儿到别处去谋生。

就在他即将离去的前一个晚上，天下起了倾盆大雨，并且一下就是三天三夜。雨终于停了，彼得走出小木屋，发现眼前的土地看上去好像和以前不一样：坑坑洼洼已被大水冲刷平整，松软的土地上长出一层绿茸茸的小草。

"这里没找到金子,"彼得忽有所悟地说,"但这土地很肥沃,我可以用来种花,并且拿到镇上去卖给那些富人,他们一定会买些花装扮他们华丽的客厅。// 如果真是这样的话,那么我一定会赚许多钱,有朝一日我也会成为富人……"

于是他留了下来。彼得花了不少精力培育花苗,不久田地里长满了美丽娇艳的各色鲜花。

五年以后,彼得终于实现了他的梦想——成了一个富翁。"我是唯一的一个找到真金的人!"他时常不无骄傲地告诉别人,"别人在这儿找不到金子后便远远地离开,而我的'金子'是在这块土地里,只有诚实的人用勤劳才能采集到。"

——节选自陶猛译《金子》

作品 21 号

我在加拿大学习期间遇到过两次募捐,那情景至今使我难以忘怀。

▶▶ 教师口语

一天，我在渥太华的街上被两个男孩子拦住去路。他们十来岁，穿得整整齐齐，每人头上戴着个做工精巧、色彩鲜艳的纸帽，上面写着"为帮助患小儿麻痹的伙伴募捐。"其中的一个，不由分说就坐在小凳上给我擦起皮鞋来，另一个则彬彬有礼地发问："小姐，您是哪国人？喜欢渥太华吗？""小姐，在你们国家有没有小孩儿患小儿麻痹？谁给他们医疗费？"一连串的问题，使我这个有生以来头一次在众目睽睽之下让别人擦鞋的异乡人，从近乎狼狈的窘态中解脱出来。我们像朋友一样聊起天儿来……

几个月之后，也是在街上。一些十字路口处或车站坐着几位老人。他们满头银发，身穿各种老式军装，上面布满了大大小小形形色色的徽章、奖章，每人手捧一大束鲜花，有水仙、石竹、玫瑰及叫不出名字的，一色雪白。匆匆过往的行人纷纷止步，把

qián tóujìn zhèxiē lǎorén shēnpàng de báisè mùxiāng nèi, ránhòu
钱 投进 这些 老人 身旁 的 白色 木箱 内，然后
xiàng tāmen wēiwēi jūgōng, cóng tāmen shǒu zhōng jiēguo yī duǒ
向 他们 微微 鞠躬，从 他们 手 中 接过 一 朵
huā. Wǒ kànle yīhuìr, yǒu rén tóu yī-liǎng yuán, yǒu rén tóu jǐbǎi
花。我 看了 一会儿，有 人 投 一两 元，有 人 投 几百
yuán, hái yǒu rén tāochū zhīpiào tiánhǎo hòu tóujìn mùxiāng. Nàxiē
元，还 有 人 掏出 支票 填好 后 投进 木箱。那些
lǎojūnrén háobù zhùyì rénmen juān duō·shǎo qián, yīzhí bù // tíng
老军人 毫不 注意 人们 捐 多 少 钱，一直 不 // 停
de xiàng rénmen dīshēng dàoxiè. Tóngxíng de péngyou gàosu wǒ,
地 向 人们 低声 道谢。同行 的 朋友 告诉 我，
zhè shì wèi jìniàn Èrcì Dàzhàn zhōng cānzhàn de yǒngshì, mùjuān
这 是 为 纪念 二次 大战 中 参战 的 勇士，募捐
jiùjì cánfèi jūnrén hé lièshì yíshuāng, měinián yī cì; rèn juān de
救济 残废 军人 和 烈士 遗孀，每年 一 次；认 捐 的
rén kěwèi yǒngyuè, érqiě zhìxù jǐngrán, qì·fēn zhuāngyán. Yǒuxiē
人 可谓 踊跃，而且 秩序 井然，气氛 庄严。有些
dìfang, rénmen hái nàixīn de páizhe duì. Wǒ xiǎng, zhè shì yīn·wèi
地方，人们 还 耐心 地 排着 队。我 想，这 是 因为
tāmen dōu zhī·dào: Zhèng shì zhèxiē lǎorénmen de liúxuè xīshēng
他们 都 知 道：正 是 这些 老人们 的 流血 牺牲
huànláile bāokuò tāmen xìnyǎng zìyóu zài nèi de xǔxǔ-duōduō.
换来了 包括 他们 信仰 自由 在 内的 许许 多多。
　　Wǒ liǎng cì bǎ nà wēibù-zúdào de yīdiǎnr qián pěnggěi tāmen,
　　我 两 次 把 那 微不 足道 的 一点儿 钱 捧给 他们，
zhǐ xiǎng duì tāmen shuō shēng "xièxie".
只 想 对 他们 说 声 "谢谢"。

——节选自青白《捐诚》

作品 22 号

　　Méi·yǒu yī piàn lùyè, méi·yǒu yī lǚ chuīyān, méi·yǒu yī lì
　　没 有 一 片 绿叶，没 有 一 缕 炊烟，没 有 一 粒
nítǔ, méi·yǒu yī sī huāxiāng, zhǐyǒu shuǐ de shìjiè, yún
泥土，没 有 一 丝 花香，只有 水 的 世界，云
de hǎiyáng.
的 海洋。

教师口语

　　Yī zhèn táifēng xíguò, yī zhī gūdān de xiǎoniǎo wújiā-kěguī,
　　一阵台风袭过，一只孤单的小鸟无家可归，
luòdào bèi juǎndào yáng·lǐ de mùbǎn·shàng, chéng liú ér xià,
落到被卷到洋里的木板上，乘流而下，
shānshān ér lái, jìn le, jìn le!……
姗姗而来，近了，近了!……
　　Hūrán, xiǎoniǎo zhāngkāi chìbǎng, zài rénmen tóudǐng
　　忽然小鸟张开翅膀，在人们头顶
pánxuánle jǐ quānr "pūlā" yī shēng luòdàole chuán·shàng. Xǔ shì
盘旋了几圈儿，"噗啦"一声落到了船上。许是
lèi le? Háishì fāxiànle "xīn dàlù"? Shuǐshǒu niǎn tā tā bù zǒu, zhuā
累了？还是发现了"新大陆"？水手撵它它不走，抓
tā, tā guāiguāi de luò zài zhǎngxīn. Kě'ài de xiǎoniǎo hé
它，它乖乖地落在掌心。可爱的小鸟和
shànliáng de shuǐshǒu jiéchéngle péngyou.
善良的水手结成了朋友。
　　Qiáo, tā duō měilì, jiāoqiǎo de xiǎozuǐ, zhuólǐzhe lǜsè de
　　瞧，它多美丽，娇巧的小嘴，啄理着绿色的
yǔmáo, yāzi yàng de biǎnjiǎo, chéngxiàn chū chūncǎo de éhuáng.
羽毛，鸭子样的扁脚，呈现出春草的鹅黄。
Shuǐshǒumen bǎ tā dàidào cāng·lǐ, gěi tā "dā pù", ràng tā zài
水手们把它带到舱里，给它"搭铺"，让它在
chuán·shàng ānjiā-luòhù, měi tiān, bǎ fēndào de yī sùliàotǒng
船上安家落户，每天，把分到的一塑料筒
dànshuǐ yúngěi tā hē, bǎ cóng zǔguó dài·lái de xiānměi de yúròu
淡水匀给它喝，把从祖国带来的鲜美的鱼肉
fēngěi tā chī, tiāncháng-rìjiǔ, xiǎoniǎo hé shuǐshǒu de gǎnqíng
分给它吃，天长日久，小鸟和水手的感情
rìqū dǔhòu. Qīngchén, dāng dì-yī shù yángguāng shèjìn xiánchuāng
日趋笃厚。清晨，当第一束阳光射进舷窗
shí, tā biàn chǎngkāi měilì de gēhóu, chàng a chàng,
时，它便敞开美丽的歌喉，唱啊唱，
yīngyīng-yǒuyùn, wǎnrú chūnshuǐ cóngcóng. Rénlèi gěi tā yǐ
嘤嘤有韵，宛如春水淙淙。人类给它以
shēngmìng, tā háobù qiānlìn de bǎ zìjǐ de yìshù qīngchūn
生命，它毫不悭吝地把自己的艺术青春

奉献给了哺育它的人。可能都是这样？艺术家们的青春只会献给尊敬他们的人。

小鸟给远航生活蒙·上了一层浪漫色调。返航时，人们爱不释手，恋恋不舍地想把它带到异乡。可小鸟憔悴了，给水，不喝！喂肉，不吃！油亮的羽毛失去了光泽。是啊，我//们有自己的祖国，小鸟也有它的归宿，人和动物都是一样啊，哪儿也不如故乡好！

慈爱的水手们决定放开它，让它回到大海的摇篮·去，回到蓝色的故乡去。离别前，这个大自然的朋友与水手们留影纪念。它站在许多人的头·上，肩·上，掌·上，胳膊·上，与喂养过它的人们，一起融进那蓝色的画面……

——节选自王文杰《可爱的小鸟》

作品 23 号

纽约的冬天常有大风雪，扑面的雪花不但令人难以睁开眼睛，甚至呼吸都会吸入冰冷的雪花。有时前一天晚上还是一片晴朗，第二天拉开窗帘，却已经积雪盈尺，

教师口语

连门都推不开了。

遇到这样的情况，公司、商店常会停止上班，学校也通过广播，宣布停课。但令人不解的是，唯有公立小学，仍然开放。只见黄色的校车，艰难地在路边接孩子，老师则一大早就口中喷着热气，铲去车子前后的积雪，小心翼翼地开车去学校。

据统计，十年来纽约的公立小学只因为超级暴风雪停过七次课。这是多么令人惊讶的事。犯得着在大人都无须上班的时候让孩子去学校吗？小学的老师也太倒霉了吧？

于是，每逢大雪而小学不停课时，都有家长打电话去骂。妙的是，每个打电话的人，反应全一样——先是怒气冲冲地责问，然后满口道歉，最后笑容满面地挂上电话。原因是，学校告诉家长：

在纽约有许多百万富翁，但也有不少贫困的家庭。后者白天开不起暖气，供不起午餐,孩子的营养全靠学校里免费的中饭,甚至可以多拿些回家当晚餐。学校停课一天,穷孩子就受一天冻,挨一天饿,所以老师们宁愿自己苦一点儿,也不能停//课。

或许有家长会说:何不让富裕的孩子在家里,让贫穷的孩子去学校享受暖气和营养午餐呢?

学校的答复是:我们不愿让那些穷苦的孩子感到他们是在接受救济,因为施舍的最高原则是保持受施者的尊严。

——节选自(台湾)刘墉《课不能停》

作品24号

十年,在历史上不过是一瞬间。只要稍加注意,人们就会发现:在这一瞬间里,各种事物都悄悄经历了自己的千变万化。

这次重新访日,我处处感到亲切和熟悉,也在许多方面发觉了日本的变化。就拿奈良的一个角落来说吧,我重游了为之感受很深的唐招提寺,在寺内各处匆匆走了一遍,庭院

教师口语

依旧，但意想不到还看到了一些新的东西。其中之一，就是近几年从中国移植来的"友谊之莲"。

在存放鉴真遗像的那个院子里，几株中国莲昂然挺立，翠绿的宽大荷叶正迎风而舞，显得十分愉快。开花的季节已过，荷花朵朵已变为莲蓬累累。莲子的颜色正在由青转紫，看来已经成熟了。

我禁不住想："因"已转化为"果"。

中国的莲花开在日本，日本的樱花开在中国，这不是偶然。我希望这样一种盛况延续不衰。可能有人不欣赏花，但决不会有人欣赏落在自己面前的炮弹。

在这些日子里，我看到了不少多年不见的老朋友，又结识了一些新朋友。大家喜欢涉及的话题之一，就是古长安和古奈良。那还用得着问吗，朋友们缅怀过去，正是瞩望未来。瞩目于未来的人们必将获得未来。

Wǒ bù lìwài, yě xīwàng yī gè měihǎo de wèilái.
　　我 不 例外，也 希望 一 个 美好 的 未来。
　　Wèi// le Zhōng-Rì rénmín zhījiān de yǒuyì, wǒ jiāng bù làngfèi
　　为// 了 中日 人民 之间 的 友谊，我 将 不 浪费
jīnhòu shēngmìng de měi yī shùnjiān.
今后 生命 的 每 一 瞬间。

——节选自严文井《莲花和樱花》

作品 25 号

　　Méiyǔtán shǎnshǎn de lǜsè zhāoyǐnzhe wǒmen, wǒmen kāishǐ
　　梅雨潭 闪闪 的 绿色 招引着 我们，我们 开始
zhuīzhuō tā nà líhé de shénguāng le. Jiūzhe cǎo, pānzhe luànshí,
追捉 她 那 离合 的 神光 了。揪着 草，攀着 乱石，
xiǎo·xīn tànshēn xià·qù, yòu jūgōng guòle yī gè shíqióngmén,
小 心 探身 下 去，又 鞠躬 过了 一 个 石穹门，
biàn dàole wāngwāng yī bì de tán biān le.
便 到了 汪汪 一 碧 的 潭 边 了。
　　Pùbù zài jīnxiù zhījiān, dànshì wǒ de xīnzhōng yǐ méi·yǒu pùbù
　　瀑布 在 襟袖 之间，但是 我 的 心中 已 没 有 瀑布
le. Wǒ de xīn suí tánshuǐ de lǜ ér yáodàng. Nà zuìrén de lǜ ya!
了。我 的 心 随 潭水 的 绿 而 摇荡。那 醉人 的 绿 呀！
Fǎngfú yī zhāng jí dà jí dà de héyè pūzhe, mǎnshì qíyì de lǜ ya.
仿佛 一 张 极 大 极 大 的 荷叶 铺着，满是 奇异 的 绿 呀。
Wǒ xiǎng zhāngkāi liǎngbì bàozhù tā, dàn zhè shì zěnyàng yī gè
我 想 张开 两臂 抱住 她，但 这 是 怎样 一 个
wàngxiǎng a.
妄想 啊。
　　Zhàn zài shuǐbiān, wàngdào nà·miàn, jūrán juézhe yǒu xiē
　　站 在 水边， 望到 那 面， 居然 觉着 有 些
yuǎn ne! Zhè píngpūzhe、hòujīzhe de lǜ, zhuóshí kě'ài. Tā
远 呢！这 平铺着、 厚积着 的 绿，着实 可爱。她
sōngsōng de zhòuxiézhe, xiàng shàofù tuōzhe de qúnfú; tā huáhuá
松松 地 皱缬着， 像 少妇 拖着 的 裙幅；她 滑滑
de míngliàngzhe, xiàng túle "míngyóu" yībān, yǒu jīdànqīng nàyàng
地 明亮着， 像 涂了 "明油" 一般， 有 鸡蛋清 那样
ruǎn, nàyàng nèn; tā yòu bù zá xiē chénzǐ, wǎnrán yī kuài wēnrùn de
软， 那样 嫩；她 又 不 杂 些 尘滓， 宛然 一 块 温润 的

教师口语

bìyù, zhǐ qīngqīng de yī sè —— dàn nǐ què kàn·bùtòu tā!
碧玉，只 清清 的一色——但你却 看 不透 她！
　　Wǒ céng jiànguo Běijīng Shíchàhǎi fúdì de lùyáng, tuō·bùliǎo
　　我 曾 见过 北京 什刹海 拂地 的 绿杨，脱 不了
éhuáng de dǐzi, sìhū tài dàn le. Wǒ yòu céng jiànguo Hángzhōu
鹅黄 的底子，似乎 太 淡 了。我 又 曾 见过 杭州
Hǔpáosì jìnpáng gāojùn ér shēnmì de "lùbì", cóngdiézhe wúqióng
虎跑寺 近旁 高峻 而 深密 的"绿壁"，丛叠着 无穷
de bìcǎo yǔ lǜyè de, nà yòu sìhū tài nóng le. Qíyú ne, Xīhúde bō
的 碧草 与绿叶的，那 又 似乎 太 浓 了。其余 呢，西湖的 波
tài míng le, Qínhuái Hé de yě tài àn le. Kě'ài de, wǒ jiāng shénme
太 明 了，秦淮 河的也太 暗了。可爱的，我 将 什么
lái bǐnǐ nǐ ne? Wǒ zěnme bǐnǐ de chū ne? Dàyuē tán shì hěn shēn
来比拟 你呢？我 怎么 比拟 得 出 呢？大约 潭 是 很 深
de, gù néng yùnxùzhe zhèyàng qíyì de lǜ; fǎngfú wèilán de tiān
的，故 能 蕴蓄着 这样 奇异的绿；仿佛 蔚蓝 的 天
róngle yī kuài zài lǐ·miàn shìde, zhè cái zhèbān de xiānrùn a.
融了 一 块 在 里 面 似的，这 才 这般 的 鲜润 啊。
　　Nà zuìrén de lǜ ya! Wǒ ruò néng cái nǐ yǐ wéi dài, wǒ jiāng
　　那 醉人 的绿呀！我 若 能 裁 你以 为 带，我 将
zènggěi nà qīngyíng de // wǔnǚ, tā bìnéng línfēng piāojǔ le. Wǒ
赠给 那 轻盈 的//舞女，她 必能 临风 飘举了。我
ruò néng yǐ nǐ yǐ wéi yǎn, wǒ jiāng zènggěi nà shàn gē de
若 能 把你以为 眼，我 将 赠给 那 善歌的
mángmèi, tā bì míngmóu-shànlài le. Wǒ shě·bù·dé nǐ, wǒ zěn
盲妹，她 必 明眸 善睐 了。我 舍 不 得 你，我 怎
shě·dé nǐ ne? Wǒ yòng shǒu pāizhe nǐ, fǔmōzhe nǐ, rútóng yī gè
舍 得 你 呢？我 用 手 拍着 你，抚摩着 你，如同 一个
shí'èr-sān suì de xiǎogūniang. Wǒ yòu jū nǐ rùkǒu, biànshì wěnzhe
十二三 岁 的 小姑娘。我 又 掬你入口， 便是 吻着
tā le. Wǒ sòng nǐ yī gè míngzi, wǒ cóngcǐ jiào nǐ "nǚ'érlǜ", hǎo ma?
她了。我 送 你一个 名字，我 从此 叫 你"女儿绿"，好 吗？
　　Dì-èr cì dào Xiānyán de shíhou, wǒ bùjīn jīngchà yú Méiyǔtán
　　第二次 到 仙岩 的 时候，我 不禁 惊诧 于 梅雨潭
de lǜ le.
的 绿了。

——节选自朱自清《绿》

作品 26 号

我们家的后园有半亩空地,母亲说:"让它荒着怪可惜的,你们那么爱吃花生,就开辟出来种花生吧。"我们姐弟几个都很高兴,买种,翻地,播种,浇水,没过几个月,居然收获了。

母亲说:"今晚我们过一个收获节,请你们父亲也来尝尝我们的新花生,好不好?"我们都说好。母亲把花生做成了好几样食品,还吩咐就在后园的茅亭里过这个节。

晚上天色不太好,可是父亲也来了,实在很难得。

父亲说:"你们爱吃花生吗?"

我们争着答应:"爱!"

"谁能把花生的好处说出来?"

姐姐说:"花生的味美。"

哥哥说:"花生可以榨油。"

我说:"花生的价钱便宜,谁都可以买来

> **教师口语**

chī, dōu xǐhuan chī. Zhè jiùshì tā de hǎo·chù."
吃，都 喜欢 吃。这 就是 它 的 好 处。"

　　Fù·qīn shuō: "Huāshēng de hǎo·chù hěn duō, yǒu yī yàng zuì
　　父亲 说："花生 的 好 处 很 多，有 一 样 最
kěguì: Tā de guǒshí mái zài dì·lǐ, bù xiàng táozi、shíliu、píngguǒ
可贵：它 的 果实 埋 在 地里，不 像 桃子、石榴、苹果
nàyàng, bǎ xiānhóng nènlǜ de guǒshí gāogāo de guà zài
那样， 把 鲜红 嫩绿 的 果实 高高 地 挂 在
zhītóu·shàng, shǐ rén yī jiàn jiù shēng àimù zhī xīn. Nǐmen kàn tā
枝头 上， 使 人 一 见 就 生 爱慕 之 心。你们 看 它
ǎi'ǎi de zhǎng zài dì·shàng, děngdào chéngshú le, yě bùnéng
矮矮 地 长 在 地 上， 等到 成熟 了，也 不能
lìkè fēnbiàn chū·lái tā yǒu méi·yǒu guǒshí, bìxū wā chū·lái cái
立刻 分辨 出 来 它 有 没 有 果实，必须 挖 出 来 才
zhī·dào."
知 道。"

　　Wǒmen dōu shuō shì, mǔ·qīn yě diǎndiǎn tóu.
　　我们 都 说 是，母 亲 也 点点 头。

　　Fù·qīn jiē xià·qù shuō: "Suǒyǐ nǐmen yào xiàng huāshēng, tā
　　父亲 接 下 去 说："所以 你们 要 像 花生， 它
suīrán bù hǎokàn, kěshì hěn yǒuyòng, bù shì wàibiǎo hǎokàn ér
虽然 不 好看， 可是 很 有用，不 是 外表 好看 而
méi·yǒu shíyòng de dōngxi."
没 有 实用 的 东西。"

　　Wǒ shuō: "Nàme, rén yào zuò yǒuyòng de rén, bùyào zuò zhǐ
　　我 说："那么， 人 要 做 有用 的 人，不要 做 只
jiǎng tǐ·miàn, ér duì bié·rén méi·yǒu hǎochù de rén le." //
讲 体 面， 而 对 别 人 没 有 好处 的 人 了。" //

　　Fù·qīn shuō: "Duì. Zhè shì wǒ duì nǐmen de xīwàng."
　　父亲 说："对。这 是 我 对 你们 的 希望。"

　　Wǒmen tándào yè shēn cái sàn. Huāshēng zuò de shípǐn dōu
　　我们 谈到 夜 深 才 散。 花生 做 的 食品 都
chīwán le, fù·qīn de huà què shēnshēn de yìn zài wǒ de xīn·shàng.
吃完 了，父亲 的 话 却 深深 地 印 在 我 的 心 上。

——节选自许地山《落花生》

作品 27 号

我打猎归来,沿着花园的林荫路走着。狗跑在我前边。

突然,狗放慢脚步,蹑足潜行,好像嗅到了前边有什么野物。

我顺着林荫路望去,看见了一只嘴边还带黄色、头上生着柔毛的小麻雀。风猛烈地吹打着林荫路上的白桦树,麻雀从巢里跌落下来,呆呆地伏在地上,孤立无援地张开两只羽毛还未丰满的小翅膀。

我的狗慢慢向它靠近。忽然,从附近一棵树上飞下一只黑胸脯的老麻雀,像一颗石子似的落到狗的跟前。老麻雀全身倒竖着羽毛,惊恐万状,发出绝望、凄惨的叫声,接着向露出牙齿、大张着的狗嘴扑去。

老麻雀是猛扑下来救护幼雀的。它用身体掩护着自己的幼儿……但它整个小小的身体因恐怖而战栗着,它小小的声音也变得粗暴

> **教师口语**

sīyǎ, tā zài xīshēng zìjǐ!
嘶哑，它 在 牺牲 自己！
　　Zài tā kànlái, gǒu gāi shì duōme pángdà de guàiwù a! Rán'ér,
　　在 它 看来， 狗 该 是 多么 庞大 的 怪物 啊！ 然而，
tā háishì bùnéng zhàn zài zìjǐ gāogāo de、ānquán de shùzhī·shàng
它 还是 不能 站 在 自己 高高 的、 安全 的 树枝 上
……Yī zhǒng bǐ tā de lǐzhì gèng qiángliè de lì·liàng, shǐ tā cóng
…… 一 种 比它的 理智 更 强烈 的 力 量， 使它 从
nàr pū·xià shēn·lái.
那儿 扑 下 身 来。
　　Wǒ de gǒu zhànzhù le, xiàng hòu tuìle tuì……kànlái, tā yě
　　我 的 狗 站住 了， 向 后 退了 退…… 看来， 它 也
gǎndàole zhè zhǒng lì·liàng.
感到了 这 种 力 量。
　　Wǒ gǎnjǐn huànzhù jīnghuāng-shīcuò de gǒu, ránhòu wǒ
　　我 赶紧 唤住 惊慌 失措 的 狗， 然后 我
huáizhe chóngjìng de xīnqíng, zǒukāi le.
怀着 崇敬 的 心情， 走开 了。
　　Shì a, qǐng bùyào jiànxiào. Wǒ chóngjìng nà zhī xiǎoxiǎo de、
　　是 啊， 请 不要 见笑。 我 崇敬 那 只 小小 的、
yīngyǒng de niǎo'·ér, wǒ chóngjìng tā nà zhǒng ài de chōngdòng
英勇 的 鸟 儿， 我 崇敬 它 那 种 爱 的 冲动
hé lì·liàng.
和 力 量。
　　Ài, wǒ // xiǎng, bǐ sǐ hé sǐ de kǒngjù gèng qiángdà. Zhǐyǒu
　　爱， 我 // 想， 比死 和 死 的 恐惧 更 强大。 只有
yīkào tā, yīkào zhè zhǒng ài, shēngmìng cái néng wéichí xià·qù,
依靠 它， 依靠 这 种 爱， 生 命 才 能 维持 下 去，
fāzhǎn xià·qù.
发展 下 去。

——节选自［俄］屠格涅夫《麻雀》，巴金译

作品 28 号

　　Nà nián wǒ liù suì. Lí wǒ jiā jǐn yī jiàn zhī yáo de xiǎo shānpō
　　那 年 我 六 岁。 离 我 家 仅 一 箭 之 遥 的 小 山坡
páng, yǒu yī gè zǎo yǐ bèi fèiqì de cǎishíchǎng, shuāngqīn cónglái
旁， 有 一 个 早 已 被 废弃 的 采石场， 双亲 从来

不准我去那儿,其实那儿风景十分迷人。

一个夏季的下午,我随着一群小伙伴偷偷上那儿去了。就在我们穿越了一条孤寂的小路后,他们却把我一个人留在原地,然后奔向"更危险的地带"了。

等他们走后,我惊慌失措地发现,再也找不到要回家的那条孤寂的小道了。像只无头的苍蝇,我到处乱钻,衣裤上挂满了芒刺。太阳已经落山,而此时此刻,家里一定开始吃晚餐了,双亲正盼着我回家……想着想着,我不由得背靠着一棵树,伤心地呜呜大哭起来……

突然,不远处传来了声声柳笛。我像找到了救星,急忙循声走去。一条小道边的树桩上坐着一位吹笛人,手里还正削着什么。走近细看,他不就是被大家称为"乡巴佬儿"的卡廷吗?

"你好,小家伙儿,"卡廷说,"看天气多美,你

教师口语

是出来散步的吧?"

我怯生生地点点头,答道:"我要回家了。"

"请耐心等上几分钟,"卡廷说,"瞧,我正在削一支柳笛,差不多就要做好了,完工后就送给你吧!"

卡廷边削边不时把尚未成形的柳笛放在嘴里试吹一下。没过多久,一支柳笛便递到我手中。我俩在一阵阵清脆悦耳的笛音//中,踏上了归途……

当时,我心中只充满感激,而今天,当我自己也成了祖父时,却突然领悟到他用心之良苦!那天当他听到我的哭声时,便判定我一定迷了路,但他并不想在孩子面前扮演"救星"的角色,于是吹响柳笛以便让我能发现他,并跟着他走出困境!就这样,卡廷先生以乡下人的纯朴,保护了一个小男孩儿强烈的自尊。

——节选自唐若水译《迷途笛音》

作品 29 号

在浩瀚无垠的沙漠里,有一片美丽的绿洲,绿洲里藏着一颗闪光的珍珠。这颗珍珠就是敦煌莫高窟。它坐落在我国甘肃省敦煌市三危山和鸣沙山的怀抱中。

鸣沙山东麓是平均高度为十七米的崖壁。在一千六百多米长的崖壁上,凿有大小洞窟七百余个,形成了规模宏伟的石窟群。其中四百九十二个洞窟中,共有彩色塑像两千一百余尊,各种壁画共四万五千多平方米。莫高窟是我国古代无数艺术匠师留给人类的珍贵文化遗产。

莫高窟的彩塑,每一尊都是一件精美的艺术品。最大的有九层楼那么高,最小的还不如一个手掌大。这些彩塑个性鲜明,神态各异。有慈眉善目的菩萨,有威风凛凛的天王,还有强壮勇猛的力士……

莫高窟壁画的内容丰富多彩,有的是描绘古代劳动人民打猎、捕鱼、耕田、收割的情景,

教师口语

有的是描绘人们奏乐、舞蹈、演杂技的场面，还有的是描绘大自然的美丽风光。其中最引人注目的是飞天。壁画·上的飞天，有的臂挎花篮，采摘鲜花；有的反弹琵·琶，轻拨银弦；有的倒悬身子，自天而降；有的彩带飘拂，漫天遨游；有的舒展着双臂，翩翩起舞。看着这些精美动人的壁画，就像走进了//灿烂辉煌的艺术殿堂。

莫高窟·里还有一个面积不大的洞窟——藏经洞。洞·里曾藏有我国古代的各种经卷、文书、帛画、刺绣、铜像等共六万多件。由于清朝政府腐败无能，大量珍贵的文物被外国强盗掠走。仅存的部分经卷，现在陈列于北京故宫等处。

莫高窟是举世闻名的艺术宝库。这·里的每一尊彩塑、每一幅壁画、每一件文物，都是中国古代人民智慧的结晶。

——节选自《莫高窟》

作品 30 号

　　其实你在很久以前并不喜欢牡丹，因为它总被人作为富贵膜拜。后来你目睹了一次牡丹的落花，你相信所有的人都会为之感动：一阵清风徐来，娇艳鲜嫩的盛期牡丹忽然整朵整朵地坠落，铺撒一地绚丽的花瓣。那花瓣落地时依然鲜艳夺目，如同一只奉上祭坛的大鸟脱落的羽毛，低吟着壮烈的悲歌离去。

　　牡丹没有花谢花败之时，要么烁于枝头，要么归于泥土，它跨越萎顿和衰老，由青春而死亡，由美丽而消遁。它虽美却不吝惜生命，即使告别也要展示给人最后一次的惊心动魄。

　　所以在这阴冷的四月里，奇迹不会发生。任凭游人扫兴和诅咒，牡丹依然安之若素。它不苟且、不俯就、不妥协、不媚俗，甘愿自己冷落自己。它遵循自己的花期自己的规律，它有权利为自己选择每年一度的盛大节日。它为什么不

教师口语

jùjué hánlěng?
拒绝　寒冷？

　　Tiānnán-hǎiběi de kàn huā rén, yīrán luòyì-bùjué de yǒngrù
　　天南　海北　的　看　花　人，依然　络绎　不绝　地　涌入
Luòyáng Chéng. Rénmen bù huì yīn mǔ·dān de jùjué ér jùjué tā de
洛阳　　城。　人们　不会　因　牡　丹　的　拒绝　而　拒绝　它的
měi. Rúguǒ tā zài bèi biǎnzhé shí cì, yěxǔ tā jiùhuì fányǎn chū shí
美。如果　它　再被　贬谪　十次，也许　它　就会　繁衍　出十
gè Luòyáng mǔ·dān chéng.
个　洛阳　牡丹　城。

　　Yúshì nǐ zài wúyán de yíhàn zhōng gǎnwù dào, fùguì yǔ
　　于是　你在　无言　的　遗憾　中　感悟　到，富贵　与
gāoguì zhǐshì yī zì zhī chā. Tóng rén yīyàng, huā'ér yě shì yǒu
高贵　只是　一字　之　差。同　人　一样，花儿　也是　有
língxìng de, gèng yǒu pǐnwèi zhī gāodī. Pǐnwèi zhè dōngxi wéi qì
灵性　的，更　有　品位　之　高低。品位　这　东西　为气
wéi hún wéi // jīngǔ wéi shényùn, zhǐ kě yìhuì. Nǐ tànfú mǔ·dān
为　魂　为 // 筋骨　为　神韵，只　可意会。你　叹服　牡　丹
zhuó'ér-bùqún zhī zī, fāng zhī pǐnwèi shì duōme róng·yì bèi shìrén
卓尔　不群　之姿，方　知　品位　是　多么　容易　被　世人
hūlüè huò shì mòshì de měi.
忽略　或　是　漠视　的美。

——节选自张抗抗《牡丹的拒绝》

作品 31 号

　　Sēnlín hányǎng shuǐyuán, bǎochí shuǐtǔ, fángzhǐ shuǐhàn
　　森林　涵养　　水源，　保持　水土，　防止　水旱
zāihài de zuòyòng fēicháng dà. Jù zhuānjiā cèsuàn, yī piàn
灾害　的　作用　　非常　大。据　专家　测算，　一片
shíwàn mǔ miànjī de sēnlín, xiāngdāngyú yī gè liǎngbǎi wàn
十万　亩　面积　的　森林，　相当于　一个　两百　万
lìfāngmǐ de shuǐkù, zhè zhèng rú nóngyàn suǒ shuō de: "Shān·shàng
立方米　的　水库，这　正如　农谚　所　说　的："山上
duō zāi shù, děngyú xiū shuǐkù. Yǔ duō tā néng tūn, yǔ shǎo tā
多　栽树，等于　修　水库。雨多　它　能　吞，雨少　它
néng tǔ."
能　吐。"

说起森林的功劳，那还多得很。它除了为人类提供木材及许多种生产、生活的原料之外，在维护生态环境方面也是功劳卓著。它用另一种"能吞能吐"的特殊功能孕育了人类。因为地球在形成之初，大气中的二氧化碳含量很高，氧气很少，气温也高，生物是难以生存的。大约在四亿年之前，陆地才产生了森林。森林慢慢将大气中的二氧化碳吸收，同时吐出新鲜氧气，调节气温；这才具备了人类生存的条件，地球上才最终有了人类。

森林，是地球生态系统的主体，是大自然的总调度室，是地球的绿色之肺。森林维护地球生态环境的这种"能吞能吐"的特殊功能是其他任何物体都不能取代的。然而，由于地球上的燃烧物增多，二氧化碳的排放量急剧增加，使得地球生态环境急剧恶化，主要表现为全球气候变暖，水分蒸发加快，改变了气流

de xúnhuán, shǐ qìhòu biànhuà jiājù, cóng'ér yǐnfā rèlàng、jùfēng、
的 循环， 使 气候 变化 加剧， 从而 引发 热浪、飓风、
bàoyǔ、hónglào jí gānhàn.
暴雨、 洪涝 及 干旱。

　　Wèile // shǐ dìqiú de zhège "néngtūn-néngtǔ" de lǜsè zhī fèi
　　为了 // 使 地球 的 这个 "能吞 能吐" 的 绿色 之 肺
huīfù jiànzhuàng, yǐ gǎishàn shēngtài huánjìng, yìzhì quánqiú biàn
恢复 健壮， 以 改善 生态 环境， 抑制 全球 变
nuǎn, jiǎnshǎo shuǐhàn děng zìrán zāihài, wǒmen yīnggāi dàlì
暖， 减少 水旱 等 自然 灾害， 我们 应该 大力
zàolín、hùlín, shǐ měi yī zuò huāngshān dōu lǜ qǐ·lái.
造林、护林， 使 每 一 座 荒山 都 绿起来。

　　　　　　　　　　——节选自《"能吞能吐"的森林》

作品 32 号

　　Péngyou jíjiāng yuǎnxíng.
　　朋友 即将 远行。

　　Mùchūn shíjié, yòu yāole jǐ wèi péngyou zài jiā xiǎojù. Suīrán
　　暮春 时节， 又 邀了 几 位 朋友 在 家 小聚。 虽然
dōu shì jí shú de péngyou, què shì zhōngnián nándé yī jiàn, ǒu'ěr
都 是 极 熟 的 朋友， 却 是 终年 难得 一 见， 偶尔
diànhuà· lǐ xiāngyù, yě wúfēi shì jǐ jù xúnchánghuà. Yī guō xiǎomǐ
电话 里 相遇， 也 无非 是 几 句 寻常话。 一 锅 小米
xīfàn, yī dié dàtóucài, yī pán zìjiā niàngzhì de pàocài, yī zhī
稀饭， 一 碟 大头菜， 一 盘 自家 酿制 的 泡菜， 一 只
xiàngkǒu mǎihuí de kǎoyā, jiǎnjiǎn-dāndān, bù xiàng qǐngkè,
巷口 买回 的 烤鸭， 简简 单单， 不 像 请客，
dàoxiàng jiārén tuánjù.
倒像 家人 团聚。

　　Qíshí, yǒuqíng yě hǎo, àiqíng yě hǎo, jiǔ'ér-jiǔzhī dōu huì
　　其实， 友情 也 好， 爱情 也 好， 久而 久之 都 会
zhuǎnhuà wéi qīnqíng.
转化 为 亲情。

　　Shuō yě qíguài, hé xīn péngyou huì tán wénxué、tán zhéxué、tán
　　说 也 奇怪， 和 新 朋友 会 谈 文学、谈 哲学、谈
rénshēng dào·lǐ děngděng, hé lǎo péngyou què zhǐ huà jiācháng,
人生 道理 等等， 和 老 朋友 却 只 话 家常，

柴米油盐，细细碎碎，种种琐事。很多时候，心灵的契合已经不需要太多的言语来表达。

朋友新烫了个头，不敢回家见母亲，恐怕惊骇了老人家，却欢天喜地来见我们，老朋友颇能以一种趣味性的眼光欣赏这个改变。

年少的时候，我们差不多都在为别人而活，为苦口婆心的父母活，为循循善诱的师长活，为许多观念、许多传统的约束力而活。年岁逐增，渐渐挣脱外在的限制与束缚，开始懂得为自己活，照自己的方式做一些自己喜欢的事，不在乎别人的批评意见，不在乎别人的诋毁流言，只在乎那一份随心所欲的舒坦自然。偶尔，也能够纵容自己放浪一下，并且有一种恶作剧的窃喜。

就让生命顺其自然，水到渠成吧，犹如窗前的//乌桕，自生自落之间，自有一份圆融丰满的喜悦。春雨轻轻落着，没有诗，没有酒，有的只是一份相知相属的自在

教师口语

zìdé.
自得。

　　Yèsè zài xiàoyǔ zhōng jiànjiàn chénluò, péngyou qǐshēn gàocí,
　　夜色　在　笑语　中　渐渐　沉落，　朋友　起身　告辞，
méi·yǒu wǎnliú, méi·yǒu sòngbié, shènzhì yě méi·yǒu wèn guīqī.
没　有　挽留，　没　有　送别，　甚至　也　没　有　问　归期。
　　Yǐ·jīng guòle dàxǐ-dàbēi de suìyuè, yǐ·jīng guòle shānggǎn
　　已　经　过了　大喜　大悲　的　岁月，　已　经　过了　伤感
liúlèi de niánhuá, zhī·dàole jù-sàn yuánlái shì zhèyàng de zìrán hé
流泪　的　年华，　知　道了　聚散　原来　是　这样　的　自然　和
shùnlǐ-chéngzhāng, dǒng·dé zhè diǎn, biàn dǒng·dé zhēnxī měi yī
顺理　成章，　懂得　这点，　便　懂得　珍惜　每一
cì xiāngjù de wēnxīn, líbié biàn yě huānxǐ.
次　相聚　的　温馨，　离别　便　也　欢喜。

——节选自（台湾）杏林子《朋友和其他》

作品33号

　　Wǒmen zài tiányě sànbù: Wǒ, wǒ de mǔ·qīn, wǒ de qī·zǐ
　　我们　在　田野　散步：我，我的　母　亲，我的妻子
hé érzi.
和儿子。
　　Mǔ·qīn běn bùyuàn chū·lái de. Tā lǎo le, shēntǐ bù hǎo, zǒu
　　母亲　本　不愿　出　来的。她老了，身体不好，走
yuǎn yīdiǎnr jiù jué·dé hěn lèi. Wǒ shuō, zhèng yīn·wèi rúcǐ, cái
远　一点儿　就　觉得　很累。我　说，　正　因　为　如此，才
yīnggāi duō zǒuzou. Mǔ·qīn xìnfú de diǎndiǎn tóu, biàn qù ná
应该　多　走走。母亲　信服　地　点点　头，　便　去拿
wàitào. Tā xiànzài hěn tīng wǒ de huà, jiù xiàng wǒ xiǎoshíhou hěn
外套。她　现在　很　听我的话，就　像　我　小时候　很
tīng tā de huà yīyàng.
听　她的话　一样。
　　Zhè nánfāng chūchūn de tiányě, dàkuài xiǎokuài de xīnlǜ suíyì
　　这　南方　初春　的　田野，大块　小块　的　新绿　随意
de pūzhe, yǒude nóng, yǒude dàn, shù·shàng de nènyá yě mì le,
地　铺着，有的　浓，有的　淡，树　上　的　嫩芽　也　密了，
tián·lǐ de dōngshuǐ yě gūgū de qǐzhe shuǐpào. Zhè yī qiè dōu shǐ
田　里的　冬水　也　咕咕　地　起着　水泡。这一切都使

rén xiǎngzhe yī yàng dōngxi —— shēngmìng.
人 想着 一 样 东西 —— 生命。

　　Wǒ hé mǔ·qīn zǒu zài qián·miàn, wǒ de qī·zǐ hé érzi zǒu zài
　　我 和 母 亲 走 在 前 面, 我 的 妻 子 和 儿子 走 在
hòu·miàn. Xiǎojiāhuo tūrán jiào qǐ·lái: "Qián·miàn shì māma hé
后 面。 小家伙 突然 叫 起 来:"前 面 是 妈妈 和
érzi, hòu·miàn yě shì māma hé érzi." Wǒmen dōu xiào le.
儿子, 后 面 也 是 妈妈 和 儿子。" 我们 都 笑 了。
　　Hòulái fāshēngle fēnqí: Mǔ·qīn yào zǒu dàlù, dàlù píngshùn;
　　后来 发生了 分歧: 母 亲 要 走 大路, 大路 平顺;
wǒ de érzi yào zǒu xiǎolù, xiǎolù yǒu yìsi. Bùguò, yīqiè dōu
我 的 儿子 要 走 小路, 小路 有 意思。 不过, 一切 都
qǔjuéyú wǒ. Wǒ de mǔ·qīn lǎo le, tā zǎoyǐ xíguàn tīngcóng tā
取决于 我。 我 的 母 亲 老 了, 她 早已 习惯 听从 她
qiángzhuàng de érzi; wǒ de érzi háixiǎo, tā hái xíguàn tīngcóng
强壮 的 儿子; 我 的 儿子 还小, 他 还 习惯 听从
tā gāodà de fù·qīn; qī·zǐ ne, zài wàimiàn, tā zǒngshì tīng wǒ
他 高大 的 父 亲; 妻子 呢, 在 外面, 她 总是 听 我
de. Yīshàshí wǒ gǎndàole zérèn de zhòngdà. Wǒ xiǎng zhǎo yī gè
的。 一霎时 我 感到了 责任 的 重大。 我 想 找 一 个
liǎngquán de bànfǎ, zhǎo bù chū; wǒ xiǎng chāisàn yī jiā rén,
两全 的 办法, 找 不 出; 我 想 拆散 一 家 人,
fēnchéng liǎng lù, gèdé-qísuǒ, zhōng bù yuàn·yì. Wǒ juédìng
分成 两 路, 各得其所, 终 不 愿意。 我 决定
wěiqu érzi, yīn·wèi wǒ bàntóng tā de shírì hái cháng. Wǒ shuō:
委屈 儿子, 因为 我 伴同 他 的 时日 还 长。 我 说:
"Zǒu dàlù."
"走 大路。"
　　Dànshì mǔ·qīn mōmo sūn'ér de xiǎo nǎoguār, biànle zhǔyi:
　　但是 母 亲 摸摸 孙儿 的 小 脑瓜儿, 变了 主意:
"Háishì zǒu xiǎolù ba." Tā de yǎn suí xiǎolù wàng·qù: Nà·lǐ yǒu
"还是 走 小路 吧。" 她 的 眼 随 小路 望 去: 那里 有
jīnsè de càihuā, liǎng háng zhěngqí de sāngshù, // jìntóu yī kǒu
金色 的 菜花, 两 行 整齐 的 桑树,// 尽头 一 口
shuǐbō línlín de yútáng. "Wǒ zǒu bù guò·qù de dìfang, nǐ jiù
水波 粼粼 的 鱼塘。"我 走 不 过去 的 地方, 你 就

教师口语

bēizhe wǒ." Mǔ·qīn duì wǒ shuō.
背着我。"母亲对我说。

　　Zhèyàng, wǒmen zài yángguāng·xià, xiàngzhe nà càihuā、sāngshù hé yútáng zǒu·qù. Dàole yī chù, wǒ dūn xià·lái, bēiqǐle mǔ·qīn; qī·zǐ yě dūn xià·lái, bēiqǐle érzi. Wǒ hé qī·zǐ dōu shì mànmàn de, wěnwěn de, zǒu de hěn zǐxì, hǎoxiàng wǒ bèi·shàng de tóng tā bèi·shàng de jiā qǐ·lái, jiùshì zhěnggè shìjiè.
这样，我们在阳光下，向着那菜花、桑树和鱼塘走去。到了一处，我蹲下来，背起了母亲；妻子也蹲下来，背起了儿子。我和妻子都是慢慢地，稳稳地，走得很仔细，好像我背上的同她背上的加起来，就是整个世界。

——节选自莫怀戚《散步》

作品34号

　　Dìqiú·shàng shìfǒu zhēn de cúnzài "wúdǐdòng"? Ànshuō dìqiú shì yuán de, yóu dìqiào、dìmàn hé dìhé sān céng zǔchéng, zhēnzhèng de "wúdǐdòng" shì bù yīng cúnzài de, wǒmen suǒ kàndào de gè zhǒng shāndòng、lièkǒu、lièfèng, shènzhì huǒshānkǒu yě dōu zhǐshì dìqiào qiǎnbù de yī zhǒng xiànxiàng. Rán'ér zhōngguó yīxiē gǔjí què duō cì tídào hǎiwài yǒu gè shēn'ào-mòcè de "wúdǐdòng". Shìshí·shàng dìqiú·shàng quèshí yǒu zhèyàng yī gè "wúdǐdòng".
地球上是否真的存在"无底洞"？按说地球是圆的，由地壳、地幔和地核三层组成，真正的"无底洞"是不应存在的，我们所看到的各种山洞、裂口、裂缝，甚至火山口也都只是地壳浅部的一种现象。然而中国一些古籍却多次提到海外有个深奥莫测的"无底洞"。事实上地球上确实有这样一个"无底洞"。

　　Tā wèiyú Xīlà Yàgèsī gǔchéng de hǎibīn. Yóuyú bīnlín dàhǎi, dà zhǎngcháo shí, xiōngyǒng de hǎishuǐ biàn huì páishān-dǎohǎi bān de yǒngrù dòng zhōng, xíngchéng yī gǔ tuāntuān de jíliú. Jù cè,
它位于希腊亚各斯古城的海滨。由于濒临大海，大涨潮时，汹涌的海水便会排山倒海般地涌入洞中，形成一股湍湍的急流。据测，每天流入洞内的海水量达三万多吨。奇怪的是，如此大量的海水灌入洞中，却从来没有把洞灌满。曾有人怀疑，这个"无底洞"，会不会就像石灰岩地区的漏斗、竖井、落水洞一类的地形。然而从二十世纪三十年代以来，人们就做了多种努力企图寻找它的出口，却都是枉费心机。

为了揭开这个秘密，一九五八年美国地理学会派出一支考察队，他们把一种经久不变的带色染料溶解在海水中，观察染料是如何随着海水一起沉下去。接着又察看了附近海面以及岛上的各条河、湖，满怀希望地寻找这种带颜色的水，结果令人失望。难道是海水量太大把有色水稀释得太淡，以致无法发现？//

至今谁也不知道为什么这里的海水会没完没了地"漏"下去，这个"无底洞"的出口又在哪里，每天大量的海水究竟都流到哪里

> **教师口语**

qù le?
去 了?

——节选自罗伯特·罗威尔《神秘的"无底洞"》

作品 35 号

我在俄国见到的景物再没有比托尔斯泰墓更宏伟、更感人的。完全按照托尔斯泰的愿望,他的坟墓成了世间最美的,给人印象最深刻的坟墓。它只是树林中的一个小小的长方形土丘,上面开满鲜花——没有十字架,没有墓碑,没有墓志铭,连托尔斯泰这个名字也没有。这位比谁都感到受自己的声名所累的伟人,却像偶尔被发现的流浪汉,不为人知的士兵,不留名姓地被人埋葬了。谁都可以踏进他最后的安息地,围在四周稀疏的木栅栏是不关闭的——保护列夫·托尔斯泰得以安息的没有任何别的东西,唯有人们的敬意;而通常,人们却总是怀着好奇,去破坏伟人墓地的宁静。这里,逼人的朴素禁锢住任何一种观赏的闲情,并且不容许你大声说话。风儿俯临,在这座无名者之墓的树木之间飒飒响着，和暖的阳光在坟头嬉戏；冬天，白雪温柔地覆盖这片幽暗的土地。无论你在夏天或冬天经过这儿，你都想象不到，这个小小的、隆起的长方体里安放着一位当代最伟大的人物。

然而，恰恰是这座不留姓名的坟墓，比所有挖空心思用大理石和奢华装饰建造的坟墓更扣人心弦。在今天这个特殊的日子里，//到他的安息地来的成百上千人中间，没有一个有勇气，哪怕仅仅从这幽暗的土丘上摘下一朵花留作纪念。人们重新感到，世界上再没有比托尔斯泰最后留下的、这座纪念碑式的朴素坟墓，更打动人心的了。

——节选自〔奥〕茨威格《世间最美的坟墓》，张厚仁译

作品36号

我国的建筑，从古代的宫殿到近代的一般住房，绝大部分是对称的，左边怎么样，

教师口语

右边怎么样。苏州园林可绝不讲究对称，好像故意避免似的。东边有了一个亭子或者一道回廊，西边决不会来一个同样的亭子或者一道同样的回廊。这是为什么？我想，用图画来比方，对称的建筑是图案画，不是美术画，而园林是美术画，美术画要求自然之趣，是不讲究对称的。

苏州园林里都有假山和池沼。

假山的堆叠，可以说是一项艺术而不仅是技术。或者是重峦叠嶂，或者是几座小山配合着竹子花木，全在乎设计者和匠师们生平多阅历，胸中有丘壑，才能使游览者攀登的时候忘却苏州城市，只觉得身在山间。

至于池沼，大多引用活水。有些园林池沼宽敞，就把池沼作为全园的中心，其他景物配合着布置。水面假如成河道模样，往往安排桥梁。假如安排两座以上的

qiáoliáng, nà jiù yī zuò yī gè yàng, jué bù léitóng.
桥梁， 那就一座一个样， 决不雷同。
　　Chízhǎo huò hédào de biānyán hěn shǎo qì qízhěng de shí'àn,
　　池沼或河道的边沿很少砌齐整的石岸，
zǒngshì gāodī qūqū rènqí zìrán. Hái zài nàr bùzhì jǐ kuài línglóng
总是高低屈曲任其自然。还在那儿布置几块玲珑
de shítou, huòzhě zhòng xiē huācǎo. Zhè yě shì wèile qǔdé cóng
的石头，或者种些花草。这也是为了取得从
gègè jiǎodù kàn dōu chéng yī fú huà de xiàoguǒ. Chízhǎo·lǐ
各个角度看都成一幅画的效果。池沼里
yǎngzhe jīnyú huò gè sè lǐyú, xià-qiū jìjié héhuā huò shuǐlián kāi
养着金鱼或各色鲤鱼，夏秋季节荷花或睡莲开
// fàng, yóulǎnzhě kàn "yú xì liányè jiān", yòu shì rù huà de
// 放， 游览者看"鱼戏莲叶间"， 又是入画的
yī jǐng.
一景。

——节选自叶圣陶《苏州园林》

作品37号

　　Yī wèi fǎng Měi Zhōngguó nǚzuòjiā, zài Niǔyuē yùdào yī wèi
　　一位访美中国女作家，在纽约遇到一位
mài huā de lǎotàitai. Lǎotàitai chuānzhuó pòjiù, shēntǐ xūruò, dàn
卖花的老太太。老太太穿着破旧，身体虚弱，但
liǎn·shàng de shénqíng què shì nàyàng xiánghé xīngfèn. Nǚzuòjiā
脸上的神情却是那样祥和兴奋。女作家
tiāole yī duǒ huā shuō: "Kàn qǐ·lái, nǐ hěn gāoxìng." Lǎotàitai
挑了一朵花说："看起来，你很高兴。" 老太太
miàn dài wēixiào de shuō: "Shìde, yīqiè dōu zhème měihǎo, wǒ
面带微笑地说："是的，一切都这么美好，我
wèishénme bù gāoxìng ne?" "Duì fánnǎo, nǐ dào zhēn néng
为什么不高兴呢？" "对烦恼，你倒真能
kàndekāi." Nǚzuòjiā yòu shuōle yī jù. Méi liàodào, lǎotàitai de
看得开。" 女作家又说了一句。没料到，老太太的
huídá gèng lìng nǚzuòjiā dàchī-yījīng: "Yēsū zài xīngqīwǔ bèi
回答更令女作家大吃一惊："耶稣在星期五被
dìng·shàng shízìjià shí, shì quán shìjiè zuì zāogāo de yī tiān, kě
钉上十字架时，是全世界最糟糕的一天，可

> 教师口语

三天后就是复活节。所以，当我遇到不幸时，就会等待三天，这样一切就恢复正常了。"

"等待三天"，多么富于哲理的话语，多么乐观的生活方式。它把烦恼和痛苦抛下，全力去收获快乐。

沈从文在"文革"期间，陷入了非人的境地。可他毫不在意，他在咸宁时给他的表侄、画家黄永玉写信说："这里的荷花真好，你若来……"身陷苦难却仍为荷花的盛开欣喜赞叹不已，这是一种趋于澄明的境界，一种旷达洒脱的胸襟，一种面临磨难坦荡从容的气度，一种对生活童子般的热爱和对美好事物无限向往的生命情感。

由此可见，影响一个人快乐的，有时并不是困境及磨难，而是一个人的心态。如果把自己浸泡在积极、乐观、向上的心态中，快乐必然会//占据你的每一天。

——节选自《态度创造快乐》

作品38号

泰山极顶看日出，历来被描绘成十分

壮观的奇景。有人说：登泰山而看不到日出，就像一出大戏没有戏眼，味儿终究有点儿寡淡。

我去爬山那天，正赶上个难得的好天，万里长空，云彩丝儿都不见。素常，烟雾腾腾的山头，显得眉目分明。同伴们都欣喜地说："明天早晨准可以看见日出了。"我也是抱着这种想头，爬上山去。

一路从山脚往上爬，细看山景，我觉得挂在眼前的不是五岳独尊的泰山，却像一幅规模惊人的青绿山水画，从下面倒展开来。在画卷中最先露出的是山根底那座明朝建筑岱宗坊，慢慢地便现出王母池、斗母宫、经石峪。山是一层比一层深，一叠比一叠奇，层层叠叠，不知还会有多深多奇。万山丛中，时而点染着极其工细的人物。王母池旁的吕祖殿里有不少尊明塑，塑着吕洞宾等一些人，姿态神情是那样有

▶▶ **教师口语**

生气，你看了，不禁会脱口赞叹说："活啦。"
画卷继续展开，绿阴森森的柏洞露面不太久，便来到对松山。两面奇峰对峙着，满山峰都是奇形怪状的老松，年纪怕都有上千岁了，颜色竟那么浓，浓得好像要流下来似的。来到这儿，你不妨权当一次画里的写意人物，坐在路旁的对松亭里，看看山色，听听流//水和松涛。
一时间，我又觉得自己不仅是在看画卷，却又像是在零零乱乱翻着一卷历史稿本。

——节选自杨朔《泰山极顶》

作品39号

育才小学校长陶行知在校园看到学生王友用泥块砸自己班上的同学,陶行知当即喝止了他，并令他放学后到校长室去。无疑，陶行知是要好好教育这个"顽皮"的学生。那么他是如何教育的呢？
放学后，陶行知来到校长室，王友已经等在门口准备挨训了。可一见面，陶

154

行知却掏出一块糖果送给王友,并说:"这是奖给你的,因为你按时来到这里,而我却迟到了。"王友惊疑地接过糖果。

随后,陶行知又掏出一块糖果放到他手里,说:"这第二块糖果也是奖给你的,因为当我不让你再打人时,你立即就住手了,这说明你很尊重我,我应该奖你。"王友更惊疑了,他眼睛睁得大大的。

陶行知又掏出第三块糖果塞到王友手里,说:"我调查过了,你用泥块砸那些男生,是因为他们不守游戏规则,欺负女生;你砸他们,说明你很正直善良,且有批评不良行为的勇气,应该奖励你啊!"王友感动极了,他流着眼泪后悔地喊道:"陶……陶校长你打我两下吧!我砸的不是坏人,而是自己的同学啊……"

陶行知满意地笑了,他随即掏出第四块糖果递给王友,说:"为你正确地认识错误,我再奖给你一块糖果,只可惜我只有

教师口语

这一块糖果了。我的糖果//没有了，我看我们的谈话也该结束了吧！"说完，就走出了校长室。

——节选自《教师博览·百期精华》中《陶行知的"四块糖果"》

作品 40 号

享受幸福是需要学习的，当它即将来临的时刻需要提醒。人可以自然而然地学会感官的享乐，却无法天生地掌握幸福的韵律。灵魂的快意同器官的舒适像一对孪生兄弟，时而相傍相依，时而南辕北辙。

幸福是一种心灵的震颤。它像会倾听音乐的耳朵一样，需要不断地训练。

简而言之，幸福就是没有痛苦的时刻。它出现的频率并不像我们想象的那样少。人们常常只是在幸福的金马车已经驶过去很远时，才拣起地上的金鬃毛说，原来我见过它。

人们喜爱回味幸福的标本，却忽略它披着露水散发清香的时刻。那时候我们往往步履匆匆，瞻前顾后不知在忙着什么。

世上有预报台风的，有预报蝗灾的，有预报瘟疫的，有预报地震的。没有人预报幸福。

其实幸福和世界万物一样，有它的征兆。

幸福常常是朦胧的，很有节制地向我们喷洒甘霖。你不要总希望轰轰烈烈的幸福，它多半只是悄悄地扑面而来。你也不要企图把水龙头拧得更大，那样它会很快地流失。你需要静静地以平和之心，体验它的真谛。

幸福绝大多数是朴素的。它不会像信号弹似的，在很高的天际闪烁红色的光芒。它披着本色的外//衣，亲切温暖地包裹起我们。

幸福不喜欢喧嚣浮华，它常常在暗淡中降临。贫困中相濡以沫的一块糕饼，患难中心心相印的一个眼神，父亲一次粗糙的抚摸，女友一张温馨的字条……这都是千金难买的幸福啊。像一粒粒缀在旧绸子上的红宝石，在凄凉中愈发熠熠夺目。

——节选自毕淑敏《提醒幸福》

教师口语

作品 41 号

　　在里约热内卢的一个贫民窟里，有一个男孩子，他非常喜欢足球，可是又买不起，于是就踢塑料盒，踢汽水瓶，踢从垃圾箱里拣来的椰子壳。他在胡同里踢，在能找到的任何一片空地上踢。

　　有一天，当他在一处干涸的水塘里猛踢一个猪膀胱时，被一位足球教练看见了。他发现这个男孩儿踢得很像是那么回事，就主动提出要送给他一个足球。小男孩儿得到足球后踢得更卖劲儿了。不久，他就能准确地把球踢进远处随意摆放的一个水桶里。

　　圣诞节到了，孩子的妈妈说："我们没有钱买圣诞礼物送给我们的恩人，就让我们为他祈祷吧。"

　　小男孩儿跟随妈妈祈祷完毕，向妈妈要了一把铲子便跑了出去。他来到一座别墅前的花园里，开始挖坑。

　　就在他快要挖好坑的时候，从别墅里

走出一个人来，问小孩儿在干什么，孩子抬起满是汗珠的脸蛋儿，说："教练，圣诞节到了，我没有礼物送给您，我愿给您的圣诞树挖一个树坑。"

教练把小男孩儿从树坑里拉上来，说，我今天得到了世界上最好的礼物。明天你就到我的训练场去吧。

三年后，这位十七岁的男孩儿在第六届足球锦标赛上独进二十一球，为巴西第一次捧回了金杯。一个原//来不为世人所知的名字——贝利，随之传遍世界。

——节选自刘燕敏《天才的造就》

作品42号

记得我十三岁时，和母亲住在法国东南部的耐斯城。母亲没有丈夫，也没有亲戚，够清苦的，但她经常能拿出令人吃惊的东西，摆在我面前。她从来不吃肉，一再说自己是素食者。然而有一天，我发现母亲正仔细地用一小块碎面包擦那给我煎牛排用的油锅。

教师口语

我明白了她称自己为素食者的真正原因。

我十六岁时，母亲成了耐斯市美蒙旅馆的女经理。这时，她更忙碌了。一天，她瘫在椅子上，脸色苍白，嘴唇发灰。马上找来医生，做出诊断：她摄取了过多的胰岛素。直到这时我才知道母亲多年一直对我隐瞒的疾痛——糖尿病。

她的头歪向枕头一边，痛苦地用手抓挠胸口。床架上方，则挂着一枚我一九三二年赢得耐斯市少年乒乓球冠军的银质奖章。

啊，是对我的美好前途的憧憬支撑着她活下去，为了给她那荒唐的梦至少加一点真实的色彩，我只能继续努力，与时间竞争，直至一九三八年我被征入空军。巴黎很快失陷，我辗转调到英国皇家空军。刚到英国就接到了母亲的来信。这些信是由在瑞士的一个朋友秘密地转到伦敦，送到我手中的。

现在我要回家了，胸前佩戴着醒目的绿黑两色的解放十字绶//带，上面挂着五六枚我终身难忘的勋章，肩上还佩戴着军官肩章。到达旅馆时，没有一个人跟我打招呼。原来，我母亲在三年半以前就已经离开人间了。

在她死前的几天中，她写了近二百五十封信，把这些信交给她在瑞士的朋友，请这个朋友定时寄给我。就这样，在母亲死后的三年半的时间里，我一直从她身上吸取着力量和勇气——这使我能够继续战斗到胜利那一天。

——节选自[法]罗曼·加里《我的母亲独一无二》

作品43号

生活对于任何人都非易事，我们必须有坚韧不拔的精神。最要紧的，还是我们自己要有信心。我们必须相信，我们对每一件事情都具有天赋的才能，并且，无论付出任何代价，都要把这件事完成。当事情结束的时候，你

教师口语

要能问心无愧地说："我已经尽我所能了。"

有一年的春天，我因病被迫在家里休息数周。我注视着我的女儿们所养的蚕正在结茧，这使我很感兴趣。望着这些蚕执著地、勤奋地工作，我感到我和它们非常相似。像它们一样，我总是耐心地把自己的努力集中在一个目标上。我之所以如此，或许是因为有某种力量在鞭策着我——正如蚕被鞭策着去结茧一般。

近五十年来，我致力于科学研究，而研究，就是对真理的探讨。我有许多美好快乐的记忆。少女时期我在巴黎大学，孤独地过着求学的岁月；在后来献身科学的整个时期，我丈夫和我专心致志，像在梦幻中一般，坐在简陋的书房里艰辛地研究，后来我们就在那里发现了镭。

我永远追求安静的工作和简单的家庭生活。为了实现这个理想，我竭力保持宁静的环境，以免受人事的干扰和盛名的拖累。

我深信，在科学方面我们有对事业而不//是对财富的兴趣。我的唯一奢望是在一个自由国家中，以一个自由学者的身份从事研究工作。

我一直沉醉于世界的优美之中，我所热爱的科学也不断增加它崭新的远景。我认定科学本身就具有伟大的美。

——节选自［波兰］玛丽•居里《我的信念》，剑捷译

作品 44 号

我为什么非要教书不可？是因为我喜欢当教师的时间安排表和生活节奏。七、八、九三个月给我提供了进行回顾、研究、写作的良机，并将三者有机融合，而善于回顾、研究和总结正是优秀教师素质中不可缺少的成分。

干这行给了我多种多样的"甘泉"去品尝，找优秀的书籍去研读，到"象牙塔"和实际世界里去发现。教学工作给我提供了继续学习的时间保证，以及多种途径、机遇和挑战。

然而，我爱这一行的真正原因，是爱我的学生。学生们在我的眼前成长、变化。当教师意味着亲历"创造"过程的发生——

恰似亲手赋予一团泥土以生命，没有什么比目睹它开始呼吸更激动人心的了。

权利我也有了：我有权利去启发诱导，去激发智慧的火花，去问费心思考的问题，去赞扬回答的尝试，去推荐书籍，去指点迷津。还有什么别的权利能与之相比呢？

而且，教书还给我金钱和权利之外的东西，那就是爱心。不仅有对学生的爱，对书籍的爱，对知识的爱，还有教师才能感受到的对"特别"学生的爱。这些学生，有如冥顽不灵的泥块，由于接受了老师的炽爱才勃发了生机。

所以，我爱教书，还因为，在那些勃发生机的"特别"学//生身上，我有时发现自己和他们呼吸相通，忧乐与共。

——节选自[美]彼得·基·贝得勒《我为什么当教师》

作品45号

中国西部我们通常是指黄河与秦岭相连一线以西，包括西北和西南的十二个省、市、自治区。这块广袤的土地面积为五百四十六

wàn píngfāng gōnglǐ, zhàn guótǔ zǒng miànjī de bǎi fēn zhī
万 平方 公里，占 国土 总 面积 的 百 分 之
wǔshíqī; rénkǒu èr diǎn bā yì, zhàn quánguó zǒng rénkǒu de bǎi
五十七；人口 二 点 八 亿，占 全国 总 人口 的 百
fēn zhī èrshísān.
分 之 二十三。

  Xībù shì Huáxià wénmíng de yuántóu. Huáxià zǔxiān de jiǎobù
  西部 是 华夏 文明 的 源头。华夏 祖先 的 脚步
shì shùnzhe shuǐbiān zǒu de: Cháng Jiāng shàngyóu chūtǔguo
是 顺着 水边 走 的：长 江 上游 出土过
Yuánmóurén yáchǐ huàshí, jù jīn yuē yībǎi qīshí wàn nián; Huáng
元谋人 牙齿 化石，距今 约 一百 七十 万 年；黄
Hé zhōngyóu chūtǔguo Lántiánrén tóugàigǔ, jù jīn yuē qīshí wàn
河 中游 出土过 蓝田人 头盖骨，距今 约 七十 万
nián. Zhè liǎng chù gǔ rénlèi dōu bǐ jù jīn yuē wǔshí wàn nián de
年。这 两 处 古 人类 都 比 距今 约 五十 万 年 的
Běijīng yuánrén zī·gé gèng lǎo.
北京 猿人 资格 更 老。

  Xībù dìqū shì Huáxià wénmíng de zhòngyào fāyuándì. Qínhuáng
  西部 地区 是 华夏 文明 的 重要 发源地。秦皇
Hànwǔ yǐhòu, dōng-xīfāng wénhuà zài zhè·lǐ jiāohuì rónghé,
汉武 以后，东西方 文化 在 这 里 交汇 融合，
cóng'ér yǒule sīchóu zhī lù de tuólíng shēngshēng, fó yuàn shēn sì
从而 有了 丝绸 之路 的 驼铃 声声，佛院 深寺
de mùgǔ-chénzhōng. Dūnhuáng Mògāokū shì shìjiè wénhuàshǐ·shàng de
的 暮鼓 晨钟。敦煌 莫高窟 是 世界 文化史 上 的
yī gè qíjì, tā zài jìchéng Hàn Jìn yìshù chuántǒng de jīchǔ·shàng,
一个 奇迹，它 在 继承 汉 晋 艺术 传统 的 基础 上，
xíngchéngle zìjǐ jiānshōu-bìngxù de huīhóng qìdù, zhǎnxiànchū
形成了 自己 兼收 并蓄 的 恢宏 气度，展现出
jīngměi-juélún de yìshù xíngshì hé bódà-jīngshēn de wénhuà nèihán.
精美 绝伦 的 艺术 形式 和 博大 精深 的 文化 内涵。
Qínshǐhuáng Bīngmǎyǒng、Xīxià wánglíng、Lóulán gǔguó、
秦始皇 兵马俑、西夏 王陵、楼兰 古国、
Bùdálāgōng、Sānxīngduī、Dàzú shíkè děng lìshǐ wénhuà yíchǎn,
布达拉宫、三星堆、大足 石刻 等 历史 文化 遗产，
tóngyàng wéi shìjiè suǒ zhǔmù, chéngwéi zhōnghuá wénhuà
同样 为 世界 所 瞩目，成为 中华 文化

重要的象征。

西部地区又是少数民族及其文化的集萃地，几乎包括了我国所有的少数民族。在一些偏远的少数民族地区，仍保留//了一些久远时代的艺术品种，成为珍贵的"活化石"，如纳西古乐、戏曲、剪纸、刺绣、岩画等民间艺术和宗教艺术。特色鲜明、丰富多彩，犹如一个巨大的民族民间文化艺术宝库。

我们要充分重视和利用这些得天独厚的资源优势，建立良好的民族民间文化生态环境，为西部大开发做出贡献。

——节选自《中考语文课外阅读试题精选》中《西部文化和西部开发》

作品46号

高兴，这是一种具体的被看得到摸得着的事物所唤起的情绪。它是心理的，更是生理的。它容易来也容易去，谁也不应该对它视而不见失之交臂，谁也不应该总是做那些使自己不高兴也使旁人不高兴的事。让我们说一件最容易做也最令人高兴的事吧，尊重你自己，也尊重别人，这是每一个人的权利，我还要说这是每一个人的义务。

快乐，它是一种富有概括性的生存状态、工作状态。它几乎是先验的，它来自生命本身的活力，来自宇宙、地球和人间的吸引，它是世界的丰富、绚丽、阔大、悠久的体现。快乐还是一种力量，是埋在地下的根脉。消灭一个人的快乐比挖掘掉一棵大树的根要难得多。

欢欣，这是一种青春的、诗意的情感。它来自面向着未来伸开双臂奔跑的冲力，它来自一种轻松而又神秘、朦胧而又隐秘的激动，它是激情即将到来的预兆，它又是大雨过后的比下雨还要美妙得多也久远得多的回味……

喜悦，它是一种带有形而上色彩的修养和境界。与其说它是一种情绪，不如说它是一种智慧，一种超拔、一种悲天悯人的宽容和理解，一种饱经沧桑的充实和自信，一种

教师口语

光明的理性，一种坚定//的成熟，一种战胜了烦恼和庸俗的清明澄澈。它是一潭清水，它是一抹朝霞，它是无边的平原，它是沉默的地平线。多一点儿、再多一点儿喜悦吧，它是翅膀，也是归巢。它是一杯美酒，也是一朵永远开不败的莲花。

——节选自王蒙《喜悦》

作品 47 号

　　在湾仔，香港最热闹的地方，有一棵榕树，它是最贵的一棵树，不光在香港，在全世界，都是最贵的。

　　树，活的树，又不卖何言其贵？只因它老，它粗，是香港百年沧桑的活见证，香港人不忍看着它被砍伐，或者被移走，便跟要占用这片山坡的建筑者谈条件：可以在这儿建大楼盖商厦，但一不准砍树，二不准挪树，必须把它原地精心养起来，成为香港闹市中的一景。太古大厦的建设者最后签了合同，占用这个大山坡建豪华商厦的先决条件是同意保护这棵老树。

树长在半山坡上，计划将树下面的成千上万吨山石全部掏空取走，腾出地方来盖楼，把树架在大楼上面，仿佛它原本是长在楼顶上似的。建设者就地造了一个直径十八米、深十米的大花盆，先固定好这棵老树，再在大花盆底下盖楼。光这一项就花了两千三百八十九万港币，堪称是最昂贵的保护措施了。

太古大厦落成之后，人们可以乘滚动扶梯一次到位，来到太古大厦的顶层，出后门，那儿是一片自然景色。一棵大树出现在人们面前，树干有一米半粗，树冠直径足有二十多米，独木成林，非常壮观，形成一座以它为中心的小公园，取名叫"榕圃"。树前面//插着铜牌，说明原由。此情此景，如不看铜牌的说明，绝对想不到巨树根底下还有一座宏伟的现代大楼。

——节选自舒乙《香港：最贵的一棵树》

教师口语

作品 48 号

我们的船渐渐地逼近榕树了。我有机会看清它的真面目：是一棵大树，有数不清的丫枝，枝上又生根，有许多根一直垂到地上，伸进泥土里。一部分树枝垂到水面，从远处看，就像一棵大树斜躺在水面上一样。

现在正是枝繁叶茂的时节。这棵榕树好像在把它的全部生命力展示给我们看。那么多的绿叶，一簇堆在另一簇的上面，不留一点儿缝隙。翠绿的颜色明亮地在我们的眼前闪耀，似乎每一片树叶上都有一个新的生命在颤动，这美丽的南国的树！

船在树下泊了片刻，岸上很湿，我们没有上去。朋友说这里是"鸟的天堂"，有许多鸟在这棵树上做窝，农民不许人去捉它们。我仿佛听见几只鸟扑翅的声音，但是等到我的眼睛注意地看那里时，我却看不见一只鸟的影子，只有无数的树根立在地上，像许多根木桩。地是湿的,大概涨潮时河水常常冲上岸去。"鸟的天堂"里没有一只鸟,我这样想到。船开了,一个朋友拨着船,缓缓地流到河中间去。

第二天,我们划着船到一个朋友的家乡去,就是那个有山有塔的地方。从学校出发,我们又经过那"鸟的天堂"。

这一次是在早晨,阳光照在水面上,也照在树梢上。一切都//显得非常光明。我们的船也在树下泊了片刻。

起初四周围非常清静。后来忽然起了一声鸟叫。我们把手一拍,便看见一只大鸟飞了起来,接着又看见第二只,第三只。我们继续拍掌,很快地这个树林就变得很热闹了。到处都是鸟声,到处都是鸟影。大的,小的,花的,黑的,有的站在枝上叫,有的飞起来,在扑翅膀。

——节选自巴金《小鸟的天堂》

教师口语

作品 49 号

有这样一个故事。

有人问：世界上什么东西的气力最大？回答纷纭得很，有的说"象"，有的说"狮"，有人开玩笑似的说：是"金刚"，金刚有多少气力，当然大家全不知道。

结果，这一切答案完全不对，世界上气力最大的，是植物的种子。一粒种子所可以显现出来的力，简直是超越一切。

人的头盖骨，结合得非常致密与坚固，生理学家和解剖学者用尽了一切的方法，要把它完整地分出来，都没有这种力气。后来忽然有人发明了一个方法，就是把一些植物的种子放在要剖析的头盖骨里，给它以温度与湿度，使它发芽。一发芽，这些种子便以可怕的力量，将一切机械力所不能分开的骨骼，完整地分开了。

植物种子的力量之大，如此如此。

这，也许特殊了一点儿，常人不容易理解。那么，你看见过笋的成长吗?你看见过被压在瓦砾和石块下面的一棵小草的生长吗?它为着向往阳光,为着达成它的生之意志,不管上面的石块如何重,石与石之间如何狭,它必定要曲曲折折地,但是顽强不屈地透到地面上来。它的根往土壤钻,它的芽往地面挺,这是一种不可抗拒的力,阻止它的石块,结果也被它掀翻,一粒种子的力量之大,如//此如此。

没有一个人将小草叫做"大力士",但是它的力量之大,的确是世界无比。这种力是一般人看不见的生命力。只要生命存在,这种力就要显现。上面的石块,丝毫不足以阻挡。因为它是一种"长期抗战"的力;有弹性,能屈能伸的力;有韧性,不达目的不止的力。

——节选自夏衍《野草》

作品 50 号

著名教育家班杰明曾经接到一个青年人的求救电话,并与那个向往成功、渴望

教师口语

指点 的 青年人 约好了 见面 的 时间 和 地点。
待那个青年如约而至时，班杰明的房门敞开着，眼前的景象却令青年人颇感意外——班杰明的房间里乱七八糟、狼藉一片。没等青年人开口，班杰明就招呼道："你看我这房间，太不整洁了，请你在门外等候一分钟，我收拾一下，你再进来吧。"一边说着，班杰明就轻轻地关上了房门。

不到一分钟的时间，班杰明就又打开了房门并热情地把青年人让进客厅。这时，青年人的眼前展现出另一番景象——房间内的一切已变得井然有序，而且有两杯刚刚倒好的红酒，在淡淡的香水气息里还漾着微波。

可是，没等青年人把满腹的有关人生和事业的疑难问题向班杰明讲出来，班杰明就非常客气地说道："干杯。你可以走了。"

青年人手持酒杯一下子愣住了，既尴尬又非常遗憾地说："可是，我……我还没向您

• 第三章　朗读与命题说话 •

请教呢……"

"这些……难道还不够吗？"班杰明一边微笑着，一边扫视着自己的房间，轻言细语地说，"你进·来又有一分钟了。"

"一分钟……一分钟……"青年人若有所思地说："我懂了，您让我明白了一分钟的时间可以做许//多事情，可以改变许多事情的深刻·道理。"

班杰明舒心地笑了。青年人把杯·里的红酒一饮而尽，向班杰明连连道谢后，开心地走了。

其实，只要把握好生命的每一分钟，也就把握了理想的人生。

——节选自纪广洋《一分钟》

作品51号

有个塌鼻子的小男孩儿，因·为两岁时得过脑炎，智力受损，学习起·来很吃力。打个比方，别·人写作文能写二三百字，他却只能写三五行。但即便这样的作文，他同样能写得很动人。

175

教师口语

那是一次作文课，题目是《愿望》。他极其认真地想了半天，然后极认真地写，那作文极短。只有三句话：我有两个愿望，第一个是，妈妈天天笑眯眯地看着我说："你真聪明。"第二个是，老师天天笑眯眯地看着我说："你一点儿也不笨。"

于是，就是这篇作文，深深地打动了他的老师，那位妈妈式的老师不仅给了他最高分，在班上带感情地朗读了这篇作文，还一笔一画地批道：你很聪明，你的作文写得非常感人，请放心，妈妈肯定会格外喜欢你的，老师肯定会格外喜欢你的，大家肯定会格外喜欢你的。

捧着作文本，他笑了，蹦蹦跳跳地回家了，像只喜鹊。但他并没有把作文本拿给妈妈看，他是在等待，等待着一个美好的时刻。

那个时刻终于到了，是妈妈的生日——一个阳光灿烂的星期天：那天，他起得特别早，把作文本装在一个亲手做的美丽的大信封里，等着妈妈醒来。妈妈刚刚睁眼醒来,他就笑眯眯地走到妈妈跟前说:"妈妈,今天是您的生日,我要//送给您一件礼物。"

果然,看着这篇作文,妈妈甜甜地涌出了两行热泪,一把搂住小男孩儿,搂得很紧很紧。

是的,智力可以受损,但爱永远不会。

——节选自张玉庭《一个美丽的故事》

作品52号

小学的时候,有一次我们去海边远足,妈妈没有做便饭,给了我十块钱买午餐。好像走了很久,很久,终于到海边了,大家坐下来便吃饭,荒凉的海边没有商店,我一个人跑到防风林外面去,级任老师要大家把吃剩的饭菜分给我一点儿。有两三个男生留下一点儿给我,还有一个女生,她的米饭拌了酱油,很香。我吃完的时候,她笑眯眯地看着我,短头发,脸圆圆的。

她的名字叫翁香玉。

每天放学的时候,她走的是经过我们家的

教师口语

一条小路，带着一位比她小的男孩儿，可能是弟弟。小路边是一条清澈见底的小溪，两旁竹荫覆盖，我总是远远地跟在她后面，夏日的午后特别炎热，走到半路她会停下来，拿手帕在溪水里浸湿，为小男孩儿擦脸。我也在后面停下来，把肮脏的手帕弄湿了擦脸，再一路远远跟着她回家。

后来我们家搬到镇上去了，过几年我也上了中学。有一天放学回家，在火车上，看见斜对面一位短头发、圆圆脸的女孩儿，一身素净的白衣黑裙。我想她一定不认识我了。火车很快到站了，我随着人群挤向门口，她也走近了，叫我的名字。这是她第一次和我说话。

她笑眯眯的，和我一起走过月台。以后就没有再见过//她了。

这篇文章收在我出版的《少年心事》这本书里。

书出版后半年，有一天我忽然收到

出版社转来的一封信，信封上是陌生的字迹，但清楚地写着我的本名。

信里面说她看到了这篇文章心里非常激动，没想到在离开家乡，漂泊异地这么久之后，会看见自己仍然在一个人的记忆里，她自己也深深记得这其中的每一幕，只是没想到越过遥远的时空，竟然另一个人也深深记得。

——节选自苦伶《永远的记忆》

作品53号

在繁华的巴黎大街的路旁，站着一个衣衫褴褛、头发斑白、双目失明的老人。他不像其他乞丐那样伸手向过路行人乞讨，而是在身旁立一块木牌，上面写着："我什么也看不见！"街上过往的行人很多，看了木牌上的字都无动于衷，有的还淡淡一笑，便姗姗而去了。

这天中午，法国著名诗人让·彼浩勒也经过这里。他看看木牌上的字，问盲老人：

教师口语

"Lǎo·rén·jiā, jīntiān shàngwǔ yǒu rén gěi nǐ qián ma?"
"老人家，今天 上午 有人 给你 钱 吗？"
　　Máng lǎorén tànxīzhe huídá: "Wǒ, wǒ shénme yě méi·yǒu
　　盲 老人 叹息着 回答："我，我 什么 也 没 有
dédào." Shuōzhe, liǎn·shàng de shénqíng fēicháng bēishāng.
得到。" 说着， 脸 上 的 神情 非常 悲伤。
　　Ràng Bǐhàolè tīng le, náqǐ bǐ qiāoqiāo de zài nà háng zì de
　　让·彼浩勒 听了，拿起笔 悄悄 地在那 行 字的
qián·miàn tiān·shàngle "chūntiān dào le, kěshì" jǐ gè zì, jiù
前 面 添 上了 "春天 到了，可是" 几个字，就
cōngcōng de líkāi le.
匆匆 地离开了。
　　Wǎnshang, Ràng Bǐhàolè yòu jīngguò zhè·lǐ, wèn nàge máng
　　晚上， 让·彼浩勒 又 经过 这里，问 那个 盲
lǎorén xiàwǔ de qíngkuàng. Máng lǎorén xiàozhe huídá shuō:
老人 下午 的 情况。 盲 老人 笑着 回答 说：
"Xiānsheng, bù zhī wèishénme, xiàwǔ gěi wǒ qián de rén duō jí
"先生， 不知 为什么， 下午 给我 钱的人 多极
le!" Ràng Bǐhàolè tīng le, mōzhe húzi mǎnyì de xiào le.
了！" 让·彼浩勒 听了， 摸着 胡子 满意 地 笑 了。
　　"Chūntiān dào le, kěshì wǒ shénme yě kàn·bùjiàn!" Zhè fùyǒu
　　"春天 到了，可是我 什么 也看 不见！" 这 富有
shīyì de yǔyán, chǎnshēng zhème dà de zuòyòng, jiù zàiyú tā yǒu
诗意 的 语言， 产生 这么 大的 作用， 就 在于 它 有
fēicháng nónghòu de gǎnqíng sècǎi. Shìde, chūntiān shì měihǎo
非常 浓厚 的 感情 色彩。 是的， 春天 是 美好
de, nà lántiān báiyún, nà lǜshù hónghuā, nà yīnggē-yànwǔ, nà
的，那 蓝天 白云， 那 绿树 红花， 那 莺歌 燕舞， 那
liúshuǐ rénjiā, zěnme bù jiào rén táozuì ne? Dàn zhè liángchén
流水 人家， 怎么 不叫人 陶醉 呢？ 但 这 良辰
měijǐng, duìyú yī gè shuāngmù shīmíng de rén lái shuō, zhǐshì yī
美景， 对于 一个 双目 失明 的人 来说， 只是 一
piàn qīhēi. Dāng rénmen xiǎngdào zhège máng lǎorén, yīshēng
片 漆黑。 当 人们 想到 这个 盲 老人， 一生
zhōng jìng lián wànzǐ-qiānhóng de chūntiān // dōu bùcéng kàndào,
中 竟 连 万紫 千红 的 春天 // 都 不曾 看到，

怎能不对他产生同情之心呢?

——节选自《语言的魅力》

作品 54 号

　　有一次,苏东坡的朋友张鹗拿着一张宣纸来求他写一幅字,而且希望他写一点儿关于养生方面的内容。苏东坡思索了一会儿,点点头说:"我得到了一个养生长寿古方,药只有四味,今天就赠给你吧。"于是,东坡的狼毫在纸上挥洒起来,上面写着:"一曰无事以当贵,二曰早寝以当富,三曰安步以当车,四曰晚食以当肉。"

　　这哪里有药?张鹗一脸茫然地问。苏东坡笑着解释说,养生长寿的要诀,全在这四句里面。

　　所谓"无事以当贵",是指人不要把功名利禄、荣辱过失考虑得太多,如能在情志上潇洒大度,随遇而安,无事以求,这比富贵更能使人终其天年。

　　"早寝以当富",指吃好穿好、财货充足,

并非就能使你长寿。对老年人来说，养成良好的起居习惯，尤其是早睡早起，比获得任何财富更加宝贵。

"安步以当车"，指人不要过于讲求安逸、肢体不劳，而应多以步行来替代骑马乘车，多运动才可以强健体魄，通畅气血。

"晚食以当肉"，意思是人应该用已饥方食、未饱先止代替对美味佳肴的贪吃无厌。他进一步解释，饿了以后才进食，虽然是粗茶淡饭，但其香甜可口会胜过山珍；如果饱了还要勉强吃，即使美味佳肴摆在眼前也难以//下咽。

苏东坡的四味"长寿药"，实际上是强调了情志、睡眠、运动、饮食四个方面对养生长寿的重要性，这种养生观点即使在今天仍然值得借鉴。

——节选自蒲昭和《赠你四味长寿药》

作品55号

人活着，最要紧的是寻觅到那片代表着生命绿色和人类希望的丛林，然后选一高高的枝头站在那里观览人生，消化痛苦，孕育歌声，愉悦世界！

这可真是一种潇洒的人生态度，这可真是一种心境爽朗的情感风貌。

站在历史的枝头微笑，可以减免许多烦恼。在那里，你可以从众生相所包含的甜酸苦辣、百味人生中寻找你自己；你境遇中的那点儿苦痛，也许相比之下，再也难以占据一席之地；你会较容易地获得从不悦中解脱灵魂的力量使之不致变得灰色。

人站得高些，不但能有幸早些领略到希望的曙光，还能有幸发现生命的立体的诗篇。每一个人的人生，都是这诗篇中的一个词、一个句子或者一个标点。你可能没有成为一个美丽的词，一个引人注目的句子，一个惊叹号，但你依然是这生命的立体诗篇中的一个音节、一个停顿、一个必不可少的组成部分。这足以使你放弃前嫌，萌生为人类孕育新

>> 教师口语

的歌声的兴致，为世界带来更多的诗意。最可怕的人生见解，是把多维的生存图景看成平面。因为那平面上刻下的大多是凝固了的历史——过去的遗迹；但活着的人们，活得却是充满着新生智慧的，由//不断逝去的"现在"组成的未来。人生不能像某些鱼类躺着游，人生也不能像某些兽类爬着走，而应该站着向前行，这才是人类应有的生存姿态。

——节选自［美］本杰明·拉什《站在历史的枝头微笑》

作品56号

中国的第一大岛、台湾省的主岛台湾，位于中国大陆架的东南方，地处东海和南海之间，隔着台湾海峡和大陆相望。天气晴朗的时候，站在福建沿海较高的地方，就可以隐隐约约地望见岛上的高山和云朵。台湾岛形状狭长，从东到西，最宽处只有一百四十多公里；由南至北，最长的地方约有三百九十多公里。地形像一个纺织

yòng de suōzi.
用 的 梭子。

　　Táiwān Dǎo·shàng de shānmài zòngguàn nánběi, zhōngjiān de
　　台湾 岛 上 的 山脉 纵贯 南北， 中间 的
zhōngyāng shānmài yóurú quándǎo de jǐliang. Xībù wéi hǎibá jìn
中央 山脉 犹如 全岛 的 脊梁。西部 为 海拔 近
sìqiān mǐ de Yù Shān shānmài, shì Zhōngguó dōngbù de zuì gāo
四千 米 的 玉 山 山脉， 是 中国 东部 的 最 高
fēng. Quándǎo yuē yǒu sān fēn zhī yī de dìfang shì píngdì, qíyú wéi
峰。 全岛 约 有 三 分 之 一 的 地方 是 平地， 其余 为
shāndì. Dǎonèi yǒu duàndài bān de pùbù, lánbǎoshí shìde húpō,
山地。 岛内 有 缎带 般 的 瀑布， 蓝宝石 似的 湖泊，
sìjì chángqīng de sēnlín hé guǒyuán, zìrán jǐngsè shífēn yōuměi.
四季 常青 的 森林 和 果园， 自然 景色 十分 优美。
Xīnánbù de Ālǐ Shān hé Rìyuè Tán, Táiběi shìjiāo de Dàtúnshān
西南部 的 阿里 山 和 日月 潭， 台北 市郊 的 大屯山
fēngjǐngqū, dōu shì wénmíng shìjiè de yóulǎn shèngdì.
风景区， 都 是 闻名 世界 的 游览 胜地。

　　Táiwān Dǎo dìchǔ rèdài hé wēndài zhījiān, sìmiàn huán hǎi,
　　台湾 岛 地处 热带 和 温带 之间， 四面 环 海，
yǔshuǐ chōngzú, qìwēn shòudào hǎiyáng de tiáojì, dōng nuǎn xià
雨水 充足， 气温 受到 海洋 的 调剂， 冬 暖 夏
liáng, sìjì rú chūn, zhè gěi shuǐdào hé guǒmù shēngzhǎng
凉， 四季 如 春， 这 给 水稻 和 果木 生长
tígōngle yōuyuè detiáojiàn. Shuǐdào、gānzhe、zhāngnǎo shì Táiwān
提供了 优越 的 条件。 水稻、 甘蔗、 樟脑 是 台湾
de"sānbǎo". Dǎo·shàng hái shèngchǎn xiānguǒ hé yúxiā.
的"三 宝"。 岛 上 还 盛产 鲜果 和 鱼虾。

　　Táiwān Dǎo háishì yī gè wénmíng shìjiè de "húdié wángguó".
　　台湾 岛 还是 一 个 闻名 世界 的 "蝴蝶 王国"。
Dǎo·shàng de húdié gòng yǒu sìbǎi duō gè pǐnzhǒng, qízhōng yǒu
岛 上 的 蝴蝶 共 有 四百 多 个 品种， 其中 有
bùshǎo shì shìjiè xīyǒu de zhēnguì pǐnzhǒng. Dǎo·shàng háiyǒu
不少 是 世界 稀有 的 珍贵 品种。 岛 上 还有
bùshǎo niǎoyǔ-huāxiāng de hú // diégǔ, dǎo·shàng jūmín lìyòng
不少 鸟语 花香 的 蝴 // 蝶谷， 岛 上 居民 利用

教师口语

húdié zhìzuò de biāoběn hé yìshùpǐn, yuǎnxiāo xǔduō guójiā.
蝴蝶 制作 的 标本 和 艺术品， 远销 许多 国家。

——节选自《中国的宝岛——台湾》

作品 57 号

　　Duìyú Zhōngguó de niú, wǒ yǒuzhe yī zhǒng tèbié zūnjìng
　　对于 中国 的 牛， 我 有着 一 种 特别 尊敬
de gǎnqíng.
的 感情。
　　Liúgěi wǒ yìnxiàng zuì shēn de, yào suàn zài tiánlǒng·shàng de
　　留给 我 印象 最 深 的， 要 算 在 田垄 上 的
yī cì "xiāngyù".
一 次 "相遇"。
　　Yī qún péngyou jiāoyóu, wǒ lǐngtóu zài xiázhǎi de qiānmò·shàng
　　一 群 朋友 郊游， 我 领头 在 狭窄 的 阡陌 上
zǒu, zěnliào yíngmiàn láile jǐ tóu gēngniú, xiádào róng·bùxià rén
走， 怎料 迎面 来了 几 头 耕牛， 狭道 容 不下 人
hé niú, zhōng yǒu yīfāng yào rànglù. Tāmen hái méi·yǒu zǒujìn,
和 牛， 终 有 一方 要 让路。 它们 还 没 有 走近，
wǒmen yǐ·jīng yùjì dòu·bù·guò chùsheng, kǒngpà nánmiǎn cǎidào
我们 已 经 预计 斗 不 过 畜牲， 恐怕 难免 踩到
tiándì níshuǐ·lǐ, nòng de xiéwà yòu ní yòu shī le. Zhèng chíchú de
田地 泥水 里， 弄 得 鞋袜 又 泥 又 湿 了。 正 踟蹰 的
shíhou, dàitóu de yī tóu niú, zài lí wǒmen bùyuǎn de dìfang tíng
时候， 带头 的 一 头 牛， 在 离 我们 不远 的 地方 停
xià·lái, táiqǐ tóu kànkan, shāo chíyí yīxià, jiù zìdòng zǒu·xià tián
下 来， 抬起 头 看看， 稍 迟疑 一下， 就 自动 走 下 田
qù. Yī duì gēngniú, quán gēnzhe tā líkāi qiānmò, cóng wǒmen
去。 一 队 耕牛， 全 跟着 它 离开 阡陌， 从 我们
shēnbiān jīngguò.
身边 经过。
　　Wǒmen dōu dāi le, huíguo tóu·lái, kànzhe shēnhèsè de
　　我们 都 呆 了， 回过 头 来， 看着 深褐色 的
niúduì, zài lù de jìntóu xiāoshī, hūrán jué·dé zìjǐ shòule hěn dà
牛队， 在 路 的 尽头 消失， 忽然 觉 得 自己 受了 很 大
de ēnhuì.
的 恩惠。

中国的牛，永远沉默地为人做着沉重的工作。在大地上，在晨光或烈日下，它拖着沉重的犁，低头一步又一步，拖出了身后一列又一列松土，好让人们下种。等到满地金黄或农闲时候，它可能还得担当搬运负重的工作；或终日绕着石磨，朝同一方向，走不计程的路。

在它沉默的劳动中，人便得到应得的收成。

那时候，也许，它可以松一肩重担，站在树下，吃几口嫩草。偶尔摇摇尾巴，摆摆耳朵，赶走飞附身上的苍蝇，已经算是它最闲适的生活了。

中国的牛，没有成群奔跑的习//惯，永远沉沉实实的，默默地工作，平心静气。这就是中国的牛！

——节选自小思《中国的牛》

作品58号

不管我的梦想能否成为事实，说出来

▶▶ 教师口语

zǒngshì hǎowánr de.
总是 好玩儿 的。

　　Chūntiān, wǒ jiāng yào zhù zài Hángzhōu. Èrshí nián qián, jiùlì
　　春天， 我 将 要 住 在 杭州。 二十 年 前，旧历
de èryuè chū, zài Xīhú wǒ kàn·jiàn le nènliǔ yǔ càihuā, bìlàng yǔ
的 二月 初， 在 西湖 我 看 见 了 嫩柳 与 菜花， 碧浪 与
cuìzhú. Yóu wǒ kàndào de nà diǎnr chūnguāng, yǐ·jīng kěyǐ
翠竹。 由 我 看到 的 那 点儿 春光， 已 经 可以
duàndìng, Hángzhōu de chūntiān bìdìng huì jiào rén zhěngtiān
断定， 杭州 的 春天 必定 会 教 人 整天
shēnghuó zài shī yǔ túhuà zhīzhōng. Suǒyǐ, chūntiān wǒ de jiā
生活 在 诗 与 图画 之中。 所以， 春天 我 的 家
yīngdāng shì zài Hángzhōu.
应当 是 在 杭州。

　　Xiàtiān, wǒ xiǎng Qīngchéng Shān yīngdāng suànzuò zuì
　　夏天， 我 想 青城 山 应当 算作 最
lǐxiǎng de dìfang. Zài nà·lǐ, wǒ suīrán zhǐ zhùguo shí tiān, kěshì
理想 的 地方。 在 那里， 我 虽然 只 住过 十 天， 可是
tā de yōujìng yǐ shuānzhùle wǒ de xīnlíng. Zài wǒ suǒ kàn·jiànguo
它的 幽静 已 拴住了 我 的 心灵。 在 我 所 看 见过
de shānshuǐ zhōng, zhǐyǒu zhè·lǐ méi·yǒu shǐ wǒ shīwàng. Dàochù
的 山水 中， 只有 这里 没 有 使我 失望。 到处
dōu shì lǜ, mù zhī suǒ jí, nà piàn dàn ér guāngrùn de lǜsè dōu
都 是绿，目之所及， 那片 淡而 光润 的 绿色 都
zài qīngqīng de chàndòng, fǎng fú yào liúrù kōngzhōng yǔ xīnzhōng
在 轻轻地 颤动， 仿佛 要 流入 空中 与 心中
shìde. Zhège lǜsè huì xiàng yīnyuè, díqīngle xīnzhōng de wànlǜ.
似的。 这个 绿色 会 像 音乐， 涤清了 心中 的 万虑。

　　Qiūtiān yīdìng yào zhù Běipíng. Tiāntáng shì shénme yàngzi,
　　秋天 一定 要 住 北平。 天堂 是 什么 样子，
wǒ bù zhī·dào, dànshì cóng wǒ de shēnghuó jīngyàn qù pànduàn,
我 不 知 道， 但是 从 我 的 生活 经验 去 判断，
Běipíng zhī qiū biàn shì tiāntáng. Lùn tiānqì, bù lěng bù rè. Lùn
北平 之秋 便是 天堂。 论 天气， 不 冷 不 热。 论
chīde, píngguǒ、 lí、 shìzi、 zǎor、 pú·táo, měi yàng dōu yǒu ruògān
吃的， 苹果、 梨、 柿子、 枣儿、 葡萄， 每 样 都 有 若干

第三章 朗读与命题说话

zhǒng. Lùn huācǎo, júhuā zhǒnglèi zhī duō, huā shì zhī qí, kěyǐ jiǎ
种。 论 花草， 菊花 种类 之 多， 花式 之 奇， 可以 甲
tiānxià. Xīshān yǒu hóngyè kě jiàn, Běihǎi kěyǐ huáchuán ——suīrán
天下。 西山 有 红叶 可见， 北海 可以 划船 —— 虽然
héhuā yǐ cán, héyè kě háiyǒu yī piàn qīngxiāng. Yī-shí-zhù-xíng,
荷花 已 残， 荷叶 可 还有 一 片 清香。 衣食住行，
zài Běipíng de qiūtiān, shì méi·yǒu yī xiàng bù shǐ rén mǎnyì de.
在 北平 的 秋天， 是 没 有 一 项 不 使 人 满意 的。

Dōngtiān, wǒ hái méi·yǒu dǎhǎo zhǔyi, Chéngdū huòzhě
冬天， 我 还 没 有 打好 主意， 成都 或者
xiāngdāng de héshì, suīrán bìng bù zěnyàng hénuǎn, kěshì wèile
相当 的 合适， 虽然 并 不 怎样 和暖， 可是 为了
shuǐxiān, sù xīn làméi, gè sè de cháhuā, fǎngfú jiù shòu yīdiǎnr
水仙， 素心 腊梅， 各色 的 茶花， 仿佛 就 受 一点儿
hán//lěng, yě pō zhí·dé qù le. Kūnmíng de huā yě duō, érqiě tiānqì
寒 // 冷， 也 颇 值得 去 了。 昆明 的 花 也 多， 而且 天气
bǐ Chéngdū hǎo, kěshì jiù shūpù yǔ jīngměi ér piányi de xiǎochī
比 成都 好， 可是 旧 书铺 与 精美 而 便宜 的 小吃
yuǎn·bùjí Chéngdū nàme duō. Hǎo ba, jiù zàn zhème guīdìng:
远 不及 成都 那么 多。 好 吧， 就 暂 这么 规定：
Dōngtiān bù zhù Chéngdū biàn zhù Kūnmíng ba.
冬天 不 住 成都 便 住 昆明 吧。

Zài kàngzhàn zhōng, wǒ méi néng fā guónàn cái. Wǒ xiǎng,
在 抗战 中， 我 没 能 发 国难 财。 我 想，
kàngzhàn shènglì yǐhòu, wǒ bì néng kuò qǐ·lái. Nà shíhou, jiǎruò
抗战 胜利 以后， 我 必 能 阔 起来。 那 时候， 假若
fēijī jiǎnjià, yī-èrbǎi yuán jiù néng mǎi yī jià de huà, wǒ jiù zìbèi yī
飞机 减价， 一二百 元 就 能 买 一 架 的 话， 我 就 自备 一
jià, zé huángdào-jírì mànmàn de fēixíng.
架， 择 黄道 吉日 慢慢 地 飞行。

——节选自老舍《住的梦》

作品 59 号

Wǒ bùyóude tíngzhùle jiǎobù.
我 不由得 停住了 脚步。
Cóngwèi jiànguo kāide zhèyàng shèng de téngluó, zhǐ jiàn yī
从未 见过 开得 这样 盛 的 藤萝， 只见 一

> 教师口语

piàn huīhuáng de dàn zǐsè, xiàng yī tiáo pùbù, cóng kōngzhōng
片 辉煌 的 淡 紫色, 像 一 条 瀑布, 从 空中
chuíxià, bù jiàn qí fāduān, yě bù jiàn qí zhōngjí, zhǐshì
垂下, 不见 其 发端, 也 不 见 其 终极, 只是
shēnshēn-qiǎnqiǎn de zǐ, fǎngfú zài liúdòng, zài huānxiào, zài
深深 浅浅 的紫,仿佛 在 流动, 在 欢笑, 在
bùtíng de shēngzhǎng. Zǐsè de dà tiáofú·shàng, fànzhe diǎndiǎn
不停 地 生长。 紫色 的大 条幅 上, 泛着 点点
yíngguāng, jiù xiàng bèngjiàn de shuǐhuā. Zǐxì kàn shí, cái zhī nà
银光, 就 像 迸溅 的 水花。 仔细 看 时, 才 知 那
shì měi yī duǒ zǐhuā zhōng de zuì qiǎndàn de bùfen, zài hé
是 每 一 朵 紫花 中 的 最 浅淡 的 部分, 在 和
yángguāng hùxiāng tiǎodòu.
阳光 互相 挑逗。
　　Zhè·lǐ chúle guāngcǎi, háiyǒu dàndàn de fāngxiāng. Xiāngqì
　　这 里 除了 光彩, 还有 淡淡 的 芳香。 香气
sìhū yě shì qiǎn zǐsè de, mènghuàn yībān qīngqīng de lǒngzhào
似乎 也是 浅 紫色 的, 梦幻 一般 轻轻 地 笼罩
zhe wǒ. Hūrán jìqǐ shí duō nián qián, jiā mén wài yě céng yǒuguo
着我。 忽然 记起 十 多 年 前, 家 门 外 也 曾 有过
yī dà zhū zǐténgluó, tā yībàng yī zhū kū huái pá de hěn gāo, dàn
一 大 株 紫藤萝, 它 依傍 一 株 枯 槐 爬 得 很 高, 但
huāduǒ cónglái dōu xīluò, dōng yī suì xī yī chuàn língdīng de guà
花朵 从来 都 稀落, 东 一 穗 西 一 串 伶仃 地 挂
zài shùshāo, hǎoxiàng zài cháyán-guānsè, shìtàn shénme. Hòulái
在 树梢, 好像 在 察言 观色, 试探 什么。 后来
suǒxìng lián nà xīlíng de huāchuàn yě méi·yǒu le. Yuán zhōng
索性 连 那 稀零 的 花串 也 没 有 了。 园 中
biéde zǐténg huājià yě dōu chāidiào, gǎizhòngle guǒshù. Nàshí de
别的 紫藤 花架 也 都 拆掉, 改种了 果树。 那时 的
shuōfǎ shì, huā hé shēnghuó fǔhuà yǒu shénme bìrán guānxi. Wǒ
说法 是, 花 和 生活 腐化 有 什么 必然 关系。 我
céng yíhàn de xiǎng: Zhè·lǐ zài kàn·bùjiàn téngluóhuā le.
曾 遗憾 地 想: 这 里 再 看 不见 藤萝花 了。
　　Guòle zhème duō nián, téngluó yòu kāihuā le, érqiě kāi de
　　过了 这么 多 年, 藤萝 又 开花 了, 而且 开 得
zhèyàng shèng, zhèyàng mì, zǐsè de pùbù zhēzhùle cūzhuàng de
这样 盛, 这样 密, 紫色 的 瀑布 遮住了 粗壮 的

盘虬卧龙般的枝干，不断地流着，流着，流向人的心底。

花和人都会遇到各种各样的不幸，但是生命的长河是无止境的。我抚摸了一下那小小的紫色的花舱，那里满装了生命的酒酿，它张满了帆，在这//闪光的花的河流上航行。它是万花中的一朵，也正是由每一个一朵，组成了万花灿烂的流动的瀑布。

在这浅紫色的光辉和浅紫色的芳香中，我不觉加快了脚步。

——节选自宗璞《紫藤萝瀑布》

作品60号

在一次名人访问中，被问及上个世纪最重要的发明是什么时，有人说是电脑，有人说是汽车，等等。但新加坡的一位知名人士却说是冷气机。他解释，如果没有冷气，热带地区如东南亚国家，就不可能有很高的生产力，就不可能达到今天的生活水准。他的回答实事求是，有理有据。

▶▶ **教师口语**

　　Kànle shàngshù bàodào, wǒ tūfā qí xiǎng: Wèi shénme
　　看了　上述　报道，我　突发　奇　想：为　什么
méi·yǒu jìzhě wèn: "Èrshí shìjì zuì zāogāo de fāmíng shì shénme?"
没　有　记者　问："二十　世纪　最　糟糕　的　发明　是　什么？"
Qíshí èr líng líng èr nián shíyuè zhōngxún, Yīngguó de yī jiā
其实　二〇〇二　年　十月　　中旬，英国　的　一　家
bàozhǐ jiù píngchūle "rénlèi zuì zāogāo de fāmíng." Huò cǐ
报纸　就　评出了　"人类　最　糟糕　的　发明。"获此
"shūróng" de, jiùshì rénmen měi tiān dàliàng shǐyòng de sùliàodài.
"殊荣"　的，就是　人们　每　天　大量　使用　的　塑料袋。
　　Dànshēng yú shàng gè shìjì sānshí niándài de sùliàodài, qí
　　诞生　于　上　个　世纪　三十　年代　的　塑料袋，其
jiāzú bāokuò yòng sùliào zhìchéng de kuàicān fànhé, bāozhuāngzhǐ,
家族　包括　用　塑料　制成　的　快餐　饭盒、包装纸、
cān yòng bēi pán, yǐnliàopíng, suānnǎibēi, xuěgāobēi, děngděng.
餐　用　杯　盘、饮料瓶、　酸奶杯、　雪糕杯，等等。
Zhèxiē fèiqìwù xíngchéng de lājī, shùliàng duō, tǐjī dà,
这些　废弃物　形成　的　垃圾，数量　多、体积　大、
zhòngliàng qīng, bù jiàngjiě, gěi zhìlǐ gōngzuò dàilái hěn duō jìshù
重量　　轻、不　降解，给　治理　工作　带来　很　多　技术
nántí hé shèhuì wèntí.
难题　和　社会　问题。
　　Bǐrú, sànluò zài tiánjiān, lùbiān jí cǎocóng zhōng de sùliào
　　比如，散落　在　田间、路边　及　草丛　　中　的　塑料
cānhé, yīdàn bèi shēngchù tūnshí, jiù huì wēi jí jiànkāng shènzhì
餐盒，一旦　被　牲畜　吞食，就　会　危及　健康　甚至
dǎozhì sǐwáng. Tiánmái fèiqì sùliàodài, sùliào cānhé de tǔdì,
导致　死亡。填埋　废弃　塑料袋、塑料　餐盒　的　土地，
bùnéng shēngzhǎng zhuāngjia hé shùmù, zàochéng tǔdì bǎnjié, ér
不能　生长　庄稼　和　树木，造成　土地　板结，而
fénshāo chǔlǐ zhèxiē sùliào lājī, zé huì shìfàng chū duō zhǒng
焚烧　处理　这些　塑料　垃圾，则　会　释放　出　多　种
huàxué yǒudú qìtǐ, qízhōng yī zhǒng chēngwéi èr'èyīng de
化学　有毒　气体，其中　一　种　称为　二噁英　的
huàhéwù, dúxìng jí dà.
化合物，毒性　极大。
　　Cǐwài, zài shēngchǎn sùliàodài, sùliào cānhé de // guòchéng
　　此外，在　生产　塑料袋、塑料　餐盒　的 // 过程

192

zhōng shǐyòng de fúlì'áng, duì réntǐ miǎnyì xìtǒng hé shēngtài
中　　使用　　的　氟利昂，　对人体　　免疫　　系统　和　生态
huánjìng zàochéng de pòhuài yě jíwéi yánzhòng.
环境　　造成　　的　破坏　　也　极为　　严重。

——节选自林光如《最糟糕的发明》

第二节　命题说话

一、命题说话的实质

广义的命题说话，是围绕给定的话题用有声语言表达出来。又可分为有文字凭借和无文字凭借两类。前者如复述、描述、命题演讲等，后者如交谈、即兴演讲、辩论等。

普通话水平测试中最后一项即命题说话，限时3分钟，分值30分或40分（目前各省的测试项目有区别，湖北省的普通话水平测试有四个项目，其中命题说话这一项占40分），测查应试人在无文字凭借的情况下说普通话的水平，是普通话水平测试中难度最大、分值最高的一项考察，也是最能全面反映应试者说普通话的真实状况的一项考察。本节以普通话测试中的命题说话为主要讨论对象。

普通话水平测试中的命题说话不是演讲，因此并不侧重考察口才和语言的感召力；也不是朗诵，不要有表演和夸张的成分；也不是背诵，不要生硬刻板；也不是语文水平考察，不必堆砌辞藻；但也不是日常谈话，不能太随便散漫。总之，命题说话应该是围绕一定中心，以标准的语音，使用规范的词汇语法进行的流畅自然的"半即兴"说话。

二、命题说话的等级特征

一级甲等：普通话语音纯正，各种音变现象规范和标准，没有方音，表意准确，说话自然流畅。

一级乙等：普通话语音标准，各种音变现象规范，基本上没有方音，表意准确，说话自然流畅。

二级甲等：普通话语音比较标准，但偶有方音显露，各种音变现象基本规范，表意比较准确，说话比较自然、流畅。

二级乙等：普通话语音基本标准，但方音比较明显，音变有不规范的现象，说话过程中不太自然、流畅。

三级甲等：说话时方音明显，声母、韵母错误较多，音变多有不规范的现象，表意有时不准确。

三级乙等：说话时方言重，声母、韵母错误多，普通话词语的选择有一定障碍，但基本上能表达出自己的意思。

三、命题说话的要求

（一）语音标准

常常有应试者抱怨，话题已经做了充分准备，测试中讲话很流畅，内容组织得很好，可为什么成绩不理想？这类应试者往往是在"语音标准程度"项目失分较多，而这也是命题说话中分值最重的项目（占25分），直接决定命题说话这一题的得分甚至整个测试的成绩。我们在花大力气解读题目、构思内容、组织语句的时候，一定要非常清醒地认识到，"语音正确、没有方音"才是最重要的，没有这个基础，其他的努力起不到根本性的作用。

在读字、读词语、朗读等项目中，应试者往往很注意语音的准确性，但到了命题说话，失去了文字凭借，自由度、主观性加强，要在兼顾内容的同时做到语音标准就容易顾此失彼，在前面考察中回避和隐藏的语音问题也会原形毕露。一个人的语音面貌是不可能在朝夕改变的，所带的方音特点是十几年甚至几十年形成的，所以临时抱佛脚对于提高语音标准性作用不大。这就要求应试者在平时打牢普通话语音基础。

（1）每个声母、韵母的发音都要过关，尤其是自己容易出现问题的地方，如平/翘舌音、边/鼻音、前/后鼻音等。会单独发某个音、读对某个字还不够，要能脱口而出、放到自然语流里不会出错才算过关。

（2）声调要到位，语调要适宜，这是应试者很容易忽略的地方，比声母、韵母的问题更难纠正。要从小的单位练起，以"字→词→句→段"的顺序强化练习，平时多听、多模仿中央台（中国中央电视台的简称）新闻播音员的声音。

（3）轻声，儿化，"一"、"不"、"啊"和"上声"的变读，轻、重音格式等都要熟练掌握。这些语流音变现象都有一定规律，除了发音标准正确之外，都讲究自然，不能生硬。

（4）发音清晰，音量合适。克服发音含混的习惯，更不能以声音低、含混来掩盖语音问题。多练习清晰、平稳、大声地说话。

（5）弄清自己的方言和普通话语音的差别，尽量克服方音干扰。（语音的规范、方音辨正和练习详见本书第一章）

（二）词汇语法规范

词汇语法规范指应试者在说话时，遣词造句符合普通话规范。具体来讲，词汇语法规范方面要注意以下几点。

1. 使用普通话的词汇，避免方言词

在讲话过程中，不要使用方言词汇或语法，如果没有把握，宁可回避那个词或换个说法，如果屡屡出现，就会使说话带上明显的方言色彩（最多可以扣去4分）。这里要强调的是，即便用标准的普通话语音来说方言词也不行。湖北省处在南北方言过渡地段，方言词汇和普通话的差异达到了12%左右，这要求我们学习一些现代汉语的词汇和语法知识，平时注意积累和对比，注意自己的日常口语与普通话的差异。

普通话与方言词比较举例（以湖北省内易出现的方言词为主）如表 3-1 所示。

表 3-1　普通话与方言词比较举例

普通话	方言	普通话	方言
袄	袄子	爸爸	爹
把	把子	掰	撇
别人/人家	别个	不必	不消
脖子	颈子/颈根	苍蝇	饭蚊子
成天	一天到黑	跌	跶
倒霉	背时	蹲	跍
非常	蛮	父母	娘老子
刚才	才刚	狗	狗子
哥哥	拐子	角落	角拉
害羞	怕丑	猫	猫子
没/不	冇/冇得	妈妈	姆妈
馒头	馍馍	脑袋	脑壳
女儿	姑娘	什么	么事
撒谎	扯白	上边	高头
手绢	袱子	为什么	为么事
膝盖	克膝头	一会儿	一下子
爷爷	爹爹	装	统

普通话与方言语法比较举例（以湖北省内易出现的方言语法为主）如表 3-2 所示。

表 3-2　普通话与方言语法比较举例

普通话	方言
多好吃啊	好好吃啊
给我一本书	把本书我/把书给到我
我等着你呢	我等着你在/我等倒你在
把他抓住了	把他抓倒了
我只吃得了一碗饭	我只吃得倒一碗饭
快把你的东西拿走	快把你的东西拿起走
看着看着就睡着了	看倒看倒就睡着了
他不会去	他不得去
我来过武汉	我有来过武汉
这个能不能吃	这个吃不吃得

续表

普通话	方言
他挺傻的	他蛮苕
他是个瘸子	他是个拜子
说起话来没个完/话说起来没个完	说话起来没个完
你别慌嘛	你莫慌吵
这个字我不认得	这个字我认不倒
我先走	我走先
我唱歌比他好	我唱歌好过他

2. 多用口语词，少用书面语

有的应试者以为词汇语法要规范就是要多用书面语，这是个误区。说话中应该多使用口语词，不要选择书面语词，这样才更符合说话的语感和色彩，也更好驾驭。书面语词会影响表达的口语化，字斟句酌时又会影响流畅性，让讲话出现背稿的痕迹或"读书腔"。

例如，下面一段话用口语词表述是这样的：

我小的时候，爸爸常常带我去江边儿放风筝。爸爸拽着风筝线在前边儿跑，我又笑又叫地在后面跟着，可高兴了。

这样的表述显得自然、顺畅又活泼。如果改用书面语词，看上去没什么差别，可是说起来就显得别扭，像在背书：

在我年幼的时候，父亲时常带我去江边放风筝。父亲手执风筝线在前面奔跑，我笑着叫着跟随在后面，十分高兴。

这里还提醒应试者备考时不要写好作文背下来，因为这样往往会使用大量书面语词，这一点在后面会有进一步的说明。

3. 慎用流行语

普通话的词汇也是动态发展的，有些表现力强又被广泛使用的方言词（如"搞"）或者新词（如"与时俱进"）也会被其吸收，但是，并非社会上新出现的词语、流行语都可算是普通话词汇。在命题说话中不要赶时髦，使用词语要以《现代汉语词典》《现代汉语规范字典》为主要依据。诸如"萌"（可爱）、"毙了"（极了）、"菜鸟"（新手）、"亮骚"（炫耀）、"神马"（什么）之类的词，现在尽量不要出现，应使用括号中对应的规范词语。

（三）语句流畅自然

并不是掌握了每个单字的正确发音就能说一口标准流利的普通话，语流不是单个音节简单拼凑的结果。在熟练掌握普通话标准语音的基础上，要训练说话的"现场感"，用接近日常口语的状态来表达。

1. 语言流畅，语调自然

没有背稿痕迹，不要夸张表演。围绕题目，理清思路，边想边说，侃侃而谈，就像跟老朋友聊天一样。

2. 语速要恰当，没有长时间的停顿

命题说话时间要求3分钟。按照中等语速，每分钟说150字左右。太快显得紧张急躁，也不利于组织语言，太慢会显得迟钝胆怯。句中停顿次数较多、时间较长，会视程度扣分。在人工测试中，如发现应试者说话语速不当或者难以继续时，测试员会给予提示或引导；而在计算机辅助测试中，没有测试员引导，长时间停顿或者讲话时间不足就会扣分。

3. 多用短句，多用单句

口语中句子不要太长，也尽量不要用复杂的句式。这样一方面自己容易组织和调整，灵活驾驭，另一方面也方便听者把握讲话内容。

4. 不要多次重复，避免口头禅

这里并不是说讲话过程中完全不能重复语句，也不是要完全排除冗余成分。有些冗余成分在口语中是有积极作用的。比如适当添加语气词可以舒缓语气，显得亲切，如：

买呢，又觉得太贵；不买呢，又实在舍不得。

适当的重复也可以起一定的作用，如：

何况她还是个孩子，一个孩子能明白这么复杂的问题吗？（强调）

我买了一架单反相机，单反相机就是用一只镜头反光取景的相机。（解释）

那是我用了半个月时间为他织的，亲手为他织的围巾。（进一步说明和强调）

但是，在说话中不要出现机械的、无意义的重复。不要频繁使用"嗯"、"啊"、"这个"、"那个"、"就是"、"……的话"等口头语，使讲话变得不连贯。

还有一类考生，在计算机辅助测试中，讲话无法继续，采取投机行为，反复说一句话来拖延时间。这样的情况会累计占时，参照缺时扣分。

四、命题说话的训练方法

（一）调整心态，沉着轻松

命题说话不仅是对应试者语言水平的考察，也是对其心理素质的考验。目前，普通话水平测试有两种形式。一种是全人工测试，也就是由测试员与应试者面对面的现场评测。另一种是计算机辅助测试，也就是应试者在机房中独立面对计算机完成测试内容，计算机对其前三题（读字、读词语、朗读）进行自动评测，第四项由测试员人工评测。

在全人工测试中，主要是应试者单向说话，测试员一般不与应试者交流，只是在

教师口语

其有明显背稿、离题、说话难以继续等表现时,给以提示或引导。测试中应试者不要怯场,不必过于在意测试员的举动,不要因为测试员"不搭理",或者出言纠正等而感到紧张,影响说话的质量。在面对计算机的测试中,也不要因为没有听众而找不到对象感,无所适从。这些都可以通过平时的训练来调整。

测试中,话题是在给定的30个题目中现场抽取(可以在抽中的两个题目中选择一个)。要以平静的心态对待抽签,不要抱侥幸心理,认为抽到自己想要的签就会超常发挥。要时刻清楚语音标准才是最关键的,而且,每个题目难度差别并不大,关键还是要准备全面,胸有成竹。

在考前的复习过程中,我们建议考生不要写好口头作文稿背下来,首先,这样做有很多弊端,比如容易带上背书腔。其次,背诵30篇文章的记忆量很大,一旦忘记稿件很容易引起紧张。最后,全文背诵也不利于养成快速思维的习惯,遇到没准备的话题会无从下手。有些考生甚至直接在网上下载别人的文章背诵,有的在计算机辅助测试时夹带文章进场照读或者干脆在朗读作品中选一篇照读,这些都是不符合要求的,会被视情节的严重程度扣分。

总之,练好基本功,熟悉话题,保持良好心态,既沉着认真又轻松自信,把测试员或者计算机当成家人、朋友,以聊天的状态来应试,就能收到较好的效果。

(二)准确审题,确立中心

命题说话的30个话题是公开的,应试者可以有充足的时间来准备。这30个话题大体可分为叙述描写、议论评说和介绍说明这几类。

(1)可作叙述描写处理的话题:我的愿望、我的学习生活、我尊敬的人、童年的记忆、难忘的旅行、我的朋友、我的业余生活、我的假日生活、我的成长之路、我和体育、我所在的集体(学校、机关、公司)。

(2)可作议论评说处理的话题:谈谈卫生与健康、学习普通话的体会、谈谈服饰、谈谈科技发展与社会生活、谈谈美食、谈谈社会公德、谈谈个人修养、谈谈对环境保护的认识、谈谈购物(消费)的感受。

(3)可作介绍说明处理的话题:我喜爱的动物(或植物)、我知道的风俗、我喜爱的职业、我喜爱的文学(或其他)艺术形式、我喜欢的季节(或天气)、我的家乡(或熟悉的地方)、我喜欢的节日、我喜爱的明星(或其他知名人士)、我喜爱的书刊、我向往的地方。

上面这些分类并不是绝对的,很多话题可作兼类处理。如"我喜爱的……"这类话题,也可作为议论评说类来讲;"谈谈……"这类话题也可以叙述描写为主,稍加评论;"我所在的集体"等也可作介绍说明处理。在这里,建议那些不太擅长论说的应试者,多采用叙述描写的方式,或者夹叙夹议,比较容易控制方向和展开内容。

判断了话题性质之后,就要形成主题,确立说话的中心。如"我喜欢的节日",可以介绍一个或几个节日的风俗特点等,也可以说说为什么喜欢这个节日。要根据自己的经历、积累,选择容易驾驭的方向。

(三)合理建构,快速思维

复习备考时,可以按30个话题确立的中心列出提纲,但是切不可将短文写出背默。进入考场抽签后也还有几分钟准备时间,可以回忆一下这个话题的提纲,迅速构思。

一般来讲,3分钟的命题说话不要设计得太复杂,简单的"开头—展开—结尾"三段式,比较稳妥。

(1) 开头可以点明中心,引起注意。如"我喜爱的明星(或其他知名人士)",开头可以说"我"喜爱的明星是谁,"我"喜欢他(她)的主要原因,之后就可以过渡到展开部分了。

(2) 展开的部分可以有多种顺序结构。如时间结构(适合"我的学习生活"、"我的成长之路"等话题),空间结构(适合"难忘的旅行"、"我的家乡或我熟悉的地方"等话题),逻辑结构(适合议论类话题)等。

对比较难以驾驭的议论评说类话题,可以进行不同角度、不同层面的论述。如"谈谈卫生与健康"、"谈谈社会公德"、"谈谈对环境保护的认识"等话题,可以从正面说说注意这些问题的好处,再说说不注意这些问题的坏处;也可以先说说自己以前的看法,再谈谈现在观点的转变。

(3) 结尾部分可以是自然结束(一件事情讲完或者介绍完就结束了),也可以适当总结归纳,在讲话时间不满时还可以再作补充。

构思好了之后,就要依照提纲,边想边说了。要多练习言思结合、迅速思辨、发散思维的能力,并在讲话中保持"对象感"。

(四)准备素材,训练表达

1. 积累素材,灵活运用

在确立中心和设计结构的同时,就要考虑材料的取舍了。最好每个话题都要准备主要材料和备用材料。议论评说类的话题也要有例子可讲,否则会流于空洞,疲于组织内容而忽视对语音的控制。应试时一旦思维出现空白,马上应想到举例子、讲故事来"救场"。

材料最好是自己身边熟悉的、亲身经历过的或者特别有感触的人、事、物。但并非30个话题就需要30个材料,有些素材是可以用于很多题目的,可以作为备用材料。

例如,我们身边最熟悉的亲人,关于他(她)一定有不少有趣、难忘或令你感动的事,在很多话题中都可以信手拈来,巧妙转移。"我的爸爸"的事例就可以用于很多话题,如下文的"一例多用"。

(1) 我的愿望:我的愿望就是成为一名像我爸爸那样的老师……(这里可具体描述爸爸如何为人师表,记忆中的小事)

(2) 我的愿望就是有一天能带着我的爸爸妈妈去欧洲旅行。我爸爸特别喜欢旅行,小时候,他就带我走遍了中国很多有名的地方。唯一的遗憾就是没有出国去看看……现在我有了一份不错的工作,爸爸妈妈年纪也越来越大了……(这些关于"我的愿望"的表述也可作为"我向往的地方"的材料)

(3)我尊敬的人:我最尊敬的人就是我的爸爸。他是一位中学语文老师……

(4)童年的记忆:说到我的童年,就一定要说说我爸爸。因为小时候,妈妈在外地工作,爸爸是陪伴我最多的人……

(5)我喜爱的职业:我喜爱的职业是教师,我想,这多半是受了我爸爸的影响,他就是一个中学老师……

(6)我的朋友:今天我要说的这个朋友,不是我学习工作中结交的朋友,而是我人生中的第一位好朋友——我的爸爸。他不像大多数爸爸那样,总扮演严师或慈父的角色,他更像一个无话不说的大朋友……

(7)我的业余生活:我在业余时间最喜欢的休闲方式就是看电影。这个爱好是受了我爸爸的影响,他就是个电影迷,从很小的时候,几乎所有新上映的好电影,他都会带我去看……

(8)我的成长之路:我身边的朋友常常羡慕我,说我从小到大,什么事都一帆风顺的。我想,很大的原因,要归功于我爸爸。他一直特别重视我的全面发展。记得小学的时候……中学的时候……到了大学里……

(9)购物的感受:我觉得男人和女人购物的感受是很不一样的。就拿我们家为例吧。我爸爸最讨厌逛街……他只喜欢逛书店……而我的妈妈和妹妹……

2. 勤于操练

所谓"拳不离手,曲不离口",没有日常的大量练习和使用,是无法提高水平和技巧的。要说好普通话,也要做到"话不离口"。要将普通话作为校园语言、生活语言来使用,而不仅仅是公务语言、应试语言。多说多听多模仿,才能形成良好的语感,克服方音干扰,打好坚实基础。

复习期间,可以模拟考试情景,自己命题、计时说话。对 3 分钟有多长形成直观感受;对几种基本的内容结构形成习惯;把有代表性的事例、故事反复说熟练。

请同学互听或录音自听,严格按照评分标准来挑毛病,找差距。

口语化程度差的应试者,可以从复述、描述练习开始,逐渐过渡到"半即兴讲"。比如限定时间,看一个故事或者读一篇文章,然后抛开文字,凭记忆复述或介绍其内容。也可以经常向好友介绍你最近看过的书籍、电影的内容,来提高自己无文字凭借的说话能力。

附一

湖北省普通话水平测试评分细则

（命题说话部分）

命题说话,限时3分钟,共40分。该题测查应试者在无文字凭借的情况下说普通话的水平,重点测查语音标准程度、词汇语法规范程度和自然流畅程度。

一、评分

(1) 语音标准程度,共25分,分六档。

一档:语音标准,或极少有失误。扣0分、0.5分、1分、1.5分、2分。

二档:语音错误在10次以下,有方音但不明显(声、韵、调偶有错误但不成系统;语调偏误方面只单纯出现少数轻重音格式把握失当)。扣3分、4分。

三档:语音错误在10次以下,但方音比较明显(声、韵、调出现1～2类系统性错误;有3类以内系统性缺陷;有语调偏误);或语音错误在10～15次之间,有方音但不明显。扣5分、6分。

四档:语音错误在10～15次之间,方音比较明显。扣7分、8分。

五档:语音错误超过15次,方音明显(声、韵、调出现3～4类系统性错误;有3类以上系统性缺陷;有明显的语调偏误)。扣9分、10分、11分。

六档:语音错误多,方音重(声、韵、调出现4类以上系统性错误,缺陷多,有浓郁的典型地方特点发音,但尚能听出是普通话)。扣12分、13分、14分。

(2) 词汇语法规范程度,共10分,分三档。

一档:词汇、语法规范。扣0分。

二档:词汇、语法偶有不规范的(典型的方言词汇或方言语法)情况。视程度扣1分、2分。

三档:词汇、语法屡有不规范的(典型的方言词汇或方言语法)情况。视程度扣3分、4分。

(3) 自然流畅程度,共5分,分三档。

一档:语言自然流畅。扣0分。

二档:语言基本流畅,口语化较差,有背稿子的表现。视程度扣0.5分、1分。

三档:语言不连贯(长时间停顿或多次重复),语调生硬。视程度扣2分、3分。

(4) 说话不足3分钟,酌情扣分。

如果应试者说话停滞,经提示仍不能说满3分钟时,缺时1分钟以内(含1分钟),扣1分、2分、3分;缺时1分钟以上,扣4分、5分、6分;说话不满30秒(含30秒),本测试项计为0分。

(5) 此题由应试者单向说话。如发现应试者有明显背稿、离题、说话难以继续等表现时,测试员应及时提示或引导。

二、有关概念的解释

（1）语音标准,指应试者在说话时,声母、韵母、声调以及轻声、儿化、"一"、"不"、"啊"和"上声"的变读等符合普通话规范,轻重音格式把握恰当,无方音出现。

（2）方音,指应试者在说话时存在方言语音现象。具体表现为：①语调偏误；②声、韵、调出现系统性错误与缺陷；③语流音变失当；④典型的地方特点的发音。

（3）词汇语法规范,指应试者在说话时,遣词造句符合普通话规范；不出现典型方言性质的词汇、语法现象。

（4）自然流畅,指应试者在说话时,语言表达符合口语习惯；语速恰当,没有长时间的停顿或多次重复,语调自然。

附二

计算机辅助普通话水平测试第四题评分补充规定(试行)

计算机辅助普通话水平测试系统主要是对考生测试的前三项内容进行计算机自动评测,第四项由测试员人工评测。但由于机测考场的特殊性,考生在出现背稿、离题、说话难以继续等情况时不能得到测试员的及时提示或引导,现对有关问题做出以下补充规定。

一、朗读文本

应试者背诵媒体刊载的文章,扣 5 分。

二、离题

应试者说话离题,视程度扣 4 分、5 分、6 分。

三、缺时

（1）应试者操作计算机时可能会因不熟练而耽搁时间,开头空缺 10 秒可以不计为缺时,从第 11 秒开始计算缺时时间,在缺时中扣分。

（2）说话过程中,句中停顿次数较多、时间较长,在自然流畅中视程度扣分。

（3）说话不到 3 分钟,从应试者说话完全终止时计算缺时时间,在缺时中扣分。

四、无效语料

应试者说话不具备评判价值的可作为无效语料,如唱歌、有意读数读秒、反复重复某一句话等,累计占时参照缺时扣分。

第四章 普通话水平测试及模拟训练

第一节 普通话水平测试概述

一、普通话水平测试的性质

普通话是汉民族的共同语,是规范化的现代汉语,也是我国各地区、各民族之间的通用语言。《中华人民共和国宪法》关于"国家推广全国通用的普通话"的规定,从法律上确立了规范的汉民族共同语的地位和作用。普通话水平测试是推广普通话工作的重要组成部分,它的诞生和推行,标志着我国推广、普及普通话工作开始向纵深发展,并逐步走向科学化、规范化、制度化的新阶段。

普通话水平测试是在国家语言文字工作部门的领导下,制订统一的标准,在全国范围内开展的一项测试工作。普通话水平测试不是普通话系统知识的考试,不是文化水平的考核,也不是口才的评估。普通话水平测试是对应试人运用普通话所达到的标准程度进行的测试,即对应试人按照普通话语音、词汇、语法规范说话的能力的检测和评定。这项测试以标准的普通话为参照标准,通过评定应试人所达到的水平等级,为逐步实行教师、播音员、节目主持人、国家公务员等就业人员持证上岗制度服务。所以,普通话水平测试实际上也是一种资格证书考试。

二、《普通话水平测试大纲》解析

(一)测试的名称、性质、方式

普通话水平测试测查应试者的普通话规范程度、熟练程度,认定其普通话水平等级,属于标准参照性考试。《普通话水平测试大纲》规定了测试的内容、范围、题型及评分系统。

普通话水平测试以口试方式进行。

(二)测试内容和范围

普通话水平测试的内容包括普通话语音、词汇和语法。

普通话水平测试的范围是国家测试机构编制的《普通话水平测试用普通话词语表》、《普通话水平测试用普通话与方言词语对照表》、《普通话水平测试用普通话与方言常见语法差异对照表》、《普通话水平测试用朗读作品》、《普通话水平测试用话题》。

(三) 试卷构成和评分

普通话水平测试的试卷包括5个组成部分,满分为100分。

1. 读单音节字词

这部分有100个音节,不含轻声、儿化音节,限时3.5分钟,共10分。

(1) 目的:测查应试人声母、韵母、声调读音的标准程度。

(2) 要求:①100个音节中,70％选自《普通话水平测试用普通话词语表》"表一",30％选自《普通话水平测试用普通话词语表》"表二";②100个音节中,每个声母出现次数一般不少于3次,每个韵母出现次数一般不少于2次,4个声调出现次数大致均衡;③音节的排列要避免同一测试要素连续出现。

(3) 评分:①语音错误,每个音节扣0.1分;②语音缺陷,每个音节扣0.05分;③超时1分钟以内,扣0.5分,超时1分钟以上(含1分钟),扣1分。

2. 读多音节词语

这部分有100个音节,限时2.5分钟,共20分。

(1) 目的:测查应试人声母、韵母、声调和变调、轻声、儿化读音的标准程度。

(2) 要求:①词语的70％选自《普通话水平测试用普通话词语表》"表一",30％选自《普通话水平测试用普通话词语表》"表二";②声母、韵母、声调出现的次数与读单音节字词的要求相同;③上声与上声相连的词语不少于3个,上声与非上声相连的词语不少于4个,轻声不少于3个,儿化不少于4个(应为不同的儿化韵母);④词语的排列要避免同一测试要素连续出现。

(3) 评分:①语音错误,每个音节扣0.2分;②语音缺陷,每个音节扣0.1分;③超时1分钟以内,扣0.5分,超时1分钟以上(含1分钟),扣1分。

3. 选择判断

这部分限时3分钟,共10分。

(1) 词语判断(10组)。①目的:测查应试人掌握普通话词语的规范程度。②要求:根据《普通话水平测试用普通话与方言词语对照表》,列举10组普通话与方言意义相对应但说法不同的词语,由应试人判断并读出普通话的词语。③评分:判断错误,每组扣0.25分。

(2) 量词、名词搭配(10组)。①目的:测查应试人掌握普通话量词和名词搭配的规范程度。②要求:根据《普通话水平测试用普通话与方言常见语法差异对照表》,列举10个名词和若干量词,由应试人搭配并读出符合普通话规范的10组名量短语。③评分:搭配错误,每组扣0.5分。

(3) 语序或表达形式判断(5组)。①目的:测查应试人掌握普通话语法的规范程度。②要求:根据《普通话水平测试用普通话与方言常见语法差异对照表》,列举5组普通话和方言意义相对应,但语序或表达习惯不同的短语或短句,由应试人判断并读出符合普通话语法规范的表达形式。③评分:判断错误,每组扣0.5分。

选择判断合计超时1分钟以内,扣0.5分;超时1分钟以上(含1分钟),扣1分。

答题时语音错误,每个音节扣0.1分,如判断错误已经扣分,不重复扣分。

4. 朗读短文

这部分有1篇短文,400个音节,限时4分钟,共30分。

(1) 目的:测查应试人使用普通话朗读书面作品的水平。在测查声母、韵母、声调读音标准程度的同时,重点测查连读音变、停连、语调及流畅程度。

(2) 要求:①短文从《普通话水平测试用朗读作品》中选取;②评分以朗读作品的前400个音节(不含标点符号和括注的音节)为限。

(3) 评分:①每错1个音节,扣0.1分,漏读或增读1个音节,扣0.1分;②声母或韵母的系统性语音缺陷,视程度扣0.5分、1分;③语调偏误,视程度扣0.5分、1分、2分;④停连不当,视程度扣0.5分、1分、2分;⑤朗读不流畅(包括回读),视程度扣0.5分、1分、2分;⑥超时扣1分。

5. 命题说话

这部分限时3分钟,共30分。

(1) 目的:测查应试人在无文字凭借的情况下说普通话的水平,重点测查语音标准程度、词汇语法规范程度和自然流畅程度。

(2) 要求:①说话话题从《普通话水平测试用话题》中选取,由应试人从给定的2个话题中选定1个话题,连续说一段话;②应试人单向说话,如发现应试人有明显背稿、离题、说话难以继续等表现时,主试人应及时提示或引导。

(3) 评分。

①语音标准程度,共20分,分六档。

一档:语音标准,或极少有失误,视程度扣0分、0.5分、1分。

二档:语音错误在10次以下,有方音但不明显,视程度扣1.5分、2分。

三档:语音错误在10次以下,但方音比较明显,或语音错误在10~15次之间,有方音但不明显,视程度扣3分、4分。

四档:语音错误为10~15次,方音比较明显,视程度扣5分、6分。

五档:语音错误超过15次,方音明显,视程度扣7分、8分、9分。

六档:语音错误多,方音重,视程度扣10分、11分、12分。

②词汇语法规范程度,共5分,分三档。

一档:词汇、语法规范,扣0分。

二档:词汇、语法偶有不规范的情况,视程度扣0.5分、1分。

三档:词汇、语法屡有不规范的情况,视程度扣2分、3分。

③自然流畅程度,共5分,分三档。

一档:语言自然流畅,扣0分。

二档:语言基本流畅,口语化较差,有背稿子的表现,视程度扣0.5分、1分。

三档:语言不连贯,语调生硬,视程度扣2分、3分。

④ 说话不足3分钟,酌情扣分:缺时1分钟以内(含1分钟),视程度扣1分、2分、3分;缺时1分钟以上,视程度扣4分、5分、6分;说话不满30秒(含30秒),本测

试项成绩计为 0 分。

（四）应试人普通话水平等级的确定

国家语言文字工作部门发布的《普通话水平测试等级标准》是确定应试人普通话水平等级的依据。测试机构根据应试人的测试成绩确定其普通话水平等级，由省、自治区、直辖市以上语言文字工作部门颁发相应的普通话水平测试等级证书。

普通话水平划分为三个级别，每个级别内划分为两个等次。其中：①97 分及其以上，为一级甲等；②92 分及其以上但不足 97 分，为一级乙等；③87 分及其以上但不足 92 分，为二级甲等；④80 分及其以上但不足 87 分，为二级乙等；⑤70 分及其以上但不足 80 分，为三级甲等；⑥60 分及其以上但不足 70 分，为三级乙等。

注意：各省、自治区、直辖市语言文字工作部门可以根据测试对象或本地区的实际情况，决定是否免测"选择判断"测试项。如免测此项，"命题说话"测试项的分值由 30 分调整为 40 分。评分档次不变，具体分值调整如下。

（1）语音标准程度的分值，由 20 分调整为 25 分。

一档：扣 0 分、1 分、2 分。

二档：扣 3 分、4 分。

三档：扣 5 分、6 分。

四档：扣 7 分、8 分。

五档：扣 9 分、10 分、11 分。

六档：扣 12 分、13 分、14 分。

（2）词汇语法规范程度的分值，由 5 分调整为 10 分。

一档：扣 0 分。

二档：扣 1 分、2 分。

三档：扣 3 分、4 分。

（3）自然流畅程度，仍为 5 分，各档分值不变。

第二节　普通话水平测试的内容与要求

一、普通话水平测试的内容及评分

湖北省普通话水平测试包括 4 个项目，满分为 100 分。

（1）读单音节字词（100 个音节），共 10 分。测查应试人声母、韵母、声调读音的标准程度。

（2）读多音节词语（100 个音节），共 20 分。测查应试人声母、韵母、声调和变调、轻声、儿化读音的标准程度。

（3）朗读短文（短文 1 篇，400 个音节），共 30 分。测查应试人使用普通话朗读书面作品的水平。在测查声母、韵母、声调读音的标准程度的同时,重点测查连读音变、停连、语调及流畅程度。

(4) 说话(限时3分钟),共40分。测查应试人在无文字凭借的情况下说普通话的水平。重点测查语音标准程度、词汇语法规范程度和自然流畅程度。

二、各类人员应达到的普通话水平等级

《湖北省实施〈中华人民共和国国家通用语言文字法〉办法》规定各类人员应达到的普通话水平等级:

(1) 国家机关工作人员应达到三级甲等以上水平;

(2) 教师应当达到二级以上水平,其中语文教师、幼儿园教师和对外汉语教学教师应当达到二级甲等以上水平,普通话教师和语音教师应当达到一级水平,学校其他人员应当达到三级甲等以上水平;

(3) 播音员、节目主持人和影视话剧演员应当达到一级水平,其中省级广播电台、电视台的播音员和节目主持人应当达到一级甲等水平;

(4) 公共服务行业人员应当达到三级以上水平,其中广播员、解说员、话务员、导游等特定岗位人员应当达到二级以上水平;

(5) 高等学校和中等职业学校的毕业生应当达到二级以上水平。

三、普通话培训

(一) 普通话培训工作的意义

培训与测试是普通话水平测试工作的两个重要环节,二者相辅相成,不可分割。"以测促训,以训保测"是普通话开展之初设立的基本原则,重视并抓好普通话培训工作有着重要的理论和实践指导意义。

1. 通过学校教育教学方式来推广普及汉民族共同语——普通话

推广普通话,促进汉语规范化,是汉语发展的总趋势。学校是推广普通话的基本阵地,通过开展普通话教育教学来实现国家通用语言——普通话的普及,提高全民普通话的水平。

2. 普通话培训是测试的重要前提

普通话培训工作是普通话水平测试能否顺利实施、测试目的能否圆满实现的基础工作,是全面开展扩广普通话工作的重要基础。普通话培训工作的目的就是使应试人所掌握和运用的普通话达到一定的规范程度。从这一点来看,没有普通话培训工作,就难有应试人普通话水平的规范性。相对于普通话来讲,应试人的母语都是方言,如果应试人缺乏系统的训练,忽视参测能力的培训,在规范程度上自然大打折扣,势必影响测试结果。因此,培训对于应试人普通话的规范程度的提高具有重要意义。国家语言文字工作委员会关于"先培训,后测试;不培训,不测试"的要求,正是普通话培训对测试工作具有重要意义的高度概括。

(二) 普通话培训工作的实施

1. 普通话培训机制的加强和完善

各级语言文字工作部门对普通话培训工作的实施负有重要的组织领导责任。各级普通话培训测试工作机构对普通话培训工作的开展负有直接责任。根据国家相关规章制度,建立适合各地的培训测试机制,并加强培训机制的制度化、规范化,形成比较稳定的系统,从根本上保证测试成绩和普通话水平,达到推广普通话的目的。

2. 培训计划的制订和教材的编写

各地普通话培训测试机构要认真制订短期和长远的普通话教学培训工作计划,组织有经验的专业教师编写较为科学规范的普通话培训教材。

3. 建立一支优秀稳定的师资队伍

尽量挑选从事汉语教学研究并具有测试员资格的专门学者,通过岗前培训后担任培训教师,保证培训教学的规范性和科学性。优化教学手段,改进教学方法,确保教学、训练课时,不断提高普通话教学培训的质量。

附一

中华人民共和国国家通用语言文字法

(2000年10月31日第九届全国人民代表大会常务委员会第十八次会议通过)

目　录

第一章　总则
第二章　国家通用语言文字的使用
第三章　管理和监督
第四章　附　则

第一章　总　则

第一条　为推动国家通用语言文字的规范化、标准化及其健康发展,使国家通用语言文字在社会生活中更好地发挥作用,促进各民族、各地区经济文化交流,根据宪法,制定本法。

第二条　本法所称的国家通用语言文字是普通话和规范汉字。

第三条　国家推广普通话,推行规范汉字。

第四条　公民有学习和使用国家通用语言文字的权利。

国家为公民学习和使用国家通用语言文字提供条件。

地方各级人民政府及其有关部门应当采取措施,推广普通话和推行规范汉字。

第五条　国家通用语言文字的使用应当有利于维护国家主权和民族尊严,有利于国家统一和民族团结,有利于社会主义物质文明建设和精神文明建设。

第六条　国家颁布国家通用语言文字的规范和标准,管理国家通用语言文字的社会应用,支持国家通用语言文字的教学和科学研究,促进国家通用语言文字的规范、丰富和发展。

第七条　国家奖励为国家通用语言文字事业做出突出贡献的组织和个人。

第八条　各民族都有使用和发展自己的语言文字的自由。

少数民族语言文字的使用依据宪法、民族区域自治法及其他法律的有关规定。

第二章　国家通用语言文字的使用

第九条　国家机关以普通话和规范汉字为公务用语用字。法律另有规定的除外。

第十条　学校及其他教育机构以普通话和规范汉字为基本的教育教学用语用字。法律另有规定的除外。

学校及其他教育机构通过汉语文课程教授普通话和规范汉字。使用的汉语文教材,应当符合国家通用语言文字的规范和标准。

第十一条　汉语文出版物应当符合国家通用语言文字的规范和标准。

汉语文出版物中需要使用外国语言文字的,应当用国家通用语言文字做必要的注释。

第十二条　广播电台、电视台以普通话为基本的播音用语。

需要使用外国语言为播音用语的,须经国务院广播电视部门批准。

第十三条　公共服务行业以规范汉字为基本的服务用字。因公共服务需要,招牌、广告、告示、标志牌等使用外国文字并同时使用中文的,应当使用规范汉字。

提倡公共服务行业以普通话为服务用语。

第十四条　下列情形,应当以国家通用语言文字为基本的用语用字：

(一)广播、电影、电视用语用字；

(二)公共场所的设施用字；

(三)招牌、广告用字；

(四)企业事业组织名称；

(五)在境内销售的商品的包装、说明。

第十五条　信息处理和信息技术产品中使用的国家通用语言文字应当符合国家的规范和标准。

第十六条　本章有关规定中,有下列情形的,可以使用方言：

(一)国家机关的工作人员执行公务时确需使用的；

(二)经国务院广播电视部门或省级广播电视部门批准的播音用语；

(三)戏曲、影视等艺术形式中需要使用的；

(四)出版、教学、研究中确需使用的。

第十七条　本章有关规定中,有下列情形的,可以保留或使用繁体字、异体字：

(一)文物古迹；

(二)姓氏中的异体字；

(三)书法、篆刻等艺术作品；

(四)题词和招牌的手书字；

(五)出版、教学、研究中需要使用的；

(六)经国务院有关部门批准的特殊情况。

第十八条　国家通用语言文字以《汉语拼音方案》作为拼写和注音工具。

《汉语拼音方案》是中国人名、地名和中文文献罗马字母拼写法的统一规范,并用于汉字不便或不能使用的领域。

初等教育应当进行汉语拼音教学。

第十九条　凡以普通话作为工作语言的岗位,其工作人员应当具备说普通话的能力。

以普通话作为工作语言的播音员、节目主持人和影视话剧演员、教师、国家机关工作人员的普通话水平,应当分别达到国家规定的等级标准；对尚未达到国家规定的普通话等级标准的,分别情况进行培训。

第二十条　对外汉语教学应当教授普通话和规范汉字。

第三章　管理和监督

第二十一条　国家通用语言文字工作由国务院语言文字工作部门负责规划指导、管理监督。

国务院有关部门管理本系统的国家通用语言文字的使用。

第二十二条　地方语言文字工作部门和其他有关部门,管理和监督本行政区域内的国家通用语言文字的使用。

第二十三条　县级以上各级人民政府工商行政管理部门依法对企业名称、商品名称以及广告的用语用字进行管理和监督。

第二十四条　国务院语言文字工作部门颁布普通话水平测试等级标准。

第二十五条　外国人名、地名等专有名词和科学技术术语译成国家通用语言文字,由国务院语言文字工作部门或者其他有关部门组织审定。

第二十六条　违反本法第二章有关规定,不按照国家通用语言文字的规范和标准使用语言文字的,公民可以提出批评和建议。

本法第十九条第二款规定的人员用语违反本法第二章有关规定的,有关单位应当对直接责任人员进行批评教育;拒不改正的,由有关单位作出处理。

城市公共场所的设施和招牌、广告用字违反本法第二章有关规定的,由有关行政管理部门责令改正;拒不改正的,予以警告,并督促其限期改正。

第二十七条　违反本法规定,干涉他人学习和使用国家通用语言文字的,由有关行政管理部门责令限期改正,并予以警告。

第四章　附　　则

第二十八条　本法自2001年1月1日起施行。

附二

普通话水平等级测试标准(试行)

(国家语言文字工作委员会1997年12月5日颁布,国语〔1997〕64号)

一级

甲等　朗读和自由交谈时,语音标准,词汇、语法正确无误,语调自然,表达流畅。测试总失分率在3%以内。

乙等　朗读和自由交谈时,语音标准,词汇、语法正确无误,语调自然,表达流畅。偶尔有字音、字调失误。测试总失分率在8%以内。

二级

甲等　朗读和自由交谈时,声韵调发音基本标准,语调自然,表达流畅。少数难点音(平翘舌音、前后鼻尾音、边鼻音等)有时出现失误。词语、语法极少有误。测试总失分率在13%以内。

乙等　朗读和自由交谈时,个别调值不准,声韵母发音有不到位现象。难点音(平翘舌音、前后鼻尾音、边鼻音、fu-hu、z-zh-j、送气不送气、i-ü 不分、保留浊塞音和浊塞擦音、丢介音、复韵母单音化等)失误较多。方言语调不明显。有使用方言词、方言语法的情况。测试总失分率在20%以内。

三级

甲等　朗读和自由交谈时,声韵调发音失误较多,难点音超出常见范围,声调调值多不准。方言语调较明显。词汇、语法有失误。测试总失分率在30%以内。

乙等　朗读和自由交谈时,声韵调发音失误多,方音特征突出。方言语调明显。词汇、语法失误较多。外地人听其谈话有听不懂情况。测试总失分率在40%以内。

附三

普通话水平测试样卷

样卷一

一、读单音节字词(100个音节),限时3.5分钟,共10分。

嚎	苍	女	蹲	阎	恨	崩	劳	蹿	蒋	攻	滥
窈	飞	忍	摸	囊	捅	吹	曼	搞	掐	纱	您
抻	德	垮	阅	丝	曳	仍	砌	歪	额	饷	寻
诈	亡	吃	准	招	棕	淡	拢	匹	捐	下	自
房	渠	踹	猛	署	禀	爵	军	竹	奎	垒	瞥
坎	封	攥	狗	凑	台	吻	有	滑	俗	软	插
酶	贝	而	骗	谎	入	窘	氏	侵	条	破	恩
账	龄	丢	赛	选	戏	涮	状	朵	凭	财	鳖
我	轨	用	裹								

二、读多音节词语(100个音节),限时2.5分钟,共20分。

黑暗	全体	诋毁	抓阄儿	连续	概括	配套	航空	群众
后跟儿	追求	骨髓	佛教	雄伟	奶粉	名词	拐弯儿	新娘
包子	电压	大学生	婴儿	吵架	核算	况且	富翁	枕头
上层	节日	原则	在这儿	热量	虐待	伙计	履行	农村
创作	衰变	昂首	探索	神经质	玻璃	贫穷	运动	春光
挖苦	发票	一目了然						

样卷二

一、读单音节字词(100个音节),限时3.5分钟,共10分。

岳	抓	纳	品	昂	桃	水	辽	憾	淹	揭	盆
外	暖	饭	夏	费	急	袍	秧	掠	廊	美	拐
北	侧	蹿	峰	统	磁	鳃	掐	垦	欢	蜕	漆
窘	我	绸	怎	陇	衔	日	垂	而	跌	局	杀
丢	均	嘱	卤	痘	份	舔	凝	庙	尺	原	赣
凸	鸥	仓	赠	秦	贼	椎	蹭	拔	爽	友	渴
兽	娘	死	农	膜	寨	袖	汝	波	贬	衡	责
逼	群	抄	迈	准	平	挖	光	去	孙	领	蹈
让	雄	蔡	选								

二、读多音节词语(100个音节),限时2.5分钟,共20分。

| 愉快 | 挫折 | 签订 | 障碍 | 坏人 | 小瓮儿 | 仍然 | 允许 | 虐待 |
| 脸盘儿 | 罪恶 | 教训 | 灭亡 | 来临 | 断层 | 方法论 | 全身 | 打算 |

213

教师口语

压迫	至今	减轻	穷苦	电话	宾馆	告诉	物价	唱歌儿
思想	从容	口吻	疲倦	黑夜	荒谬	宫女	挑剔	重量
南半球	给以	作用	窗子	玩耍	侦查	特别	命令	佛学
蜜枣儿	摧毁	周而复始						

样卷三

一、读单音节字词(100 个音节),限时 3.5 分钟,共 10 分。

糠 云 起 剧 歌 稻 搜 尹 钞 日 果 秆
碰 板 眸 扯 群 景 东 捶 文 女 桦 跪
法 拿 份 呕 抓 飘 奶 劳 扔 癫 昂 锁
雄 沟 箱 跺 探 贼 眨 费 源 腔 秋 汝
昏 磁 退 秒 添 掠 仪 团 鬟 歪 俗 容
蒸 犁 子 靠 家 叙 而 纱 持 皖 粗 选
牌 跳 跌 夏 嗓 爽 穷 甩 汪 纵 孔 免
逼 航 毁 舰 膜 丢 骗 闻 治 凝 笨 跤
署 驳 烈 蹭

二、读多音节词语(100 个音节),限时 2.5 分钟,共 20 分。

滥用 遵守 撒谎 没词儿 狂笑 疲倦 热闹 军队 两边
出圈儿 训练 夸张 情怀 蜜枣儿 标语 高尚 参观 刷新
原则性 河流 儿童 丰盛 接洽 时候 共产党 阳光 镇压
饲料 会计 撒开 迈进 佛典 大娘 屈服 被窝儿 窘迫
亏损 舌头 好转 耕作 学者 农村 日程 图案 幼年
虐待 品种 方兴未艾

样卷四

一、读单音节字词(100 个音节),限时 3.5 分钟,共 10 分。

蹲 凑 女 崩 饷 攻 匹 劳 捐 坎 搞 曼
掐 裹 押 用 歪 仍 砌 我 嚎 封 恨 蹲
滥 窍 亡 飞 骗 攥 竹 苍 纱 您 渠 吻
狗 署 踹 吹 垒 阎 奎 蒋 拢 德 军 猛
而 爵 房 淡 额 软 下 俗 臀 禀 氏 窘
丢 捅 寻 贝 台 自 条 朵 凭 入 侵 垮
账 阅 财 谎 鳌 戏 有 龄 插 状 赛 选
轨 酶 棕 滑 恩 曳 破 丝 涮 吃 招 囊
淮 诈 摸 忍

二、读多音节词语(100 个音节),限时 2.5 分钟,共 20 分。

雄伟 群众 电压 婴儿 吵架 在这儿 奶粉 节日 连续
新娘 上层 富翁 航空 枕头 核算 虐待 麻烦 大学生

第四章　普通话水平测试及模拟训练

名词　抓阄儿　热量　履行　况且　原则　追求　佛教　农村
包子　骨髓　概括　拐弯儿　创作　探索　玻璃　配套　全体
后跟儿　春光　运动　神经质　昂首　衰变　贫穷　发票　挖苦
黑暗　诋毁　一目了然

样卷五

一、读单音节字词(100个音节)，限时3.5分钟，共10分。

射　愣　滩　朽　崔　墙　眠　甩　座　莫　槽　表
巡　三　水　缩　炯　梁　柔　德　拙　齐　桶　菊
挂　取　袍　刚　蒸　纸　缫　报　嫩　砍　捏　姚
升　鬓　斜　次　烫　怎　榻　宠　疲　囊　团　怀
欠　翁　煤　浸　钾　动　洲　劣　盒　吻　卵　恩
乃　困　雅　曰　君　绝　丢　叮　怕　闰　广　贼
犬　荣　顾　按　登　喘　迷　卒　丝　苦　吠　癣
仪　纷　诸　播　罢　岭　拍　扯　迩　用　刷　日
汪　马　环　仿

二、读多音节词语(100个音节)，限时2.5分钟，共20分。

森林　舞女　手绢儿　华贵　为了　翱翔　夸张　篡改　创造性
功能　佛典　灰色　撇开　皎洁　丰硕　酒盅儿　下降　描述
快艇　完备　猫头鹰　叛变　侵略　牛顿　刀刃儿　外力　上课
贫穷　大娘　群体　油田　迫使　恰如　翅膀　在这儿　农村
胸脯　撒谎　展览　缺乏　状元　爱国　命运　底子　程序
红火　培育　然而　荒谬

样卷六

一、读单音节字词(100个音节)，限时3.5分钟，共10分。

昼　八　迷　先　毡　皮　幕　美　彻　飞　鸣　破
捶　风　豆　蹲　霞　掉　桃　定　沟　宫　铁　翁
念　劳　天　旬　狼　口　靴　娘　嫩　机　蕊　家
跪　绝　趣　全　瓜　穷　屡　知　狂　正　裘　中
恒　社　槐　事　轰　竹　掠　茶　肩　常　概　虫
皇　水　君　人　伙　自　滑　早　绢　足　炒　次
渴　酸　勤　鱼　筛　院　腔　爱　鳖　袖　滨　竖
搏　刷　瞟　帆　彩　愤　司　膝　寸　峦　岸　勒
歪　尔　熊　妥

二、读多音节词语(100个音节)，限时2.5分钟，共20分。

取得　阳台　儿童　板凳儿　混淆　衰落　分析　防御　沙丘
管理　此外　便宜　没准儿　光环　扭转　加油　队伍　模特儿

教师口语

挖潜	女士	科学	手指	策略	抢劫	森林	名牌儿	侨眷
港口	干净	日用	窗户	炽热	塑料	现代化	生字	群众
沉醉	快乐	紧张	财富	晚上	委员会	应当	奔跑	卑劣
包装	洒脱	轻描淡写						

样卷七

一、读单音节字词(100 个音节),限时 3.5 分钟,共 10 分。

铡	白	杀	鹤	痣	舌	逮	若	池	筛	得	字
给	二	鳃	棉	宰	栋	凹	淋	槽	品	朝	腔
挠	巷	泡	柄	藕	另	邹	氢	轴	腹	岸	努
榄	筑	瘫	哭	卷	粗	忍	藏	午	缸	震	纺
挂	忙	耍	憎	祸	乘	索	正	踹	缝	坏	梦
隋	戏	褪	溺	霞	款	颊	环	披	蒜	谢	弯
爹	舜	飘	损	表	闯	修	撞	际	陆	童	约
胸	劝	孔	徐	绒	俊	翁	略	宋	群	掘	总
荀	穷	旅	婶								

二、读多音节词语(100 个音节),限时 2.5 分钟,共 20 分。

把手	有点儿	美妙	盆地	逆流	铁道	强盛	凝结	快速
轮廓	居然	酗酒	略微	旦角儿	穷苦	原料	捐献	雄壮
法郎	配合	号召	约会	北面	小孩儿	反映	运动	放心
抓紧	更加	普遍	亲戚	讲座	推广	群众	早产	荣辱
闯荡	酸楚	琐碎	死扣儿	串供	婶婶	揣测	催促	要弄
惨败	裙子	使馆	层出不穷					

样卷八

一、读单音节字词(100 个音节),限时 3.5 分钟,共 10 分。

锅	兑	挺	休	缴	朱	循	榜	弗	彼	捏	廊
茬	搜	褶	挖	谎	投	举	晒	砍	耐	夺	信
稿	啼	粪	存	列	虫	窘	蒜	耍	略	江	码
颇	闯	恩	首	缺	末	巅	阳	遵	媚	婚	磁
巴	旁	底	抓	自	擒	远	绕	喊	用	招	值
敲	蛾	筐	雅	铭	闹	评	善	汞	时	叶	搭
讽	埠	扔	团	乖	渺	群	件	摧	嗓	楼	卧
贼	逆	亡	根	泵	儒	选	而	柳	震	惊	骗
升	怀	票	吕								

二、读多音节词语(100 个音节),限时 2.5 分钟,共 20 分。

胸口	爆炸	儿童	衰竭	温柔	民歌	做活儿	冠军	傲慢
飞快	配偶	乐曲	农产品	柜子	语法	得到	凄凉	妓女

第四章　普通话水平测试及模拟训练

佛寺	方向盘	改编	清楚	状态	日益	画面	无穷	疲倦
黑人	鲁莽	谬论	深层	一会儿	在乎	本领	完全	苍蝇
豪爽	虽然	下等	财政	夸张	小瓮儿	维持	中学	亏损
运动	铁索	掉价儿	传播					

样卷九

一、读单音节字词(100个音节)，限时3.5分钟，共10分。

筒	锣	穷	断	患	吨	薛	配	寺	钙	吼	藕
舟	丑	忍	阵	粉	蛇	考	脆	梢	娘	善	肠
蛆	促	捐	贫	框	论	窗	跨	进	表	法	城
争	九	晃	匀	瞒	镶	理	日	容	旬	贰	彼
赐	废	宣	索	始	砣	绝	内	絮	埠	凝	腔
王	颇	牛	怀	挖	磷	梯	瞥	翁	烟	甜	鸣
钉	丙	抛	堆	丛	农	葬	钢	下	加	癌	拨
块	池	忙	抓	问	搁	杂	也	赛	腰	则	招
败	车	涩	雄								

二、读多音节词语(100个音节)，限时2.5分钟，共20分。

改善	偶尔	邪门儿	次要	迟缓	挖掘	紧迫	飞快	满怀
巴结	车轴	别扭	顶端	豆芽儿	陪葬	失去	加强	往常
胳膊	拼命	问题	比例	表演	一溜儿	病人	内容	农业
宣布	争论	寻找	分队	匆忙	惩罚	白酒	宁日	哨所
敦促	落后	相似	考卷	赛跑	拔尖儿	凶狂	大量	瞎抓
同学	黄色	天真	星光灿烂					

样卷十

一、读单音节字词(100个音节)，限时3.5分钟，共10分。

矮	倍	刮	德	滑	纠	卷	恐	慌	码	留	暖
临	准	日	群	埋	祝	养	喜	描	瓶	暂	缺
印	虚	停	绳	忍	赔	哲	枪	甩	图	征	撞
压	赛	松	阅	昂	僚	尊	亏	柏	梢	肘	迥
奔	赏	陨	局	灿	肆	歇	浩	操	翁	渲	鸿
猖	纤	顽	感	辰	滋	窝	乖	持	赠	甜	抚
笛	否	唾	顶	抖	咔	随	窜	讹	慷	润	洛
伐	稿	旅	购	努	掐	琼	贺	腻	佛	俏	盼
捧	烈	楷	仰								

二、读多音节词语(100个音节)，限时2.5分钟，共20分。

| 佛寺 | 照相 | 亲切 | 逗乐儿 | 返青 | 耻辱 | 幼儿园 | 传说 | 爽快 |
| 局面 | 钢铁 | 人群 | 摧毁 | 拉链儿 | 爱国 | 挫折 | 篱笆 | 报答 |

▶▶ **教师口语**

提成儿	随后	盼望	螺旋桨	修养	明白	英雄	军阀	的确
公民	从中	暖瓶	深化	难怪	灯泡儿	温柔	内在	调和
总得	恰好	完善	眉头	夸张	学习	窘迫	毽子	典雅
妇女	标准	不速之客						

附四

普通话水平测试易读错的字词

一、易读错的单音节字词

蹿	宂	婿	攥	荫	迄	惰	隋	暂	撒
憎	鲵	悝	凝	碎	淬	炽	揪	纂	吮	拙
刍	黜	巢	讹	榻	媲	晌	糯	谑	诒	蕊
恫	佟	疮	逾	漱	涮	蕾	讫	龛	褙	桦
惩	桔	攮	囊	穗	邹	铡	灶	怯	舷	苦
掸	颇	睑	殓	揩	陨	恤	剜	赂	忖	蜇
悭	踔	贼	跻	蹭	踝	偌	埠	膻	溃	凑
坯	砒	汲	骸	喏	偖	颊	领	磕	眶	喧	瞰
枢	滓	缁	捐	癣	颏	靥	盥	塑	妁	掰
豢	召	煸	您	囱	搔	戛	颥	撬	札	跷
梗	簿	竿	舔	疫	棱	嫖	瞥	挠	拈	潲
镖	拧	糙	券	卓	绢	扒	粕	拨	蔫	酿
秆	蟠	湍	啮	揣	惴	翁	腩	胭	踹	冼
臼	绦	春	剖	诳	蛆	狙	胚	饬	郓	撺
幛	聘	骋	舵	浸	篪	蛊	髋	拴	弦	赡
囤	帆	辍	笃	舐	袪	秉	捺	奈	披	遏
栈	窜	揎	踞	沓	筛	蔗	浙	喑	嫩	譬
沤	辙	蚌	沽	蚩	拗	绕	趴	溺	聋	李
葛	框	酵	脂	炙	掷	祯	凿	螯	庇	桦
蝙	濒	摈	刹	痤	挫	髓	珀	湉	脊	茎
即	卿	毗	潜	娠	衅	谊	秩	蛹	黏	坰
薛	撒	臊	堤	倚	逮	仍	咀	抡	鄙	鼓
坊	脯	讣	刽	溉	歼	筵	圹	嫉	豇	苋
滂	粕	隙	捂	澎	湃	疝	挞	膝	纤	尹
瑰	蹴	浪	梧	侥	颅	梵	杞	觇	禅	迥
拔	揍	扈	夯	叵	佘	槛	滞	鳌	犒	屑
辰	惜	雯	锲	溜	蓦	娠	撮	栅	戚	褥
攫	鞠	荚	竭	雹	擦	戳	额	亘	谋	擦
绺	咧	瞭	肋	捧	臀	挟	庵	皑	隘	胧
蕨	撅	氯	氦	喷	秕	权	僧	皑	隘	胯
泵	迸	焙	钡	秕	权	押	掸	掂	氖	酚

教师口语

啧	哐	姬	垢	浃	鸠	邀	衷	眸	黢	恃
秋	韦	苇	锹	饷	揖	黝	怩	虱	靳	赁
酵	质	较	矜	秸	阙	拨	匙	郧	衬	瘌
峙										

二、易读错的双音节词

给予	拈阄	混乱	荸荠	影片	敷衍	撒开	宁可
贿赂	肖像	炮制	贮存	着急	脂肪	召开	症结
比较	卓越	暂时	榫眼	粘连	膝盖	呕吐	载体
混淆	挫折	伺候	摈除	参与	痤疮	着想	总得
友谊	未遂	纤巧	可恶	压轴	供给	辐射	与其
恶心	角色	称职	哈达	量筒	蝙蝠	揣测	横财
袭击	符合	聘请	刹那	霉菌	剽窃	翘首	商榷
侮辱	尽快	从容	答应	卡壳	附和	拂晓	悄然
森林	鼻衄	拘泥	龋齿	潜伏	慷慨	脑髓	不禁
绻缩	奴役	烘焙	斡旋	租赁	顷刻	熨斗	拙劣
豢养	挑衅	夹克	卡具	塑料	太监	逞强	拯救
熟悉	梗阻	结束	风靡	模样	画框	旋转	戛然
宁愿	转轴	处理	晕厥	癖好	匕首	请帖	思忖
内讧	关卡	枸杞	伎俩	斐然	挑拨	果脯	氆子
算计	字帖	咯血	倾心	露脸	秘鲁	因为	年庚
凝结	琼脂	踟躅	强迫	漂染	口供	炽热	傀儡
讹诈	蜜饯	惩处	夹杂	赝品	掐算	句读	沤肥
笨拙	奏乐	枸杞	埋怨	喘气	包扎	着凉	旋转
嫩绿	扭曲	给以	把柄	膀胱	创伤	佛寺	答应
勾当	出血	活塞	盛饭	撒种	谋略	家眷	仍然
诚恳	灵敏	濒临	僧尼	饲料	撒手	柔软	鸭蹼
屋脊	袭击	畜牧	抹杀	夹角	结核	洁癖	积极
即刻	骨骼	撮合	服帖	霹雳	督促	胛骨	气氛
编纂	脑髓	水獭	阐明	病榻	胸脯		

三、常见的多音词

炮制	蚌埠	剥皮	碉堡	屏除	扁舟	投奔	薄荷
复辟	绷脸	执拗	挨近	挨打	秘鲁	臂膀	刨床
刨土	柏树	柏林	参差	战栗	场院	称心	职称
冲床	挣揣	一打	句读	番禺	恶心	忖度	囤积
粮囤	菲薄	肉脯	草芥	芥菜	扛鼎	供给	寺观
龟裂	可汗	巷道	喝彩	和面	和药	蛮横	起哄

女红	晃眼	豁口	豁达	雪茄	商贾	监利	解款
拮据	菌子	地壳	撩拨	撩开	棱角	遛马	弄开
弄堂	抡拳	绿林	蒙古	抹墙	拘泥	喷香	撇嘴
切实	古刹	杉木	上声	委蛇	白术	游说	伺机
星宿	青苔	字帖	瓦刀	瓜蔓	鲜见	呼吁	旋风
轧钢	吞咽	殷红	奖掖	遗赠	饮马	佣工	佣金
择菜	攒动	爪牙	瓦窑堡	十里堡	差不多	一石米	
门垛子	节骨眼	搂柴火	一服药	排子车	迫击炮		
虎跑寺	鬈毛衰	压轴戏	逮老鼠	把水澄清	揣在怀里		
东渐于海	倔头倔脑	否极泰来	大大咧咧	煞费苦心			
丢三落四	心广体胖	方兴未艾	自怨自艾	半身不遂			
数见不鲜	唯唯诺诺	长吁短叹	一曝十寒	千乘之国			
哗众取宠							

四、常见的轻声词

作坊	絮烦	苤蓝	风筝	云彩	凉快	事情	舒服
意思	东西	黏糊	比量	嘀咕	机灵	劈柴	疟疾
累赘	诈唬	提防	模糊	脊梁	亲家	官司	首饰
女婿	稳当	别扭	簸箕	畜生	耷拉	灯笼	点心
耽搁	甘蔗	胳膊	和尚	街坊	戒指	漆匠	热闹
先生	相声	琢磨	外甥	大爷	明白	老实	功夫
寒碜	困难	窗户	算盘	帐篷	招牌	八哥	规矩
耳朵	结巴	家伙	抽屉	合同	烧饼	疙瘩	名堂
冤家	丈夫	学生	师傅	大夫	姑娘	伙计	骆驼
钥匙	木头	脑袋	动静	便宜	聪明	漂亮	记性
晃悠	休息	认识	咳嗽	盘算	福气	个子	在乎
多么	似的	部分	队伍	扫帚	喜欢	爽快	喇叭
应酬	打算	打听	我们	火候	马虎	月亮	利索
动弹	棒槌	时候	含糊	媳妇	石榴	折腾	吆喝
舒坦	张罗	冤枉	委屈	窟窿	亲戚	清楚	收成
挖苦	挑剔	心思	包涵	苍蝇	闺女	孙女	柴火
眉毛	稀罕	行当	妖怪	朋友	麻烦	麻利	盘算
舌头	叫唤	客气	豆腐	厚道	厉害	屁股	月饼
岁数	寡妇	转悠	口袋	秀才	状元	暖和	懒得
妥当	跳蚤	本事	咱们	勤快	快活	人家	蘑菇
苗条	名字	行李	学问	头发	巴掌	嘟囔	交情
称呼	粮食	算计	告诉	对付	故事	凑合	糊涂

教师口语

见识	核桃	胡琴	将就	高粱	膏药	包袱	帮手
芝麻	衙门	早上	眼睛	笑话	刺猬	包子	钉子
跟头	姑姑	商量	消息	猩猩	铺盖	白净	胭脂
扎实	结实	招呼	衣裳	蛤蟆	狐狸	红火	活泼
篱笆	凉快	媒人	苗头	能耐	奴才	娘家	牌楼
实在	拾掇	废物	怪物	弟兄	娃娃	干事	后头
框子	阔气	浪头	痢疾	利索	念叨	唾沫	位置
补丁	比方	扁担	老爷	老婆	使唤	指头	指甲
买卖	哑巴	尾巴	晌午	吓唬	骨头	打扮	冒失
嫁妆	身子	道士	答应	耽误	精神	眯缝	欺负
摊子	丫头	知识	地道				

五、常见的儿化词

被窝儿	丑角儿	裤衩儿	照片儿	刀把儿	爆肚儿	打盹儿
旦角儿	打嗝儿	桑葚儿	找茬儿	出圈儿	纳闷儿	抓阄儿
口哨儿	奔头儿	绕远儿	顶牛儿	碎步儿	金鱼儿	烟圈儿
人缘儿	本色儿	白干儿	差点儿	中间儿	一溜儿	一会儿
逗乐儿	钢镚儿	绝着儿	梨核儿	提成儿	邮戳儿	包干儿
灯泡儿	小瓮儿	名牌儿	胡同儿	年头儿	火锅儿	没事儿
瓜瓢儿	脖颈儿	图钉儿	手绢儿	露馅儿	在这儿	没谱儿
栅栏儿	在哪儿	跑腿儿	毛驴儿	一阵儿	胖墩儿	摸黑儿
加塞儿	半截儿	脑瓜儿	纽扣儿	赶趟儿	合群儿	小曲儿
拉链儿	打转儿	笑话儿	蒜瓣儿	大伙儿	肚脐儿	夹缝儿
冲劲儿	一撮儿	笔杆儿	挨个儿	自个儿	大腕儿	有劲儿
打杂儿	豆芽儿	壶盖儿	麻花儿	心眼儿	哥们儿	面条儿
板擦儿	好玩儿	冒尖儿	老伴儿	小孩儿	一下儿	蛋黄儿
鼻梁儿	耳垂儿	瓜子儿	痰盂儿	针鼻儿	有趣儿	嗓门儿
花瓶儿	酒盅儿	小葱儿	被窝儿	耳膜儿	粉末儿	做活儿
老头儿	小偷儿	豆角儿	叫好儿	开窍儿	鱼漂儿	碎步儿

第五章 一般口语

第一节 一般口语概述

一、口语交际的性质

交际是人的社会性特征之一。随着社会的发展,人们的交际活动越来越频繁,形式也越来越多样。根据交际媒介的不同,交际可分为语言交际和非语言交际。其中,语言交际是以语言文字符号为媒介,它是人类最重要的交际方式;非语言交际是语言交际的辅助手段,它是以表情、手势、服饰等为媒介的交际方式。

语言交际又可分为口语交际和书面语交际,口语交际以语音为媒介,而书面语交际以文字为媒介。在语言交际中,因两者凭借的媒介及使用的场合不同,它们也呈现出以下不同的特点。

从词汇上说,口语词汇往往比较通俗易懂,具有形象化的特点,而书面语词汇则显得比较庄重、典雅、规范,富有文学色彩。从句法上说,口语的句子一般比书面语的句子要短,零句多,定语少而短。这主要是因为口语受说话者生理因素的影响,说话者需要不停地呼吸换气,而且如果句子过长,句法结构复杂,说话对象会受听力或是理解能力的制约,从而使交流受阻。相比较之下,书面语句式则比较完整,复句多,修饰语多,关联词多,往往包含有许多不同层次的语言成分。

由此可见,口语和书面语只是一种语言两种不同的表达方式,各有特色,互相补充,缺一不可。我们在具体的运用过程中,应根据语体的不同,交际目的、交际对象的不同来区别对待。口语交际以口语为主,书面语表达则以书面语为主。当然,口语和书面语有时并没有严格的界限,它们是互相渗透、互相融合的关系。

本章主要介绍的是口语交际,根据不同的标准可以划分出不同的口语交际种类。根据交际场合的正式程度,口语交际可以分为正式的口语交际和非正式的口语交际。根据交际双方的对应情况,口语交际可分为一对一的交际、一对多的交际、多对多的交际。根据交际之前是否有准备,口语交际又可以分为有准备的口语交际和突发性的口语交际。根据不同交际活动的特点,口语交际还可以分为交谈、演讲、主持、辩论等。在接下来的章节,我们会逐一为大家介绍。

二、口语交际的重要性

语言的出现,标志着地球上的人和动物有了清晰的分野,人类从此迎来了文明的曙光。人类史的研究表明,口语是最早出现的语言表达形式。作为语言初始形态的口语,也是语言最重要的表现形态,始终在人类交际活动中承担重要职责。翻开历史的书页,有关口语交际的佳话比比皆是:晏子使楚不辱使命;张仪巧说六国合纵;孔明东吴舌战群儒,等等。汉语中,所谓"一言定邦"、"一言安邦"、"一言九鼎"、"语惊四座"、"一语道破天机",以及"三寸之舌,强于百万雄兵",等等,无一不是在赞叹口语交际的神奇功能。口语交际的直面性、交互性、灵活性、情感性,以及各种非语言因素的辅助作用等,都是书面语所无法比拟的。因而,尽管语言到今天已发展了数万年,后起的书面语也越来越精致完善,但作为初始形态的口语却依然是人类最直接、最活跃、最频繁的交际形式,其功能依然受到青睐。西方甚至有人把"舌头"同金钱、原子弹一起并列为当代威力最强的武器,其重要性可见一斑。

当今社会已跨入了信息化时代,人们每时每刻都生活在纷繁复杂的信息交流之中。随着传播媒介的高科技化,电话、网络使得口语也能像书面语一样"传于异地,达于异地",视频聊天、电话交流几乎把往日人们充满遐想的鸿雁传书之类的交际手段淘汰出局,口语交际的比重成几何级数增加。可以说,口语已成为每个人交际交流的最基本也是最重要的方式和手段。它已经不仅仅是人们交流信息的形式,甚至成为一种与人们的一切利益息息相关的言语艺术,因而必须充分认识口语交际的重要作用。

(一)口语交际是维系人际感情的纽带

古人云:"言为心声。"美好的话语,是人们美好心灵的显现。在校园生活中,优美的口语交际,是沟通人际感情的桥梁,是维系和协调人际关系的纽带。俗语说:"好言一句三春暖,恶言一句六月寒。"一席情真意切的美好话语,可以让人体味到善良和温馨,可以使隔阂和误会冰释,也可以使烦恼怨恨顷刻间化为云烟。

(二)口语交际是社会环境的稳定剂

崇尚美言,自古就是汉民族的美德。《礼记·少仪》:"言语之美,穆穆皇皇"。《礼记·祭义》:"恶言不出于口,忿言不反于身"。《荀子·非相》:"故赠人以言,重于金石珠玉;劝人以言,美于黼黻文章。"当今社会里,口语交际越来越频繁与复杂。语言的文明,不仅是社会文明程度的重要标志,也是个人文化素养的集中表现。大学生作为未来社会的精英,使用文明语言,体现谦虚美德,能让人感到人际间的温暖与友爱。说话实在,语言热情,措辞委婉,语气亲切,语调柔和,能让人体味到感情的真挚与诚恳,使听话者受到安慰和鼓励。反之,若说话粗野,出口伤人,便会引起人际间的矛盾和隔阂,甚至会导致对抗和冲突。

(三)口语交际是现代人才的基本能力

在现代社会里,话语得体,口述准确清晰,即会说良言,是任何一类人才都必须具备的基本技能。孔子说:"工欲善其事,必先利其器。"善于言说,就是一种促使事业成功的得力之"器"。作为现代化人才骨干的大学生,不论攻文攻理,不先"利"口语这个"器",就不能很好地"善"未来之"事"。纵有"经纶"满腹,遇到问询不能迅速准确解答,公开场合不能准确精辟地表达自己的见解,在现代这个合作竞争的社会就很难成为一个真正的人才。此外,口语交际的即时性还决定了交际主体必须具有敏捷的思维能力和应变能力,大学生注重口语交际,常说良言,也可以提升自己的思维能力和应变能力,这两种能力也是现代人才的基本能力。

(四)口语交际是提高经济效益的途径

随着我国社会主义市场经济体制的建立,经贸往来、业务谈判、商品推销、产品介绍、导游服务等,已经成为社会生活中的重要部分,而这些活动最重要最直接的媒介就是语言。可以说,巧妙的话语就是经济效益。现实中,一次成功的谈判使即将破产的企业重现生机或一次精彩的介绍使产品饮誉海内外之类的例子比比皆是。

当代大学生作为未来社会建设的主力军,需要具备全面发展的优良素质和技能,而良好的口语交际能力,则是其中的基础技能之一。大学生要充分认识提高口语交际能力的重要性。

三、口才的锻炼和培养

锻炼口才是学习语言交际的能力,任何一个常人,不是生下来就会讲话的,口才从不好到好,从不会说话到善于讲话,这要有一个锻炼的过程。口才的锻炼主要可以从以下几个方面努力。

1. 加强个人修养,克服心理障碍

在语言交际中,我们常常看到,有的人轻松自如、谈吐自若、应付自如,有的人却手足无措,不知如何是好。第一次登台的人往往有这种体验——事先准备好的话语一到台上就乱了套,这其实是羞怯心理在作怪。在心理学中,这种羞怯心理是人们正常的情绪反应,它的产生有生理和社会心理两个方面的原因。当人们羞怯时,会产生紧张感,被恐惧情绪所控制,导致心跳加快,呼吸加速,同时伴随着大脑神经活动的暂时紊乱,记忆发生障碍,思维出现差错,等等。所以人们要想顺利地进行语言交际,必须克服以上心理障碍。我们要能认识到这种心理障碍是不健康的,是阻碍人们正常交际的,我们应该保持积极向上、乐观豁达的良好心理素质。此外,要加强个人修养,建立良好的自我形象,适时调整自己的情绪,做到"胜不骄,败不馁",心理始终处于相对稳定的状态。

2. 锻炼胆量,多做练习

好口才是需要大量练习形成的。首先需要练习胆量,有意识地选择人多的场合,让自己大声说话,不怕别人笑话,此外多揣摩说话的技巧,从模仿开始练习,假以时日,就再也不会笨嘴拙舌、语无伦次了。

3. 学习逻辑知识

我们身边不乏这样一些人——与之交谈时非常能侃,但啰啰唆唆,想到哪说到哪,兴之所至,任意发挥,让听者听得是云里雾里,不知所云。这些人不是不敢说话,而是不会说话,其主要原因在于层次不清、主次不分、逻辑混乱。对于这样的情况,那就要学习一些逻辑知识了,这对口才的提升很有必要。逻辑学中的同一律可以教你说话要围绕一个中心,不蔓不枝,层次分明;矛盾律可以让说话不自相矛盾;排中律可以辨别别人的逻辑错误,确保言论的真实性;充足理由律能注意因果联系,不会论据不足。逻辑学是思维的科学,语言则是人们思维的外壳,只有学好逻辑学,才能掌握思维的核心,才能驾轻就熟地使用语言,提高说话的质量。

第二节 交 谈

一、什么是交谈

交谈是人类口头表达活动中最常用的一种方式。随着人类社会的高度发展,交谈已成为政治、外交、科学、教育、商贸、公关等各个领域中重要的、不可缺少的一项语言活动。交谈是两个人或几个人之间以谈话为基本形式进行的面对面的学习讨论、沟通信息、交流思想感情、谈心聊天的言语活动。它以对话为基本形态,包括交谈主体、交谈客体、交谈内容三个方面。这三方面不仅具有固定性,而且具有互换性。

二、交谈的作用

交谈是一门艺术,而且是一门古老的艺术。"三寸之舌,强于百万雄兵;一人之辩,重于九鼎之宝",在人类发展史上,交谈作为一种社会现象,是和人类的劳动、生活、交际活动一起发展起来的。交谈的艺术性体现在:尽管人人都会,然而效果却大不一样。所谓"酒逢知己千杯少,话不投机半句多"正说明了交谈的优劣直接决定着交谈的效果。与人进行一次成功的谈话,不仅能获得知识、信息的收益,而且感情上也会得到很多补偿,会感到是一种莫大的享受;而参与一场枯燥无味、死气沉沉的交谈,除了是时间上的浪费之外,还会有一种受折磨的感觉。

交谈是建立良好人际关系的重要途径,是连接人与人之间思想感情的桥梁,是增进友谊、加强团结的一种动力。一个人善于交谈就能广交朋友,给人带来友爱,为社会增添和谐,就能享受到人与人之间的友情与温暖。在现实生活中,我们经常看到不少人因话不得体,伤害了亲人,得罪了朋友,甚至有些人因言语失误,结怨结仇,操刀动斧,酿成悲剧。

交谈不仅是人们交流思想的重要手段,而且是学习知识、增长才干的重要途径。善于同有思想、有修养的人交谈,就能学到很多有用的知识,"与君一席谈,胜读十年书"就是对交谈意义深刻的总结。英国文豪萧伯纳曾经说过:"你我是朋友,各拿一个苹果彼此交换,交换后仍然是各有一个苹果;倘若你有一种思想,我也有一种思想,而朋友相互交流思想,那么,我们每个人就有两种思想了。"可见,广泛的交谈可以交流信息、深化思想,增强认识能力和处理问题的能力。因此,掌握交谈的礼仪要求、提高交谈的语言艺术,对于提高工作水平和工作效率,具有极其重要的作用。

三、交谈的基本要求

（一）真诚坦率

真诚是做人的美德，也是交谈的原则。交谈双方态度要认真、诚恳，这样才能有融洽的交谈环境，才能奠定成功交谈的基础。认真对待交谈的主题，坦诚相见，直抒胸臆，不躲不藏，明明白白地表达各自的观点和看法。"出自肺腑的语言才能触动别人的心弦"，真心实意的交流是自信的结果，是信任人的表现，只有用自己的真情激起对方的共鸣，交谈才能取得满意的效果。

（二）互相尊重

交谈是双方思想、感情的交流，是双向活动。要取得满意的交谈效果，就必须顾及对方的心理需求。交谈中，来自对方的尊重是任何人都希望得到的。交谈双方无论地位高低、年纪大小，在人格上都是平等的，切不可盛气凌人、自以为是、唯我独尊。所以，谈话时，要把对方作为平等的交流对象，在心理上、用词上、语调上，体现出对对方的尊重，尽量使用礼貌语，谈到自己时要谦虚，谈到对方时要尊重。此外，恰当地运用敬语和自谦语，可以显示个人的修养、风度和礼貌，有助于交谈的成功。

四、交谈的技巧

（一）言之有"物"

交谈的双方都想通过交谈，获得知识、拓宽视野、增长见识、提高水平。因此，交谈要有观点、有内容、有内涵、有思想，而空洞无物、废话连篇的交谈是不会受人欢迎的。没有材料做根据，没有事实做依凭，再动听的语言也是苍白的、乏味的。我们在交谈时，要明确地把话说出来，将所要传递的信息准确地输送到对方的大脑里，正确反映客观事物，恰当地揭示客观事理，贴切地表达思想感情。

（二）言之有"序"

言之有"序"，就是根据讲话的主题和中心设计讲话的次序，安排讲话的层次，即交谈要有逻辑性、科学性。"使众理虽繁，而无倒置之乖；群言虽多，而无棼丝之乱。"（刘勰《文心雕龙》）有些人讲话，一段话没有中心，语言支离破碎，想到哪儿就说到哪儿，东一榔头西一棒槌，给人的感觉是杂乱无章，言不及义，不知所云。所以，交谈时，先讲什么，后讲什么，思路要清晰，内容要有条理，布局要合理。

（三）言之有"礼"

交谈时要讲究礼节及礼貌。在人际关系中，礼尚往来有着十分突出的作用。可以说，在众多的礼仪形式中，交谈礼仪占据主要地位。所以，强化语言方面的修养，学习、掌握并运用好交谈的礼仪，是至关重要的。

教师口语

谦敬语是在人际交往中经常使用的,用来表示谦虚、尊敬的礼貌用语,也称"客套话"。谦敬语的运用十分普遍,它可以说是社交中的润滑剂、黏合剂,能减少人际间的"摩擦"和"噪音",可以沟通双方的感情并产生亲和力,其作用是不可低估的。它可以使互不相识的人乐于相交;可以使初次见面的人很快亲近起来;在请求别人时,可使他人乐于提供方便和帮助;在发生不愉快时,可以淡化冲突,得到谅解;在洽谈业务时,可以使人乐于合作;在服务工作中,可以给人以温暖亲切的感受;在批评别人时,可以使对方诚恳接受。一个有教养的人,应当掌握使用客套话的艺术,自如地运用于各种场合。

五、交谈的禁忌

(一)不注意倾听

海明威曾经说过:"我很喜欢倾听,我从细心聆听中已经学到了很多。但是大部分的人却从来不去倾听。"所以,不要做"大部分的人",不要总是急切地等着轮到自己说话,学着真正倾听别人在说什么。当你真正开始倾听,你就会熟悉谈话中的潜在意味。当谈话者没有给你足够信息的时候,你要避免问对方"是"或"否"类型的问题。

(二)问太多的问题

如果你在谈话中问太多的问题,那么谈话看起来就像是审问。避免让人觉得你问的问题太多的办法就是不要只问问题,也陈述一下你的看法。

(三)冷场

当和你谈话的人是第一次认识,或者你惯用的几个话题都已经用完了,谈话陷入暂时的尴尬或沉默时,你也许会感到气氛不对,或者你只是感觉紧张但不知道到底是为什么。

(四)贸然打断别人

在谈话中,说话者都希望在自己讲话的时候,能够得到大家的注意和认同。所以,不要在别人认真谈论某件事情的时候,贸然打断别人。这会把原本属于别人的注意力吸引到你身上来。不要"劫持"别人正在说的话,先让别人说完,得到应有的注意和认同。所以,在这点上,你需要平衡听和说。

(五)争论谁对谁错

要避免在谈话主题的对错、好坏上争得不可开交。记住:谈话往往并不是真正的辩论,所以不要过分较真。即使你通过争论"赢得"了每次谈话,别人也不一定就会对你印象良好。

（六）谈论不合适的主题

谈话之前，你应该了解自己应该避免谈及哪些主题。考虑对方的忌讳，以及对方对什么感兴趣，对什么不感兴趣。如果你只谈论讨厌的上司、隐晦的技术术语，以及只有你自己或某些特定的人才能听得明白的话题，这会让谈话本身变得极其无聊，而且对方也可能不清楚你到底在说什么。

（七）乏味

不要谈论起一个话题就没完没了，忘了其他事情。当你的话题开始让听众觉得无聊时，一定要果断地结束这个话题，换一个更有趣、更积极的话题。以积极乐观的主题开始，不要一开始就抱怨你的工作或是老板。对很多事情都了解一点，至少可以和别人有共同的话题。

（八）不接话

说出你的想法，分享你的感受。如果对方和你分享了一段经历，你也可以向对方分享自己的经历。不要只是在那里点头或者问简短的问题。如果对方投入到了谈话中，那么他也同时希望你能很投入。和对方很好地互动能够使谈话的过程很愉快，不至于冷场或让对方觉得和你很难交谈。

（九）不主动积极

你有时可能觉得在一次谈话中没有什么要说的，但是，不管怎样，你都应该试一试。真正地听对方谈论的话题，聆听其他人的看法。你不能总等待对方和你交谈，这样对方会觉得比较累。你应该积极主动，提出自己的意见或者虚心提问。

第三节 演 讲

由于人类社会发展的需要而产生了语言，由于语言的发展和发音器官的进化，而使有声语言成为主要的表达方式，又由于要更加充分地表达思想感情，而把有声语言和态势语言有机地结合起来，这样，演讲就作为一种语言表达方式应运而生了。演讲作为一种传递信息、沟通关系的表达形式，早就为人们所重视。在历史上，许多仁人志士将自己的主张传播给广大民众，感召和激励他人的思想和行动，以推动历史发展的进程。今天，信息交流日益增多，演讲这枝鲜花，正在放射出绚丽的光彩。

一、演讲的定义

演讲又叫"演说"或"讲演"，是指演讲者在特定的时间和地点，面对特定的听众，借助有声语言和态势语言等表达手段，针对现实社会中的某一问题或围绕某一中心，发表意见，阐述观点，抒发感情，并以此影响听众态度和行为的一种社会实践活动。

二、演讲的分类及其特点

演讲按照不同的标准,可以作不同的分类。目前演讲学界还没有建立一个统一的分类标准。

(一)从传播内容方面划分

演讲是一种传播科学,从传播的内容上,可以分为以下几种。

1. 政治演讲

政治演讲是指为了一定的政治目的,针对国内外政治情况,阐明自己的立场、观点和政策等而发表的演讲。它包括竞选演讲、就职演讲、外交演讲和政治专题演讲等。政治演讲是政治斗争的重要武器,它具有鲜明的政治性、强烈的鼓动性和严密的逻辑性。

2. 社会生活演讲

社会生活演讲是对人们生活中存在的社会问题和现象而发表的演讲,它包括关于消费、物价、择友、就业、娱乐、文化教育、生活方式、价值观念等诸多社会现象或意识形态方面的演讲。社会生活演讲是人民群众最常用的一种演讲形式。它一般篇幅比较短小,题材广泛,内容活泼,形式灵活多样。

3. 司法演讲

司法演讲,又叫"法庭演讲",是公诉人、辩护人在法庭诉讼过程中发表的演讲。司法演讲首先是公正性。在法庭上,不论是公诉人,还是辩护律师,都要以事实为依据,以法律为准绳,以理服人,以法量刑。其次是严肃性,在司法演讲过程中,公诉人和辩护律师要以严肃认真的态度对待每一个案件,决不允许带有任何主观色彩,不允许以感情和权力来亵渎法律的严肃性。最后还有针对性,即每一次出庭演讲,都是针对特定的案件,因而要做好周密的调查、分析和取证等工作。

4. 学术演讲

学术演讲是对自然科学和社会科学领域里的理论或实践问题进行探讨、研究,向听众发表学术见解的演讲。它包括国内外学术会议上的学术发言和报告,高等院校里的学术专题讲座、学术评论等。学术演讲涉及某些专门的学科知识,表现出演讲人与众不同的见解、观点,具有独创性的特点。演讲内容要持之有故,言之成理,注重理论与实际相结合的原则,符合客观规律,不能前后自相矛盾,用词造句要准确、简洁,不能含糊不清、模棱两可。所以学术演讲具有科学性的特点。

(二)从表达形式方面划分

演讲是一种传递信息的口语表达形式。从表达形式上,又可以分为以下几种。

1. 宣读演讲

它是按照已经写好的讲稿而宣读的演讲。它一般事先准备充分,主题明确,结构完整,语言经过细致周密的推敲、修改,所以演讲时能避免出现说错话的现象。但是由于照稿宣读,缺乏与听众感情的沟通联系的机会,不容易自始至终控制全场,宣读演讲有时会显得呆板、枯燥。

2. 背诵演讲

这种形式多在演讲经验不足的青少年中采用,可以防止出现心理紧张、害怕等情况。演讲内容一般针对社会上某一种现象及人民生活中的热点问题等,其篇幅短小,主题集中,时效性较强。但这种演讲事先背诵时费时费力,演讲时一旦"思维短路",会出现语言"卡壳"的现象,影响表达效果。

3. 提纲式演讲

提纲式演讲是指事先列出提纲,按照提纲要点而发表的演讲。这种演讲事先有所准备,演讲时能做到心中有数,详略分明,层次清晰。可以根据演讲提纲的要点,充分发挥演讲者的语言技巧和才能,使演讲更为精彩动人。这种演讲便于与听众沟通感情,掌握听众心理状态、情绪变化等情况,及时采取相应的办法,达到有效控制全场的目的。

4. 即兴演讲

即兴演讲是指事先未准备,对眼前的情境、场面临时兴起而发表的演讲。如欢迎致辞、送别致辞、新婚祝辞等。即兴演讲具有突发性的特点,它来得突然,事先没有准备。一般是由于眼前的情境的触动,主观上对某种事情发生兴趣,有感而发,或客观上的需要临时组织,即兴发挥,所以难度较大。演讲者要有丰富的工作经验、渊博的社会知识和较熟练的演讲口才,才能适应这种演讲形式。这种演讲,一般主题较单一,内容集中,感情真挚,篇幅较短小。对于经验较少的青少年来说,这种形式的演讲不好掌握,只有加强学习,丰富知识,不断地参加演讲实践,才能逐步提高即兴演讲的能力。

三、演讲的性质

(一)社会性

演讲活动发生在社会成员之间,它是一个社会成员对其他社会成员进行宣传鼓动活动的口语表达形式。因此,演讲不只是个体行为,还具有很强的社会性。

(二)现实性

所谓现实性,是指符合客观事物的真实情况的性质。

(三)艺术性

演讲是优于一切现实的口语表现形式,它要求演讲者去除一般讲话中的杂乱、松散、平板的因素,以一种集中、凝练、富有创造色彩的面貌出现,这就是演讲的艺术性。

(四)综合性

演讲只是发生在一定时间内的活动,为这一活动,演讲者要有各方面的充分准备,同时,还需要大量的组织工作与之配合。这就是演讲的综合性。

（五）逻辑性

演讲者思维要缜密,语言应有条理,层次分明,结构清楚,这就是演讲的逻辑性。

（六）针对性

演讲主题应是众所周知的问题,要注意听众的年龄、身份、文化程度等,这就是演讲的针对性。

（七）感染性

演讲者要有鲜明的观点、独到的见解和看法,以及深刻的思想等,要善于用流畅生动、深刻风趣的语言和恰当的修辞打动听众,这就是演讲的感染性。

（八）鼓动性

鼓动性强是演讲成功的重要因素。政治演讲也好,学术演讲也好,都必须具备强烈的鼓动性。

四、演讲的言语要求

演讲是一种应用性较强的表达形式,也是一门高超的言语艺术。在演讲过程中,要注意以下几个方面。

（一）掌握主动,控制场面

演讲包括演讲者、信息和听众三个基本要素,演讲者是演讲活动的主体,是发布信息的源地,听众是信息的接受对象,信息是连接演讲者与听众的纽带。在演讲全过程中,演讲者自始至终要掌握主动权,控制好场面,集中听众的注意力,掌握听众可能出现的意料之外的情况,灵活调整自己的演讲内容和言辞。

（二）直抒胸臆,情真意切

演讲是演讲者与听众的思想交流和感情沟通。在演讲过程中,演讲者直抒胸臆,情真意切,动之以情,晓之以理,用自己强烈的感情之火,点燃听众的感情之火,引起共鸣,以达到感召、鼓舞听众的目的。例如,丘吉尔出任英国首相的就职演说就是抒发主观情感的一篇成功之作。丘吉尔这篇就职演说,正值第二次世界大战最艰苦、最疯狂的时期,英国军民遭受了德国法西斯飞机的狂轰滥炸,面临着极其严峻的考验。据丘吉尔的秘书回忆,当丘吉尔写完这篇演讲稿时,竟像小孩子一样哭得涕泪横流。丘吉尔这篇直抒胸臆、情真意切的演讲,极大地鼓舞了英国军民的斗志,并很快传播到欧美反法西斯战士中间。

（三）富有个性,光彩照人

演讲者与听众交流思想的主要工具是语言,而运用语言的好坏,直接影响演讲的表达效果。成功的演讲语言,富有个性,出语不凡,寓意深刻,光彩照人。例如,曾任美国总统的林肯1863年11月19日在葛底斯堡国家烈士公墓落成典礼上的演说就是个性化非常强的一篇演讲稿。林肯这篇演讲,短短10句话,提出了世世代代的美国人所执著追求并努力为之奋斗的自由平等的人权问题。内容集中,条理清晰,思想精辟,光彩照人。当他那感情深厚、诚挚,文辞朴实、优雅的演讲结束时,在场的一万五千多名听众无不眼含泪花,鼓掌欢呼。林肯演讲的成功与他独特的个性语言是分不开的。

(四)有声语言与体态语有机结合

演讲是以有声语言为表达形式的活动,而有声语言是声音和意义相结合的复合系统。声音对语言的表情达意有直接的影响,在演讲中,语音规范、准确、优美、动听,才能恰当地表达思想感情,使听众产生共鸣。演讲在运用有声语言的同时,还要配以体态语作为辅助手段,帮助表情达意,有时体态语相比有声语言在表达中起着更重要的作用。在一场演讲中,只有单一的有声语言,没有适当的体态语,就会枯燥无味,不会打动听众;只有体态语,而没有有声语言,那也是不可思议的。只有有声语言与体态语有机配合,符合演讲的内容,做到恰如其分、庄重大方,才能给听众以美的享受。苏联著名作家高尔基这样评价列宁运用体态语的技巧:"他的动作轻巧而灵活,手势简捷而有力,与他那言语不多,但思维丰富的演讲完全相吻合。"列宁堪称世界上最著名的演说家,他演讲的时候,随着演讲内容的深入和变化,他的身子时而前俯,时而后仰,他的右手自然地挥动,做出许多优美有力的动作,从而使他的演说达到和谐与完美。

五、演讲的技巧

演讲是一门语言艺术,它的主要形式是"讲",即运用有声语言并追求言辞的表现力和声音的感染力,同时还要辅之以"演",即运用面部表情、手势动作、身体姿态乃至一切可以理解的态势语言,使讲话"艺术化",从而产生一种特殊的艺术魅力。演讲表达的主要特点是"讲",对演讲者来说,写好了演讲词,不一定就讲得好,正如作曲家不一定是演唱家一样。有文才,善于写出好的演讲词的人,不一定有口才,不一定能讲得娓娓动听。真正的演讲家,既要善写,还要会讲,即既要有文才又要有口才。从某种意义上说,口才比文才更为重要。如果演讲者讲话哼哼哈哈,拖泥带水,"这个"、"那个"的一大串,那么,即使演讲内容有超凡脱俗的智慧,有深刻广博的思想内容,也无济于事。想要成就一次精彩的演讲,一方面要注重平日里的锻炼和学习,另一方面也要掌握一定的演讲技巧。下面就从以下六个方面介绍演讲的技巧和方法。

(一)演讲时的姿势

演讲时的姿势会带给听众某种印象,例如堂堂正正的印象或者畏畏缩缩的印象。虽然个人的性格与平日的习惯对此影响较大,不过一般而言仍有方便演讲的姿势,即所谓"轻松的姿势"。要让身体放松,反过来说就是不要过度紧张。过度紧张不但会表现出笨拙僵硬的姿势,而且对舌头的动作也会造成不良的影响。诀窍之一是张开双脚与肩同宽,挺直整个身躯。另一个诀窍是想办法扩散并减轻施加在身体上的紧张情绪。例如将一只手稍微插入口袋中,或者手触桌边,或者手握麦克风等。

(二)演讲时的视线

在大众面前说话,必须忍受众目睽睽。当然,并非每位听众都会对你报以善意的眼光。尽管如此,你还是不可以漠视听众的眼光,不可以避开听众的视线来说话。尤其当你走到麦克风旁边站立在大众面前的那一瞬间,来自听众的视线有时甚至会让你觉得刺痛,克服这股视线压力的秘诀,就是一面进行演讲,一面从听众当中找寻对自己投以善意而温柔眼光的人,并且无视那些冷淡的眼光。此外,把自己的视线投向那些以点头表示认可的人,对巩固信心来进行演说也具有效果。

(三)演讲时的脸部表情

演讲时的脸部表情无论好坏都会带给听众极其深刻的印象。紧张、疲劳、喜悦、焦虑等情绪无不清楚地表露在脸上,这是很难由本人的意志来加以控制的。演讲的内容即使再精彩,如果表情总觉缺乏自信,老是畏畏缩缩,演讲就很容易变得欠缺说服力。控制脸部表情的方法之一是不可"垂头"。人一旦"垂头"就会予人丧气之感,而且若视线不能与听众接触,就难以吸引听众的注意。控制脸部表情还有一个方法,即缓慢说话。说话速度一旦缓慢,情绪即可稳定,脸部表情也得以放松,全身上下也能够泰然自若。

(四)演讲时的服饰和发型

服装也会带给观众各种印象。东方男性总是喜欢穿着灰色或者蓝色系列的服装,难免给人过于刻板无趣的印象。轻松的场合不妨穿着稍微花哨一点的服装。不过如果是正式的场合,一般来说男士仍以深色西服、无尾晚宴服及燕尾服为宜。此外,发型也可塑造出各种形象来。长发和光头各自蕴含其强烈的形象,而鬓角的长短也被认为是个人喜好的表征。站出来演讲之际,你的服装、发型究竟带给对方何种印象是值得演讲者好好地思量一番的。

(五)演讲的声音和腔调

演讲的语言从口语表述角度来看,必须做到发音正确、清晰、优美,词句流利、准确、易懂,语调贴切、自然、动情。

1. 发音正确、清晰、优美

演讲对语音的要求很高,既要能准确地表达出丰富多彩的思想感情,又要悦耳爽心,清晰优美。为此,演讲者必须认真对语音进行研究,努力使自己的声音达到最佳状态。一般来说,最佳语言是:①准确清晰,即吐字正确清楚,语气得当,节奏自然;②清亮圆润,即声音洪亮清越,铿锵有力,悦耳动听;③富于变化,即区分轻重缓急,随感情变化而变化;④有传达力,即声音有一定的响度和力度,使在场听众都能听真切,听明白。

演讲语言常见的毛病有声音痉挛颤抖,飘忽不定;大声喊叫,音量过高;音节含糊,夹杂明显的气息声;声音忽高忽低,音响失度;朗诵腔调,生硬呆板等。所有这些,都会影响听众对演讲内容的理解。

2. 词句流利、准确、易懂

听众通过演讲活动接受信息主要靠听觉。演讲者借助口语发出的信息,听众要立即能理解。

3. 语调贴切、自然、动情

语调是口语表达的重要手段,它能很好地辅助语言表情达意。同样一句话,由于语调轻重、高低、长短、急缓等的不同变化,在不同的语境里可以表达出种种不同的思想感情,一般来讲,表达坚定、果敢、豪迈、愤怒的思想感情,语气急骤,声音较重;表达幸福、温暖、体贴、欣慰的思想感情,语气舒缓,声音较轻;表示优雅、庄重、满足的思想感情,语调前后较弱中间强。只有这样,才能绘声绘色,传情达意。语调的选择和运用,必须切合思想内容,符合语言环境,考虑现场效果。语调贴切、自然正是演讲者思想感情在语言上的自然流露。所以,演讲者恰当地运用语调,事先必须准确地掌握演讲内容和感情。

（六）说话的速度

说话的速度也是演讲的要素。为了营造沉着的气氛,说话稍微慢点是很重要的。标准大致为5分钟3张左右的A4原稿,不过,要注意的是,倘若从头至尾一直以相同的速度来进行,会让听众觉得乏味。科学的发音取决于科学的运气,有些演讲者时间稍长点就底气不足,出现口干舌燥、声音嘶哑的现象,此时,只得把气量集中到喉头,使声带受压,变成喉音。"气乃音之帅",气息是声音的原动力,科学地运用运气发音方法可以使声音更加甜美、清亮、持久、有力。要达到这个目的,平时要加强训练,掌握胸腹联合呼吸法。其要领是:双目平视,全身放松,喉松鼻通,无论是站姿还是坐式,胸部稍向前倾,小腹自然内收。

第四节　论　　辩

一、论辩的含义

论辩,也称辩论,也就是交谈双方围绕同一话题,力争证明自己的观点和见解的正确,从而驳斥对方的口语交际形式。

二、论辩的功用

论辩作为一种基本的言语交际方式,是随着社会生活发展的需要而产生的,它反过来又对社会文明的历史进程起着重要的促进作用。关于论辩的社会功用,墨子早在两千多年前便作过很好的论述:"夫辩者,将以明是非之分,审治乱之纪,明同异之处,察名实之理,处利害,决嫌疑焉。"

时至今日,墨子所处的那个思想争鸣、论辩之风盛行的时代已离我们甚为久远了,然而论辩的社会功用非但没有减弱,反倒随着现代人视界的不断开阔,交际的日益广泛,得到进一步的强化和拓展。具体说来,可将论辩的主要社会功用归结为下述五个方面。

(一) 认识功用

论辩是一种科学手段,具有认识功用。对真理的认识不是一蹴而就的,而是一个没有止境的过程,这个过程不只是一种个人行为,更重要的它还是社会性的实践活动。因此在人们的认识活动中,论辩发挥着自己的独特的功能。其一,通过论辩,激活思维,引发灵感。几乎人人都有过这种体验,一场激烈的论辩,常常会迸发出灵感的火花,使原来百思不得其解的问题,一下子找到了答案。其二,通过论辩,战胜谬误,光大真理,例如,在科学发展史上,日心说取代地心说,便是长期论辩的结果。其三,通过论辩,取长补短,深化认识。例如,惠更斯的光的波动说和牛顿的光的粒子说就曾引起过辩论,其结果最终表明,光既是波动的,又是微粒的。

(二) 说服功用

论辩是一种劝导手段,具有说服功用。在日常生活中,常常会有这样一种论辩情况,论辩双方在论辩中居于不同地位,扮演不同角色,其中一方主动向另一方传递其观点,并欲使另一方接受并付诸行动,这就是劝导。劝导包括进谏、规劝、批评、警戒等多种形式。劝导的目的就在于说服。

劝导式论辩的必要性根源于人们认识的不一致和观点的不统一。劝导人不能强迫受劝人接受自己的观点,也不能用谎言诱骗对方上当,他只能通过说辩的方式,用恰当的理由和充分的论据来说服对方。实际上,我们生活中的劝导说服行为,大都带有论辩的性质。

(三) 驳斥功用

论辩是一种辨谬手段,具有驳斥功用。谬误是指表面上似乎有道理,实则为虚假的论证,也可以泛指人们在言语交际过程中所产生的一切逻辑错误。辨谬,顾名思义,即是将谬误分辨出来,这种分辨往往是通过论辩的方式进行的。在日常生活中,有的人为了达到自己的目的,经常不择手段地为某些谬误作论证。

(四)价值功用

论辩是一种评判手段,具有价值功用。社会生活中的许多事情,并不像自然科学对象那么真假分明,这就导致了日常言语交流中价值命题的存在。一旦交谈双方的价值观念有分歧,往往会引起论辩,说话人都从自己的主观立场和价值取向出发,对于同一件事情见仁见智,展开争论,以求取得一个大家都能接受的最终结论。

(五)审美功用

论辩是一种艺术手段,具有审美功用。对于现代人来说,论辩不再仅仅是一种实用的交际或斗争手段,它同时还是一门语言艺术,具有独特的审美功能。古今中外流传的一段段论辩名言佳话,无疑都是一件件精美的艺术品。我们在欣赏这些说辩名篇时,或因论辩的逻辑严谨而叹服,或为论辩的机智而击节叫好,或对论辩的幽默风趣发出会心的微笑。论辩确实有一种神奇的艺术魅力。

论辩的美是一种逻辑的美,智慧的美。在今天,为满足这种审美需求,人们组织了形式多样的辩论会、辩论赛,比如,国际大学群英辩论会通过电视转播后,深受人们喜爱,成为收视率相当高的电视节目,这种辩论会具有很强的观赏性和特有的审美价值。

三、论辩的分类

(一)自由辩论

人们在社会生活中看到或听到某些事情后对其产生看法,并发表议论,有人附和,有人反对,由此产生的辩论就是自由辩论。这种辩论,没有固定的地点,没有固定的人数,也没有一定的规则,总之,是人们在社会生活中由于观点的对立,自发产生的而不是有意识组织的。它不能产生结果、分出胜负,更多的是不了了之。

(二)专题辩论

专题辩论是辩论最基本最有意义的形式。首先,是有组织有准备的活动,是由主持者按预定的程序组织辩论;其次,是有明确的目的性的活动;最后,要统一到正确的看法上来。专题辩论具体来说有四种:法庭辩论、社交辩论、决策辩论、赛场辩论。

专题辩论是一种人为组织的辩论形式,是有组织、按一定规则进行的,围绕同一题目,由辩论双方陈述自己的见解,抨击对方的观点的一种团体演讲比赛形式。这种辩论,由于双方当面交锋,短兵相接,因此,最能锻炼人的思维能力、应变能力和口头表达能力,也容易对观众产生较强的感染力和吸引力。

四、论辩的语言要求及论辩技巧

辩手的"争斗工具"主要是语言,通过对问题的阐明和分析,以及反驳对手的论据来获取比赛的胜利。辩论者要将自己的思想用语言完美地表达出来,赢得对手和观众的认可。在辩论中,辩手不可使用与平时闲谈一样的语言,辩论语言的要求很高,需要特殊的锻炼。

（一）论辩的语言要求

1. 语言标准化

标准的普通话、清晰伶俐的口齿,是双方顺利进行论辩的先决条件,也是吸引听众的首要条件。

2. 词汇口语化

辩论是双方在特定的场合进行的交流活动,为了能让交流更流畅,应尽可能地多用口语。

3. 语言形象化

辩论双方在阐述己方观点时,应当做到深入浅出,善于使用比喻、夸张、对比等多种修辞手段,从而达到语言的最佳效果,增强辩论中的语言魅力。

4. 富有逻辑性

辩论常以说理为主,语言讲究严密的逻辑性。

5. 富有幽默感

在辩论中恰当地运用幽默的语言,不仅含有笑料,使人轻松,而且表情达意更为含蓄、深沉、犀利,能取得特殊的论证和反驳效果。

（二）论辩的技巧

1. 反客为主

在论辩赛中,被动是赛场上常见的劣势,也往往是败北的先兆。论辩中的反客为主,通俗地说,就是在论辩中变被动为主动。下文以技巧理论结合实际辩例,向大家介绍几种反客为主的论辩技巧。

1）借力打力

武侠小说中有一招数,名叫"借力打力",是说内力深厚的人,可以借对方攻击之力反击对方。这种方法也可以运用到论辩中来。

例如,在关于"知难行易"的辩论中,有下面这么一个回合。

正方：对啊！那些人正是因为上了刑场死到临头才知道法律的威力。法律的尊严,可谓"知难"哪,对方辩友！（热烈掌声）

当对方以"知法容易守法难"的实例论证于"知易行难"时,正方马上转而化之,从"知法不易"的角度强化己方观点,给对方以有力的回击,扭转了被动局势。

这里,正方之所以能借反方的例证反治其身,是因为他有一系列并没有表现在口头上的、重新解释字词的理论作为坚强的后盾：辩题中的"知",不仅仅是"知道"的"知",更应该是建立在人类理性基础上的"知"——守法并不难,作为一个行为过程,杀人也不难,但是要懂得保持人的理性,克制内心滋生出的恶毒的杀人欲望,却很难。这样,正方宽广、高位定义的"知难"和"行易"借反方狭隘、低位定义的"知易"和

"行难"的攻击之力,有效地回击了反方,使反方构建在"知"和"行"表浅层面上的立论框架崩溃了。

2)移花接木

剔除对方论据中存在缺陷的部分,换上于我方有利的观点或材料,往往可以收到"四两拨千斤"的奇效。我们把这一技巧喻名为"移花接木"。

例如,在"知难行易"的论辩中曾出现过如下一例。

　　反方:古人说"蜀道难,难于上青天",是说蜀道难走,"走"就是"行"嘛!要是行不难,孙行者为什么不叫孙知者?

　　正方:孙大圣的小名是叫孙行者,可对方辩友知不知道,他的法名叫孙悟空,"悟"是不是"知"?

这是一个非常漂亮的"移花接木"的辩例。反方的例证看似有板有眼,实际上有些牵强附会:以"孙行者为什么不叫孙知者"为驳难,虽然是一种近乎强词夺理的主动,但毕竟在气势上占了上风。正方敏锐地发现了对方论据的片面性,果断地从"孙悟空"这一面着手,以"悟"就是"知"反诘对方,使对方关于"孙大圣"的引证成为抱薪救火、惹火烧身。

移花接木的技法在论辩理论中属于强攻,它要求辩手勇于接招,勇于反击,因而它也是一种难度较大、对抗性很高、说服力极强的论辩技巧。诚然,实际论辩中雄辩滔滔,风云变幻,不是随时都有"孙行者"、"孙悟空"这样现成的材料可供使用的,也就是说,更多的"移花接木"需要辩手对对方当时的观点和我方立场进行精当的归纳或演绎。

比如,在关于"治贫比治愚更重要"的论辩中,正方有这样一段陈词:"……对方辩友以迫切性来衡量重要性,那我倒要告诉您,我现在肚子饿得很,十万火急地需要食物来充饥,但我还是要辩下去,因为我意识到论辩比充饥更重要。"话音一落,掌声四起。这时反方从容辩道:"对方辩友,我认为'有饭不吃'和'无饭可吃'是两码事……"反方的答辩激起了更热烈的掌声。正方以"有饭不吃"来论证贫困不足以畏惧和治愚的相对重要性,反方立即从己方观点中归纳出"无饭可吃"的旨要,鲜明地比较出了两者本质上的天差地别,有效地扼制了对方偷换概念的倾向。

3)顺水推舟

表面上认同对方观点,顺应对方的逻辑进行推导,并在推导中根据我方需要,设置某些符合情理的障碍,使对方观点在所增设的条件下不能成立,或得出与对方观点截然相反的结论。

例如,在"愚公应该移山还是应该搬家"的论辩中有下面这一幕。

　　反方:……我们要请教对方辩友,愚公搬家解决了困难,保护了资源,节省了人力、财力,这究竟有什么不应该?

　　正方:愚公搬家不失为一种解决问题的好办法,可愚公所处的地方连门都难出去,家又怎么搬?……可见,搬家姑且可以考虑,也得在移完山之后再搬呀!

教师口语

神话故事都是夸大其事以显其理的，其精要不在本身而在寓意，因而正方绝对不能让反方周旋于就事论事之中，否则，反方符合现代价值取向的"方法论"必占上风。从上面的辩词来看，反方的就事论事，理据充分，根基扎实，正方先顺势肯定"搬家不失为一种解决问题的好办法"，之后指出"愚公所处的地方连门都难出去"这一条件，自然而然地导出"家又怎么搬"的诘问，最后水到渠成，得出"移完山之后再搬（家）"的结论。如此一系列理论环环相扣，节节贯穿，以势不可当的攻击力把对方的就事论事打得落花流水，真可谓精彩绝伦！

当然，辩场上的实际情况十分复杂，要想在论辩中变被动为主动，掌握一些反客为主的技巧还仅仅是一方面的因素，另一方面，反客为主还需要仰仗于非常到位的即兴发挥，而这一点却是无章可循的。

2. 正本清源

所谓正本清源，这里取其比喻义而言，就是指出对方论据与论题的关联不紧或背道而驰，从根本上矫正对方论据的立足点，把它拉入我方"势力范围"，使其恰好为我方观点服务。较之正向推理的"顺水推舟"，这种技法则是反其思路而行之。

例如，在"跳槽是否有利于人才发挥作用"的论辩中，有下面这样一节辩词。

> 正方：张勇，全国乒乓球锦标赛的冠军，就是从江苏跳槽到陕西，对方辩友还说他没有为陕西人民作出贡献，真叫人心寒啊！（掌声）
>
> 反方：请问到体工队（体育工作大队）可能是跳槽去的吗？这恰恰是我们这里提倡的合理流动啊！（掌声）对方辩友戴着有色眼镜看跳槽问题，当然天下乌鸦一般黑，所有的流动都是跳槽了。（掌声）

正方举张勇为例，他从江苏到陕西后，获得了更好的发展空间，这是事实。反方马上指出对方具体例证引用失误：张勇到陕西体工队，不可能是通过"跳槽"这种人才流动方式去的，而恰恰是在"公平、平等、竞争、择优"的原则下"合理流动"去的。这样的辩词可信度高、说服力强、震撼力大，收到了较为明显的反客为主的效果。

3. 釜底抽薪

刁钻的选择性提问，是许多辩手惯用的进攻招式之一。通常，这种提问是有预谋的，它能置人于"两难"境地，无论对方作哪种选择都于己不利。对付这种提问的一个具体技法是，从对方的选择性提问中，抽出一个预设选项进行强有力的反诘，从根本上挫败对方的锐气，这种技法就是"釜底抽薪"。

例如，在"思想道德应该适应（超越）市场经济"的论辩中，有如下一轮交锋。

> 反方：我问雷锋精神到底是无私奉献精神还是等价交换精神？
>
> 正方：对方辩友这里错误地理解了等价交换，等价交换就是说，所有的交换都要等价，但并不是说所有的事情都是在交换，雷锋还没有想到交换，当然雷锋精神谈不上等价了。（全场掌声）
>
> 反方：那我还要请问对方辩友，我们的思想道德它的核心是为人民服务的精神，还是求利的精神？
>
> 正方：为人民服务难道不是市场经济的要求吗？（掌声）

第一回合中,反方有"请君入瓮"之意,有备而来。显然,如果以定式思维被动答问,就难以处理反方预设的"两难":选择前者,则刚好证明了反方"思想道德应该超越市场经济"的观点;选择后者,则有悖事实,更是谬之千里。但是,正方辩手却跳出了反方非此即彼的设定,反过来单刀直入,从两个预设选项抽出"等价交换",以倒树寻根之势彻底地推翻了它作为预设选项的正确性,语气从容,语锋犀利,其应变之灵活、技法之高明,令人叹为观止。

4. 攻其要害

在辩论中常常会出现这样的情况:双方纠缠在一些细枝末节的问题、例子或表达上争论不休,结果,看上去辩得很热闹,实际上已离题万里。这是辩论的大忌。一个重要的技巧就是要在对方一辩、二辩陈词后,迅速地判明对方立论中的要害问题,从而抓住这一问题,一攻到底,以便从理论上彻底地击败对方。如"温饱是谈道德的必要条件"这一辩题的要害是:在不温饱的状况下,是否能谈道德。在辩论中只有始终抓住这个要害问题,才能给对方以致命的打击。在辩论中,人们常常有"避实就虚"的说法,偶尔使用这种技巧是必要的。比如,当对方提出一个我们无法回答的问题时,假如强不知以为知,勉强去回答,不但会失分,甚至可能闹笑话。在这种情况下,就要机智地避开对方的问题,另外找对方的弱点攻过去。然而,在更多的情况下,我们需要的是"避虚就实","避轻就重",即善于在基本的、关键的问题上打硬仗。如果对方一提问题,我方立即回避,势必会给评委和听众留下不好的印象,以为我方不敢正视对方的问题。此外,如果我方对对方提出的基本立论和概念打击不力,也是很失分的。善于敏锐地抓住对方要害,猛攻下去,务求必胜,乃是辩论的重要技巧。

5. 利用矛盾

由于辩论双方各由四位队员组成,四位队员在辩论过程中常常会出现矛盾,即使是同一位队员,在自由辩论中,由于出语很快,也有可能出现矛盾。一旦出现这样的情况,就应当马上抓住,竭力扩大对方的矛盾,使之自顾不暇,无力进攻我方。比如,在辩论时,对方的三辩认为法律不是道德,二辩则认为法律是基本的道德。这两种见解显然是相互矛盾的,我方乘机扩大对方两位辩手之间的观点裂痕,迫使对方陷入窘境。又如对方一辩起先把温饱看做是人类生存的基本状态,后来在我方的凌厉攻势下,又大谈饥寒状态,这就是与先前的见解发生了矛盾,我方"以子之矛,攻子之盾",使对方于急切之中,理屈词穷,无言以对。

6. "引蛇出洞"

在辩论中,常常会出现胶着状态:当对方死死守住其立论,不管我方如何进攻,对方只用几句话来应付时,如果仍采用正面进攻的方法,必然收效甚微。在这种情况下,要尽快调整进攻手段,采取迂回的方法,从看来并不重要的问题入手,诱使对方离开阵地,从而打击对方,在评委和听众的心目中造成轰动效应。在我方和对方辩论"艾滋病是医学问题,不是社会问题"时,对方死守着"艾滋病是由HIV病毒引起的,只能是医学问题"的见解,不为所动。于是,我方采取了"引蛇出洞"的战术,我方二辩突然发问:"请问对方,今年世界艾滋病日的口号是什么?"对方四位辩手面面相觑,为不至于在场上失分太多,对方一辩站起来乱答一通,我方立即予以纠正,指出今年的口号是"时不我待,行动起来",这就等于在对方的阵地上打开了一个缺口,从而瓦解了对方坚固的阵线。

7. "李代桃僵"

当我们碰到一些在逻辑上或理论上都比较难辩的辩题时,不得不采用"李代桃僵"的方法,引入新的概念来化解困难。比如,"艾滋病是医学问题,不是社会问题"这一辩题就是很难辩的,因为艾滋病既是医学问题,又是社会问题,从常识上看,是很难把这两个问题分开的。因此,如果是辩题的正方,就要引入"社会影响"这一新概念,从而肯定艾滋病有一定的"社会影响",但不是"社会问题",并严格地确定"社会影响"的含义,这样,对方就很难攻进来。如果是辩题的反方,即认为"艾滋病是社会问题,不是医学问题",在这种情况下,如果完全否认艾滋病是医学问题,就有悖于常理,因此,应在辩论中引入"医学途径"这一概念,强调要用"社会系统工程"的方法去解决艾滋病,而在这一工程中,"医学途径"则是必要的部分之一。这样一来,周旋余地就大了,对方得花很大力气纠缠在我方提出的新概念上,其攻击力就大大地弱化了。"李代桃僵"这一战术之意义就在于引入一个新概念与对方周旋,从而确保我方立论中的某些关键概念隐在后面,不直接受到对方的攻击。

辩论是一个非常灵活的过程,在这一过程中,可以施展一些比较重要的技巧。经验告诉我们,只有使知识积累和辩论技巧珠联璧合,才可能在辩论赛中取得较好的成绩。

8. 缓兵之计

在日常生活中,会见到如下情况:当消防队接到求救电话时,常会用慢条斯理的口气来回答,这种和缓的语气,是为了稳定说话者的情绪,以便对方能正确地说明情况。又如,两口子争吵,一方气急败坏,一方不焦不躁,结果后者反而占了上风。再如,政治思想工作者常常采用"冷处理"的方法,缓慢地处理棘手的问题。这些情况都表明,在某些特定的场合,"慢"也是处理问题、解决矛盾的好办法。论辩也是如此,在某些特定的论辩局势下,快攻速战是不利的,缓进慢动反而能制胜。

例如,1940年,丘吉尔在张伯伦内阁中担任海军大臣,由于他力主对德国宣战而受到人们的尊重。当时,舆论欢迎丘吉尔取代张伯伦出任英国首相,丘吉尔也认为自己是最恰当的人选。但丘吉尔并没有急于求成而是采取了以慢制胜的策略。他多次公开表示在战争爆发的非常时期,他将准备在任何人领导下为自己的祖国服务。

当时,张伯伦和保守党其他领袖决定推举拥护绥靖政策的哈利法克斯勋爵作为首相候选人。然而主战的英国民众公认在政坛上只有丘吉尔才具备领导这场战争的才能。在讨论首相人选的会议上,张伯伦问:"丘吉尔先生是否同意参加哈利法克斯领导的政府?"能言善辩的丘吉尔却一言不发,足足沉默了两分钟之久。哈利法克斯和其他人明白,沉默意味着反对。一旦丘吉尔拒绝入阁,新政府就会被愤怒的民众推翻。哈利法克斯只好首先打破沉默,说自己不宜组织政府。丘吉尔的等待终于换来了英国国王授权他组织新政府。

五、赛场辩论

（一）基本要求

1. 正确对待辩论的胜负

辩论没有胜负之分，因为辩论的话题本身往往没有一个绝对正确的结果，所谓决定辩论胜负的不是双方谁掌握了或者坚持了真理，而是看谁能够在理论上自圆其说，能够表现出高超的辩论技巧、风趣幽默的语言、令人尊重的个人魅力。

大家在辩论时，应该时时牢记自己辩论的目的：锻炼口才、增长知识、广结朋友，因而，没有必要进行恶意的攻击和谩骂，这才是辩论的真正意义。

2. 尊重辩论对手的人格

当辩论的结果明显不利于自己的时候，要采用种种诡辩的手法进行辩论。但是，如果掌握不好分寸，往往演变成双方的谩骂和攻击，甚至对对方进行人格的蔑视乃至否定。如果你不尊重对方的人格，往往也会受到对方对你人格的攻击。要想使自己的人格得到尊重，必须首先尊重他人的人格。

3. 诡辩不等于胡搅蛮缠

由于辩论双方是为自己所"信奉的真理"在辩，往往明知道自己的观点不对，也不愿意认输，在辩论中进行某种诡辩是很正常的，但诡辩不等于胡搅蛮缠。所谓的胡搅蛮缠就是：当对方把问题阐述得清清楚楚时，自己却不分析对方的观点，继续把自己所"理解"的观点强加到对方的身上，对别人进行无目标的攻击。

4. 必须讲究辩论的逻辑性

在辩论中，辩论的逻辑性起着极为重要的作用，它使辩论显得严谨、有条理，使自己的观点显得牢不可破。

分析对方的观点和自己的观点时必须分析其逻辑关系、真实的逻辑地位和逻辑困难，知道了双方在观点上的逻辑关系也就能确定对方观点的要害之处。在表述自己的观点时，必须讲究逻辑层次。辩论时应层次分明，第一点讲什么，第二点讲什么，第三点讲什么，清清楚楚，明明白白。

在辩论中还应擅长进行归纳。用简明扼要的语言来阐明自己的见解，不要一说就是一大套并且不得要领，只有这样才能在辩论中占据有利的位置。同样的，要能用简明扼要的话来归纳对方的见解，否则往往会随波逐流，甚至迷失方向。只有在逻辑上善于归纳，才会在辩论中紧紧抓住对方的要害，有针对性地打击对方，使对方真正陷入被动的局面。在辩论中需要使用归谬法。所谓归谬法就是沿着对方的逻辑把其观点推向极端，使其荒谬性明显地表现出来，从而对其观点予以根本否定。对方本来不明显或者小的逻辑错误，使用归谬法后就会被放大到众所周知的地步，这样，往往能够取得出奇制胜的效果。当然，归谬法的使用要注意适度性，如果运用不当，会给人以强词夺理的感觉。

5. 尽量做到辩论生动形象和语言风趣

辩论凭的就是一张嘴,如果辩论过于生硬,缺乏活力和幽默感,大家来参观辩论的乐趣就没有了,所以只有在辩论中融入生动、形象、风趣的语言,整个论坛的辩论才会充满活力,论坛上的人气才会旺盛。要充分运用生活中的形象例子,尽量少使用抽象的、教条的说理,俗话说,事实胜于雄辩。多多使用幽默风趣的语言,避免使用枯燥无味的大白话。用具体的、有据可查的数据取代经院式的说教,避免使用"可能、大概、好像、应该、你想"之类的词句。在辩论中,准确无误的数据往往起着十分重要的作用。在能用数字说明的地方要尽可能用数字,因为数字只要有据可查,不管准确与否,对方往往无法反驳,也无法否定。

6. 必须讲究进攻和防守的平衡

辩论犹如战斗,进攻和防守是一对基本的矛盾关系。在辩论中辩护是防守,反驳就是进攻。

在辩论中经常出现两个极端:一是只讲防守,结果辩来辩去,战斗都在自己一方进行,对对方的观点根本不构成任何威胁,这样就不可能取得胜利;二是只讲进攻,对对方提出的证据和问题,不敢正面回答和辩论,在心理上首先已经胆怯,这样往往是还没有攻破对方的堡垒,却已经失去了自己的阵营。

要取得最后的胜利必须讲究进攻和防守的平衡。防守是基础。当对方对自己的观点或者证据提出一些枝节质疑的时候,可以不予以回答,但当对方对自己的基本观点提出质疑时,则必须简明扼要地回复,并进行辩护和解释。只有澄清自己的基本观点,才能有充分的空间和时间攻击对方,如果不进行必要的辩护,进攻就会显得强词夺理,理屈词穷。因而,防守就是最有效的进攻。

进攻是关键,电影《南征北战》中有句话说得好:飞机大炮先上,解决问题最后还是要靠步兵。反驳之所以关键就是因为它是进攻对方的炮弹和刺刀,是辩论取胜的根本。只有反驳和进攻,才有可能置对方于死地,在这个意义上说,反驳是最有效的辩护。

(二)大学生辩论赛流程

1. 立论阶段

正方一辩开篇立论,3分钟。反方一辩开篇立论,3分钟。

2. 驳立论阶段

反方二辩驳正方立论,2分钟。正方二辩驳反方立论,2分钟。

3. 质辩环节

(1)正方三辩向反方一辩、二辩、四辩各提一个问题,反方辩手分别应答。每次提问时间不得超过15秒,三个问题累计回答时间为1分30秒。

(2)反方三辩向正方一辩、二辩、四辩各提一个问题,正方辩手分别应答。每次提问时间不得超过15秒,三个问题累计回答时间为1分30秒。

(3)正方三辩质辩小结,1分30秒。

(4) 反方三辩质辩小结,1分30秒。

4. 自由辩论

辩论双方以一次对一次的方式进行辩论,共8分钟。

5. 总结陈词

反方四辩总结陈词,3分钟。正方四辩总结陈词,3分钟。

(三) 赛制具体说明

1. 立论阶段

由正、反双方的一辩选手来完成,要求立论的框架明确,语言通畅,逻辑清晰,能够正确地阐述己方的立场。一辩是先锋,可以看做旗手,首先为己方树立一个论点(鲜明的旗帜),此后的辩论都要以此为出发点。一辩关键是要有非常稳固的立论,观点树立得完善、系统、牢固,掌握相关名词的定义、基本属性,在此基础之上,如果可以配合好二辩、三辩做好攻辩小结,有点临场发挥的能力,就很不错了。

2. 驳立论阶段

这个阶段的发言由双方的二辩来进行,旨在针对对方的立论环节的发言进行回驳,并补充己方的立论的观点,也可以扩展己方的立论方向和巩固己方的立场。

3. 质辩环节

这个阶段由双方的三辩来完成,双方的三辩针对对方的观点和本方的立场设计三个问题,由一方的三辩向对方的一辩、二辩、四辩各提一个问题,要求被问方必须回答,不能闪躲,提问方每个问题不可超过15秒,回答方三个问题的回答累计时间是1分30秒。双方的三辩交替提问,由正方开始,在质辩的环节中,要求双方语言规范、仪态庄重、表述清晰。在质辩结束后,由双方的三辩针对对方的回答进行质辩小结,时间1分30秒,由正方开始。

4. 自由辩论阶段

正、反双方的八位辩手都要参加,辩论双方交替发言。双方都拥有4分钟的累计发言时间。在这个环节中,要求辩论双方的队员团结合作和整体配合。正方先开始。一方发言完毕落座后另一方方可起立发言,不得中途打扰对方发言。同一方辩手的发言次序不限。如果一方时间已经用完,另一方可以继续发言,也可向主席示意放弃发言。自由辩论提倡积极交锋,对重要问题回避交锋2次以上的一方将被扣分,对于对方已经明确回答的问题仍然纠缠不放的一方也会被适当扣分。

5. 总结陈词阶段

从对方的观点和己方的立场出发,总结本方的观点,阐述最后的立场。一般来说,四辩的要求偏重于总结能力、提升能力(就是在正常辩论赛的水平基础之上进行拔高),因此对四辩的要求应该最高,关键是要求他不要背稿,语言组织能力强,知识比较渊博,要现场总结,把握双方的基本观点和争论之处,然后巩固己方立场。

第五节 主　　持

一提起主持,我们就会想起那些风度翩翩、彬彬有礼、说话风趣幽默、思维机敏灵活的电视节目主持人。他们主持的节目使我们感到亲切,他们的语态气质令人久久难忘,甚至他们中的有些人会成为我们心目中的偶像,潜移默化地影响着我们的言语风格和社交风度的形成。其实电视节目主持只是主持的一种。主持是多种多样的,其他还有广播主持、会议主持、联欢会主持、仪式主持、演讲活动主持、论辩活动主持等。

一、主持的定义和分类

据考证,"主持"一词最早出现在《寄李本宁太史书》中,文中道:"必是主持定,而事仍可行",这说明"主持"是个能够管事、拍板的差使。主持人的雏形则可追溯到古代人类的各种文化、祭祀、娱乐、游戏等活动中。人们在劳动之余开展一些自娱自乐的文化娱乐活动时,就可能有一位"串场人物"出来主持活动的整个过程,那个人就是主持人。在宋代的演出活动中,就有一种叫做"竹竿子"的职位,开场时手持竹竿拂子上台致语,介绍剧情;演出过程中要和观众沟通,维持秩序;表演结束时,还要"款步登台,赋诗一首",最后以"歌舞既阑,相将好去"之类的套话告别。可见,当时竹竿子的出场一般与剧情无关,不属于剧中角色,带有串场、司仪的味道。竹竿子最早出现在堪称戏剧雏形的参军戏中。一场参军戏由类似现在的相声、小品、杂技组成,竹竿子也大多由教坊里的参军色担任。在这样一场演出中司掌串场之职,要求竹竿子不但要有伶牙俐齿,还要会相机插科打诨。

在现代社会中,为了保障正常的工作秩序和生活秩序,交流信息,需要开展各种形式的活动。开展活动就必须有人串联组织,充当主导人物,引领人们的话题。主持及主持人就是这样产生的。具体而言,主持人是指在传播活动的特定情境中,以真实的个人身份和交谈式言语行为,通过直接、平等的人际交流方式主导、推动并完成活动进程,体现活动意图的人。主持人在特定传播活动的情境中,通过直接平等的人际交流方式主导、推动并完成活动的过程和行为就叫做主持,主持的主要实施手段为交谈式言语行为。

依据不同的分类原则,可以将主持划分为不同类型。根据主持的内容,主持可分为社会活动主持和文艺活动主持。社会活动主持包括会议主持、庆典宴会主持、演讲辩论主持等;文艺活动主持包括舞会主持、文艺演出主持、联欢会主持等。

根据主持人在活动中所起的作用,可将主持分为报幕式主持和角色式主持。报幕式主持如主持报告会、新闻发布会等,主持人的职责是把会议事项和发言人介绍给与会者,宣布会议的开始、结束,没有其他太多的作用。角色式主持如文艺晚会主持、婚礼主持等,主持人在活动中担负一定角色,整个活动的进行都离不开他,否则活动就无法开展下去。

按照主持人的语言表达,可将主持分为报道性主持、议论性主持和夹叙夹议性主持。报道性主持以叙述为主要表达方式,如新闻发布会主持,主持人一般只介绍发言人的姓名和发言题目等简单内容。议论性主持以评议说理为主,如主持演讲活动和竞赛活动、主持广播电视评论节目、主持谈话节目等,主持人会不时穿插自己的现场感受。夹叙夹议性主持是有叙有议、叙议结合的,群众联欢、婚礼庆典活动往往采用这样的主持。

按照主持人的数量,可将主持分为一人主持、双人主持和多人主持。一人主持前后一贯,多用于短小的活动或严肃场合,如展览会、茶话会等。双人主持一般是一男一女,主持时男女声相互交叉,多用于文体活动,如庆典仪式、颁奖晚会等。主持人超过两人的,叫多人主持,其气势盛大,热烈欢快,多在大型晚会、喜庆场合中使用,如春节联欢晚会、周年纪念晚会等。

总而言之,主持的对象、内容、职责、要求不同,主持的形式也会不一样。广播电视主持人对专业性要求较高,因为其本身就是一种职业,对外表形象、气质、专业背景、普通话水平等都有一定要求,一般人难以达到专业水平,仅作了解即可。会议和活动主持在我们的工作生活中会经常遇到:从班级联欢会,到朋友的婚礼仪式;从主持班会、辩论赛,到主持科室会议、单位小型晚会。主持其实离我们并不遥远,说不定哪一天,我们就要拿起话筒走上主持的讲台。

二、主持人的必备素质

生活中有很多人对于主持并不真正了解,认为主持就是在公众场合说几句话,串串场。我们常常见到一些小型会议和仪式上,主持人或者刻板地一句话接着一句话地背稿子,或者用完全与现场不相符的言谈风格来主持,让人啼笑皆非。这些都是对主持不了解、缺乏主持人必备素质的结果。我们要学会精彩、有效地主持会议及活动,充分展现自身的实力和风采,就需要丰富自己的内涵,了解和掌握主持人应该具备的基本素质。

(一)政治素质

政治素质是人综合素质的核心,主要包括政治理论知识、政治心理、政治价值观、政治信仰、政治能力等。在主持人应具备的各方面素质中,政治素质是基础,这不仅仅是政治上的要求,也是业务工作上的要求。在活动策划时,如果不了解政治就容易策划出偏离现实生活的内容;在与观众交流时,不了解政治就可能偏离应有的引导方向,说出不合时宜的话语。

(二)精神素质

精神素质是主持人在精神层面和心理层面应该具备的素质修养,主要包括道德情操、个性气质和心理素质等。精神素质在精神和心理层面对我们的行为产生影响,它关系到我们在日常生活中的待人接物,以及与人交流时表现出来的感染力和影响力。对于主持人而言,精神素质尤为重要,它是主持人散发个人魅力、影响观众的重要因素。

具体而言,主持人首先应该具有良好的道德情操,这是主持人能被观众接受,进而受到观众尊敬的基础条件。其次,主持人应该保持良好的个性气质,这是主持人显示自身特点、吸引观众的重要环节。最后,主持人需要有良好的心理素质。有无良好的心理素质直接关系到主持的质量和效果,在主持的过程中,与观众"短兵相接",对现场进行调控和即兴发挥,以及应对现场的意外情况等,都需要主持人具备良好的心理素质。

(三)业务素质

活动主持具有一定的运作规律,主持人在思维方式、言语表达、形体动作等方面都要求具有较高的水准。可以说,业务素质是区别主持人能力与水平高低的重要方面。在主持活动中,主持人的业务素质主要包括知识素养、语言素养、临场应变能力、组织策划能力四个方面。

1. 知识素养

"腹有诗书气自华"说的是知识素养对主持人的语言表达的重要性,在主持人应具备的业务素质中,知识素养是最基础,也是最能展示主持人魅力与能力的要素。主持人在吸收知识时,要做到广、博、精、深,以实现对主持活动的调控运作。

2. 语言素养

语言素养主要表现在语音、语法、音色和口语表达能力等方面。作为主持人,语音一定要纯正,要能讲一口标准的普通话,否则在主持活动中就容易闹笑话;语法一定要规范,语言表达和词语运用一定要规范正确,否则容易让观众产生误解;音色要优美,主持人在活动主持过程中,说话要注意提声运气,音域宽广,音色优美才能吸引现场观众;口语表达要顺畅流利,语言要有表现力、穿透力、感染力,要简洁明了、生动耐听,这样才能掌控现场气氛,将观众的注意力都掌控在自己手中。

3. 临场应变能力

临场应变能力表现为主持人对活动现场的嘉宾观众、活动过程的各个环节能进行掌控调节,以使现场的氛围、活动进程按照预期的理想状态发展。在主持活动中,临场应变能力突出表现为对现场意外情况的调控,这要求主持人具备比较快的思维反应能力,同时对现场人员、设备等能保持熟练快速的调配控制。

4. 组织策划能力

组织策划能力是主持人在活动的准备阶段就参与设计整个活动的场面安排、环节设置、人员调配等内容的能力。良好的组织策划能力能让主持人在总体上把握整个活动的发展进程,将活动的预期目标在活动的各个环节过程中很好地体现出来,最终取得好的活动效果。

三、主持语言的功用

在人们的印象中,主持人一般都能说会道,这体现出语言表达在主持活动中的重要作用。确实,在主持活动中,主持语言是非常重要的,具体来看,其作用主要表现在以下几个方面。

(一)传递信息

在主持活动中,主持人作为活动的掌控者,要传达主办方的目的和意愿,要表达自己的观点见解,要介绍活动各方面的信息,主要都是通过语言来进行的。没有语言,现场的各种信息都无法清晰地传达出来。

(二)串联节目

主持活动的顺利进行离不开各个环节的过渡对接。在上一个环节和下一个环节之间,需要主持人用话语衔接过渡,让观众能知道上一个环节的结束,以及下一个环节的开始。主持话语的衔接过渡是串联节目、保持活动顺利进行的润滑剂,也是观众了解整个活动进程的重要信息源。

(三)沟通主持人与观众之间的思想感情

主持话语是主持人与观众之间的情感纽带。通过主持话语,主持人向观众传递活动信息和自己的观点见解,展示了自己的风采,而观众则从中接收到活动的信息,领略到了主持人的个性魅力。正是通过主持话语,主持人和观众之间的情感才得以互动交流。

四、主持语言的特征

要掌握好主持语言,不仅要把握主持语言的功用,还需要把握它的特征。主持语言的特征主要体现在以下四个方面。

(一)口语化

主持人的语言表达,就是用普通大众能接受的通俗语言来传递活动信息、表达思想感情。当然,这里的口语化表达不同于生活中不经加工的大白话,它应该比生活中的语言更加精练贴切、恰当准确,同时更加流畅生动、形象完整。口语化的主持语言源于生活,但高于生活,在主持活动中显得朴实亲切、自然流畅、生动上口,这种说起来顺口,听起来悦耳的语言,能大大缩短主持人与观众之间的距离。

(二)交流感

主持活动绝不仅仅是"我说你听"的简单传播,主持人在活动现场要充分调动气氛,就要实现与观众之间的双向交流,拉近与观众之间的距离。在具体的主持活动中,主持人的语言方式常常会灵活多变,采用有问有答、多方设计和铺垫等方式实现与观众的互动。

(三)个性化

人们在说话时有语音、语速等方面的差异,这形成了语言表述中的多种风格,有的柔声细语,有的粗声大气,有的简洁明快,有的幽默风趣……每种风格都代表着一种个性,在主持活动中,主持人语言上的个性正是其区别于他人的根本标志。

（四）亲和力

主持语言是口语化的表达,这种表达追求通俗,但绝非粗俗、低劣,它是人们日常口头语言经过筛选加工后提炼出的结晶。对于观众而言,这样的语言亲切而不媚俗,自然而不随意,是源自生活但比生活用语更为精练规范的语言,是充满亲和力的语言。

五、主持语言的运用技巧

主持活动中,主持人精彩的语言表达能够给现场带来良好的气氛,让活动高潮迭起。那么,在主持活动中,如何把握主持语言的运用技巧呢?下面,我们就从主持活动的发展阶段来具体看看主持语言的运用技巧。

（一）活动开始阶段

主持活动在开始阶段,主要任务是开场介绍,也就是开场白、开场语,内容主要是介绍活动的主题、性质、形式、参加人员等。对于主持人来说,开场语很重要,它关系着整个节目的成败。一场活动是否能够吸引住观众,关键就在于是否有精彩的开场语。对开场语中各方面内容的介绍要讲求顺序、策略和技巧。

一般来说,主持活动在开场时,首先要向来到现场的参与者、观众问好。比如,舞会的开场语可以是:"女士们,先生们,大家好啊!"商务会议或学术会议的开场语则可以是:"各位领导,各位专家,各位与会代表,大家早上好!"

在介绍活动的主题、性质和形式等内容时,不同的主持人会有不同的方式,归纳起来,比较常见的有以下几种方式。

1. 开门见山式

这种开场方式简洁明快,直触主题,一般在主题单一、内容较为简单,或是环节安排较多、节奏可能比较紧凑的活动中使用。比如舞会现场的开场语:"女士们,先生们,大家好,欢迎参加'夏夜之梦'舞会。"

2. 铺垫式

这种开场方式是渐进性的,通过其他材料的铺垫引出主题。作为铺垫的材料可以是与主题相关的背景、故事、诗歌等内容。一般在活动内容较长,需要介绍较为复杂的资料时使用,如产品推荐会、专题研讨会等。例如在某地区举办的名茶品饮会上,主持人的开场语为:"各位领导,各位专家,同志们,朋友们,三月山家谷雨天,半坡茶茗露华鲜,春醒病酒兼消渴,惜取新芽旋摘煎。在春暖花开、百花吐艳的时节,春季名茶品饮会在××县举行。我代表××县人民政府和热情好客的人民,诚挚地欢迎各位领导、各位专家和朋友们光临××县,指导我们这次会议,谢谢你们!"

3. 交叉进入式

这种开场方式多在两个或多个主持人主持节目时使用,主题的展开可以以两人交谈的方式进行。一般在活动内容不太容易吸引人,或是现场观众成分比较复杂,不易对活动形成统一关注度时使用。如下文是某校新年联欢晚会开场语。

甲:××,你以前参加过我们学校的新年联欢晚会吗?

乙:还没有呢,今年是我第一次参加我们学校的新年联欢晚会,不过我早就听说,我们学校的新年联欢晚会特别精彩,歌舞表演、小品相声,节目特别丰富。

甲:那是当然,我们学校人才济济,表演自然丰富多彩,不信,你看下面这个节目……

总而言之,主持人在说开场白时,语言要精练有力度,简单明了,让人一听就能明白。同时,话语要给人耳目一新的感觉。或者引用俗语笑话,或者布置疑团,或者着力与观众"套近乎"等,这些都可以让观众有新鲜的感受。当然,主持话语也要注意公众影响,不能天南地北胡侃乱侃,更不能说出不礼貌、不庄重的语言。

(二)活动进行阶段

主持人在活动进行阶段,既是现场的组织者,又是活动的主持者。主持人要推动活动的进程,将活动的各个环节、内容组合在一起,使节目的各部分成为一个整体。在这个过程中,主持人所说的话语是衔接语,也叫做串场词。衔接语起着承上启下、设置悬念、铺路搭桥的作用。在说衔接语时,主持人要说得恰到好处、情真意切,精彩的衔接语可以为活动增添热烈气氛,使活动得到升华。衔接语可以是即兴式的,也可以是独白或对话式的。具体来看,衔接语的内容包括两个方面:承上和启下。

1. 承上

承上是对已经结束的节目或环节的总结评价,一般而言,这个总结评价都是正面的,是对上一个节目或环节的肯定和赞扬,评价的语言要有感而发、短小精炼、点到为止。

如某艺术团来到江西革命老区演出的过程中,主持人在关牧村的表演结束之后采用了下面这样的衔接语。

乡亲们,关牧村动情的歌声,把她自己的眼睛唱湿润了,也把老区人民的眼睛唱湿润了,连老天爷的眼睛也给唱湿润了!老乡们,我们的演员都商量好了,如果雨下大了,只要大家不走,我们的演员就决不会走……

这样的衔接语结合现场情况进行了即兴发挥,既对关牧村的表演表达了肯定,也将现场的气氛推向了高潮。

2. 启下

启下是对即将要进行的节目或环节的介绍,其作用在于为下一个节目环节的开始铺路搭桥,引起人们对后面内容的关注。在负责启下的衔接语中,主持人可以设置一些悬念,以吸引观众的注意力。如下文杨澜和赵忠祥在《正大综艺》节目中的一段衔接语。

杨澜：……好，我们现在过最后一关。

　　赵忠祥：杨澜啊，我们这猜谜活动只是为了增长知识，不要说过关，什么"最后一关"，把问题看得太严重了吧？

　　杨澜：赵老师，我们就是要过最后一关——嘉峪关。

　　赵忠祥：啊？你早说呀！

这段衔接语就充分利用了"最后一关"与"嘉峪关"中共同的"关"字，一语双关，让观众在两位主持人略带诙谐的对话中欣赏下面的内容。

（三）活动结束阶段

在活动结束阶段，主持人语言表达的主要任务在于为活动收尾，取得一个完满的收场。常言道："编筐编篓，全在收口。"任何一个活动，无论过程有多么精彩，最终都要结束，如何让活动有一个精彩的结尾，这就需要主持人能较好地把握结束时的话语表达。

在活动结束时，主持人的语言多是对活动内容的概括总结，或者对观众给予善意的提醒指导。总体而言，常见的活动结束语有以下几种。

1. 归纳式结尾

这种结尾方式是对活动内容的概括性总结。对于内容或环节较多、观众难以清晰把握主旨的活动可以使用这种方式结尾。通过主持人的归纳总结，观众可以轻松地做出判断和结论，从而不太费力地接受和理解主持人话题的内涵。

2. 建议式结尾

这种结尾方式是以向观众建议、提醒或号召的形式结束活动内容，在环节不多、内容与观众的工作生活较为密切的活动中可以采用，其好处在于语言既委婉得体又显得亲切热情，观众一般乐于接受，是主持人行之有效的一种话题结束方式。

3. 感叹式结尾

这种结尾方式是以主持人个人的感慨、赞叹或抒情结束活动。主持人一般就活动双方共同的感情凝聚点为基点进行感叹抒情，让受众在主持人的感叹抒情之中受到感动，受到激励，从而产生行动的力量。

4. 综合式结尾

这种结尾没有采取以上任何一种单一的方式进行，而是综合采用几种方式结束话题。一般在较为大型的活动结尾，单一的结尾方式不能满足表达需要时，可以采用这种方式结尾。

2008年《赢在中国》决赛中，主持人的结束语包含下面这样一段话。

　　《赢在中国》曾经有一首歌叫做《在路上》，这两年多来，每当我听到这熟悉的旋律在许多场合响起时，我在想，其实创业的精神就是奋斗的精神，这种精神原本就蛰伏在成千上万人的心里，我们只是用《赢在中国》这个舞台，应和了这种心声，找到了一种集体的共鸣。所以，是你们，是我们的忠实观众，是那些在艰难中奋进的人，在顺境中不断自我加压的人，在心智上

不断升华的人,成就了《赢在中国》,谢谢!(归纳)

作为一档励志型创业大赛,《赢在中国》节目中所体现出来的创业热情,已经让许多人走在了创业的路上。但创业需要的是持久的热情,需要的是无数细节的合成,需要的是年复一年、日复一日的含辛茹苦。今天,在这个本该表达一些激情的大决赛的结尾,我又一次提起了"脚踏实地"这样的老生常谈,原因是我们真心希望,有更多的创业者能够长大、做强。那样的话,当我们这个多灾多难的国家需要的时候,我们的创业者就能够像我们台上坐着的这些评委,以及很多没有能够来到这次现场的、为本次地震灾区作出过巨大贡献的民营企业家一样站出来,而且是有力量地站出来。(建议)

最后,我想对创业者说,在未来的某一天,因为创业,因为成功,我们能够惠及我们的同胞,能够带给我们这个国家真正的核心竞争力时,那才是我们创业者真正的荣光!谢谢大家的收看,再见!(感叹)

六、主持人的外在形象与体态语

形象是主持人给观众的印象,包括相貌、服饰、言谈、举止、礼仪、兴趣、风度等,既包括外在形象又包括内在涵养。内在的涵养具体表现为主持人的言语谈吐,它体现着主持人内在的道德品质和文化修养。而外在形象具体表现在主持人的相貌穿着、行为举止等方面,它体现着主持人的精神风貌。总体而言,主持人的形象就是主持人的魅力所在。

在主持活动中,主持人想要有出色的表现,不仅要注意内在涵养,也需要注意外在形象。主持人的外在形象主要包括相貌、衣着修饰和体态语这几个方面。

(一)相貌

一般来说,主持人应五官端正,较为英俊漂亮,身材匀称,身长中等偏高,女性1.65米、男性1.75米较佳。但从现实情况看,现代社会对主持人的相貌并没有硬性要求,更多的是对主持人内在涵养、言语谈吐的要求。

(二)衣着修饰

主持人着装应与场合身份相符,需要根据不同场合选择合适服装,一般以端庄典雅为主,略加点缀即可。化妆应以淡雅为主,男主持不戴戒指耳环等饰品,女主持也不可佩戴过多饰品,更不可珠光宝气。

(三)体态语

主持人的身体语言应与有声语言配合,准确适当,不要有过多的身体动作和零碎手势,更不宜手舞足蹈。具体来看,需要注意表情语、手势语、体态语这三个方面。

1. 表情语

表情语是通过面部表情来交流情感,传递信息的语言。在诸多表情语中,表现力最强的就是目光语。主持人在面对观众时,要注意与观众的目光交流。在不同的场合,与观众交流的目光也是不同的。在主持人与观众距离较近的场合,一般宜采用"社交、注视"的方式,即目光主要在对方双眼和嘴部三角区域移动,表现出亲切、友好、关注的感情,这不仅符合礼貌原则,还能激发对方交流的欲望。而在主持大型综艺节目的场合,宜采用虚视和环视相结合的方法,一方面能让观众切实感受到主持人对自己的关注,另一方面可以调节全场的整体氛围。此外,主持人还可以通过眉毛的变化传达内心情绪,通过嘴角的笑意程度表达内心情感,这些也是观众能够直接体会到的表情语。

2. 手势语

手势语通过人体上肢动作来传递信息,是使用最频繁的体态语。主持人使用手势至少有两个目的,其一是加强思想,其二是帮助描绘某些事物。前者属于加强性手势,后者属于描述性手势。主持人在节目中,要尽量避免琐碎而又没有任何意义的手势。有很多初次上台的主持人,站在台上不知手该放哪,该怎么放。有的双手下垂,觉得晃来晃去不自在;有的双手抱胸,又显得过于自负;有的双手插在口袋,还是不够自然,于是就频频地变换手的位置和动作,给人以紧张不安的感觉。

手势语的表意性很强,它可以表示确定的意义,如以手指示数、计数;它还有象征意义,如掌心向上平伸出去,表示"请"的客气礼节等。主持人的手势要自然、舒展、明确、精练。一般两手分开,自然下垂,必要时以单手或双手示意。拿话筒的手切忌翘兰花指,手掌不论处于静态还是动态,手指都不要僵硬地并拢在一起,也不可大张开五指,而应放松地靠拢,才显得舒展、自然。掌心向上的手势是诚实、真挚、礼貌、文明的表现,主持人宜多多采用;掌心向下伸出食指,带有命令、强制、数落、指责等意,主持人应避免使用。

3. 体态语

体态语是人的各种身姿所传递的信息。通常可分为坐姿、立姿、步姿、俯姿、卧姿等。对于主持人来说,主要是掌握正确的坐姿、立姿。常言道,"坐有坐相,站有站相",要"坐如钟,站如松,行如风"。主持人的体姿,应挺拔而不拘谨死板,给人以精神饱满、潇洒自如的深刻印象。在站立时,要腰板挺直,显得端庄自信,上身略向前倾,"凑"向面前的观众,令人感到可亲可信,敬而"近"之。在坐下时,身体应稍向前倾以示恭敬,不可后仰,因为后仰给人一种高傲、蔑视的印象;坐时挺直腰板显得庄重精神,耸肩驼背则显得松弛懈怠。当然,也不可过于正襟危坐,只有表现出自然、大方的精神风貌,才能给人以可信又可亲的感觉。此外,在双人主持中,还需要注意彼此坐相或站相的协调性,比如在和嘉宾合作主持时,主持人可以侧身微笑注视着对方讲话,身体微微朝外侧倾斜,非常恰当地表示一种礼让的姿态。

第六章 教学口语

第一节 教学口语概述

一、教学口语的定义

教学口语是教师课堂传递信息、提供学习指导的一种教学活动行为。教学口语的设计要根据所教学的内容、教学对象的差异性进行调整。教学口语以口头语言为主，以体态语为辅。

二、教学口语的特点

教学过程的复杂性决定了教学口语的多样性，下面从几个方面来介绍教学口语的特点。

（一）科学性和规范性

教学语言的科学性主要是指教师教学时所用的话语要符合各门学科的教学实际。各门学科的教学都离不开这一学科所特有的概念、术语、原理、规则等。不能用一般日常词语去代替科学术语。要能够用科学的语言准确无误地表述每一个概念的内涵与外延，每一个公式的运用条件。不能随意下定义，不能想当然地解释一个词语，也不能含含糊糊地阐释某一个定理，更不能天马行空地演说。

教学语言的规范性是指教师使用普通话进行规范的表达，即用北京语音作为标准音，以合乎正确词汇、语法要求的语言进行表达。教师教学过程中，除开所教学的内容外，他们的一言一行也都将成为学生学习的对象，如果他们在课堂上总是把"老师"误念成"脑斯"，把"莘莘学子"误念成"辛辛学子"，他们的学生就会模仿这些错误的发音，而发错音、说错话。

（二）学科针对性

教学语言的学科针对性体现在教师的教学口语应该结合本学科的特点进行区分。例如：语文课的教学口语要更加感性一些，通过富于情感的语言引导学生进入不同的文学世界；而数学课中对于公式、规则的界定要十分的严谨，所以教师在用语上也要十分准确。

同时，教师还要能在教学时结合各门课程教学目的的差异性、环境的差异性，以及教学对象年龄、知识水平的差异性选择不同特点的教学口语。针对不同的学生个体、不同的班级,调整自己的表述内容和表述方式;即便教学同一内容,也应在教学口语上有所区别,最终达到适合教学对象需要的目的。

(三)启发性和趣味性

教学口语的启发性是指运用各种问题或留有空白的话语引导学生思考,从而达到启迪、点拨学生的目的。所谓"留有空白的话语",类似于一个未填满的盒子,教师设定了"盒子"可以容纳的内容,并设定各种问题,引导学生将"盒子"填满。在这一过程中教师导引学生求知、求疑、求解,多方位、多角度地设计和运用启发语,去激励、启迪学生,刺激他们的求知欲,打开他们的思路,在思考中学习,在学习中思考。

教师口语的趣味性体现在语言的幽默感上,苏联教育家斯维洛夫指出:教育家最主要,也是第一位的助手是幽默教学。幽默的课堂语言不仅可以拉近和学生的关系,还可以调节课堂的气氛,使课堂充满了欢声笑语。所以在教学中,教师应该结合自己的教学内容,加入一些俗语、顺口溜、笑话、流行语等趣味性的语言,让学生在乐中思、乐中学。

三、教学口语的要求

我国古代思想家荀子指出:"师术有四,而博习不与焉。尊严而惮,可以为师;耆艾而信,可以为师;诵说而不陵不犯,可以为师;知微而论,可以为师。"其中的"诵说"就类似于今天对教师口语的要求,讲课应当有条理而不违师。具体来看,教学口语应从语音、用词、语义三个方面来进行要求。

(一)语音清晰规范

语音上的要求除了上面所说的要用标准的普通话进行教学之外,教师的语言表达还要把握好语音的清晰度、轻重度。语音表达越清晰,越能够让学生清楚地理解所要讲解的内容。而轻重音的调节,可以让学生明确课堂内容的重难点。

(二)用词优美贴切

教师的教学用词应该优美贴切。教师在教学时应尽量将教材中的书面语体转化为口语语体,把难懂的字词转换成浅显生动的词语来加以讲解。同时,教师的语言应该尽量优美雅致,时而幽默诙谐,时而引经据典,时而饱含情感,让学生能够真切地感受到汉语的博大精深。

(三)语义简洁精炼

教师讲课的语言应当简洁精炼,要做到恰到好处。事实上,学生喜欢听那些关键性的话语,特别是在讲解重难点问题的时候,如果教师言语啰唆,学生就容易走神而抓不住重点。反之,如果言语精练且句句有内容,就能够抓住学生的好奇心,一层层地将学生引入知识的深处。

第二节 导 入 语

一、导入语的定义

导入语是新课开始时,根据教学内容设计的导入新课的话。设计好一节课的导入语,可以引起学生的兴趣,为顺利地进入新课做好准备。

二、导入语的作用

（一）预设情境

运用导入语,可以迅速导入预设的情境,更好地组织课堂教学。导入语可以让学生了解这节课内容的基调,特别是上语文课,可以尽快进入教学的主题,打开学生的思维。例如一位老师在讲解课文《周总理,你在哪里》时,采用了下面这样的导入语。

他就是我们伟大的周总理。1976年1月8日,巨星陨落,这时,江水为之沉凝、青山为之肃立,草木俯首、星月不移,全国人民沉浸在无限的悲痛之中。但是万恶的"四人帮"却不准人民举哀,他们还丧心病狂地攻击和诬陷总理,制造了骇人听闻的"四五天安门事件"。同年10月,党中央采取果断措施,一举粉碎了"四人帮"。于是全国人民被压抑的对总理的哀思之情,以排山倒海之势喷薄而出,至1977年总理逝世一周年之际,这种哀思达到了最高峰,成千上万篇悼念诗文汹涌澎湃而来。当代著名女作家柯岩也以真挚的感情写下了《周总理,你在哪里》一文,这首诗问世后,在社会各界引起了巨大的反响,著名男高音歌唱家李光羲在法国唱了一首歌,轰动了整个巴黎,因为这首歌不仅唱出了中国人民的心声,也唱出了世界人民的心声,这首歌的歌词,就是我们今天所要学的《周总理,你在哪里》一文。

在这里,导入语将整节课的基调定义为怀念哀悼周总理,自然情绪上就会十分低沉,所以在后面学生朗读这篇文章的时候,就会注意到语调上的问题,而不会用十分欢快明朗的调子进行朗读。

（二）引发好奇心

好奇心是人的天性,正确地引导它,可以引发学生爱思考的兴趣,而在学生对学习内容产生浓厚的兴趣之后,他们就不是为了学习而学习,而是为了探究答案而学习。例如上数学课时,一位老师的导入语是这样的:"你们看外面的大树,能不能知道它有多高?如果你们前面有一条无法横渡的大江,怎样才能知道它有多宽?我们学了'相似三角形'这一节,就可以不上树就能测出树有多高,不过河就可以测量河的宽度。你们学懂了之后,本领就大了。"

> 教师口语

教师对生活中的常见事物进行发问，激发了学生的学习兴趣，等到答案终于解开的时候，他们也就找到了学习知识的乐趣。所以正确地引导好奇心，就会有事半功倍的效果。比如在物理课和化学课上，可以结合一些实验器材进行课堂的导入。例如一位老师在化学课中讲授"空气"这一知识点时这样导入："我们生活的环境中有空气，人类的生存离不开空气，可是空气既看不见也摸不着，你能设计实验让我们感觉到空气的存在吗？"使用问题导入新课，充分调动了学生动手的能力，在一种轻松愉快的氛围中开始学习，有利于提高学习的效率。

（三）承上启下

每科的教材都有一个严密的体系，所以章节里面的课文都是有逻辑联系的。教师在设计导入语的时候应该注意新、旧知识的过渡。例如小学课本中有很多关于列宁的文章——有列宁认真学习的故事；有关于列宁小时候是个诚实孩子的故事；有列宁在中学时代怎样写作文的故事。所以斯霞老师在上《列宁和卫兵》一课时，就是这样导入的："同学们，你们过去学过哪些关于列宁的课文？今天学习的《列宁与卫兵》，讲的是什么时候发生的事情呢？请你们默读课文。"

三、导入语的要求

（一）目标明确

导入语的最终目的是要引入新课的内容，所以不能拖泥带水地绕弯子，更不能不着边际的瞎侃。例如有一位老师在引入课文前用了将近15分钟的时间在问学生脑筋急转弯的题目，他的本意是想拉近与学生的关系，但是，由于这些脑筋急转弯的题目和本节课要讲的课文《核舟记》并没有联系，所以学生没有办法通过导入语进入到课文的情境中，相反，他们的注意力全部被那些脑筋急转弯的题目所吸引，等到老师想要把同学们从热烈讨论的氛围中拉进课文里来的时候，他已经没有办法控制好场面了。

（二）亦庄亦谐

导入语的设计应该生动活泼一些，这样有利于拉近与学生的关系。如特级教师钱梦龙老师给武汉地区近千名语文教育工作者上示范课。快上课了，学生和观课的老师都静心地等待着，课堂气氛显得过于严肃、紧张。这时钱老师从容地走上讲台，面带微笑、亲切地对学生说："我打个谜语给你们猜猜，好不好？"同学们虽然觉得很意外，但立刻来了兴趣，高兴地回答："好！"钱老师出谜语了："虽然发了财，夜夜想成才。打一人名。你们认识的人。"教室里出奇地静了一会儿，一位女生举手，站起来回答："钱梦龙！"全堂欢笑雀跃，之前的紧张气氛便消散无踪了。

导入语在活跃气氛的同时也要注意到度的把握，不能将一些低级庸俗的段子拿到课堂上来活跃气氛，这样会有损教师的形象。

四、导入语的类型

按照教师运用语言导入新课的方法与形式,我们可以将导入语分成以下几类。

(一)承上导入式

所谓"承上",是指承接上一节课所讲的内容进行导入语的设计,这样可以让学生对知识有一个系统性的认识,比如在物理课上讲授"匀速直线运动"的时候,我们可以说:

> 上节课我们已经学习了《机械运动的分类》。物体在一条直线上运动,如果在相等的时间里通过的路程不相等,这种运动就是变速直线运动;如果在相等的时间里通过的路程相等,这种运动就是匀速直线运动。我们平时看到的运动大多不是匀速的,其轨迹也往往不是直线。但匀速直线运动是一种最简单的机械运动,我们就把它作为研究运动的起点。

承接上节课的内容,既可以让学生回想到已经学过的知识,也可以引发学生对新的内容的思考。

(二)情境导入式

运用一些修辞手法,比如排比、感叹、拟人、夸张等句式,将本身感情色彩比较浓郁的课文的情境创设出来,这种类型特别被语文老师所认可,比较有代表性的一位"情感派"的语文教育家就是于漪。下面以《雨中登泰山》的导言为例来看。

> 同学们游览过祖国的名山大川吗?那奔腾咆哮、一泻千里的长江黄河,那千姿万态、气势雄伟的三山五岳,孕育着我们中华民族的古老文明。一想到它们,民族自豪感就会充溢心头,那具有拔地通天之势、擎天捧月之姿的泰山,就是这样的一座山。历代多少文人墨客写诗撰文讴歌赞美,杜甫的五律《望岳》就是其中之一,诗中那"一览众山小"的境界是令人神往的,只有攀登到绝顶,才能领略到无限风光。今天,我们学习李健吾的《雨中登泰山》,请作者为向导,带领我们去攀登游览那高耸雄伟的泰山吧!

于老师在这里用夸张、引用等修辞手法将祖国的名山大川一一赞美,字里行间流露出深厚的爱国主义情感,也激发了学生的爱国主义情怀。带着这样的一种心情进入课文,学生在朗读欣赏的时候自然就满怀情感了。

(三)设疑导入式

紧扣教材设置问题,引导学生积极思考,这种方式特别适合理科的老师选用。例如一位物理老师是采用下文这样的方式导入自己开学初的第一堂课的。

> 同学们,升入初二,我们就开始学习物理课了,物理课要学些什么呢?我先问大家几个问题:如果你站在地球上,不许弯腿,你能跳起来吗?锋利的菜刀为什么能把东西切开?茶壶盖上为什么要开个小孔?小孩为什么

跌跤的可能性大？为什么我们总觉得躺着比站着舒服？这些问题，等我们学了物理知识，就迎刃而解了。

这位教师针对生活中常见的一些现象进行发问，而这些问题是同学们从来没有质疑过的，自然会激发他们一探究竟的好奇心，也就此引发了他们学习物理的兴趣。

（四）故事导入式

教师可以将自己讲的课变成一个故事，用故事来吸引学生注意力。比如小学生在学习分数比较的时候，一位老师采用下文这样的方式设计了导入语。

话说唐僧等师徒去西天取经，走进火焰山，热得要命，此时，猪八戒到一户人家要来了一个西瓜，大家十分高兴。八戒心想：如果4人平均分，我只能吃到这个西瓜的1/4，我跑了路，应该要多吃一份，于是提出给他1/5的要求。悟空一听就哈哈大笑，满口答应了。谁知八戒分到1/5的西瓜后，就嘟着张嘴气极了。因为他把1/4与1/5的大小弄反了。今天我们学了比较分数的大小，以后就不会犯猪八戒那样的错误了。

（五）直接导入式

教师一上课就开门见山地通过图片、录像、标题等导入新课，这种方法可以让学生迅速地进入课文，目标明确。例如在讲解《人民英雄纪念碑》这篇课文时，教师可以直接让学生看到人民英雄纪念碑的图片，并进而走进《人民英雄纪念碑》这篇文章。这种导入的方法简明扼要，是很多教师首选的一种导入方法。

第三节　讲　授　语

一、讲授语的定义

讲授语是教师对教学内容进行系统而连贯的讲授语言。这种语言是贯穿于课堂教学过程中，是对教学起着最为重要作用的教学口语类型，它常常与各种教学手段配合以完成教学任务。因此讲授语是决定教学成败的关键因素。

二、讲授语的特点与要求

（一）准确畅达

讲授的语言必须正确地解释好教材中的内容，特别是对某一定义进行界定的时候，要尽量做到准确。而在解释其原因的时候，也能够严谨流畅。只有这样才能够将知识清晰明确地呈现在学生的面前。一位物理老师讲授"浮力"的概念，他用一个有刻度的玻璃烧杯盛水，并放入一块浮体做浮力实验，实验结果证明了这块浮体的浮力等于它排开水的质量，然后他得出结论说："浮力等于浮体排开水的质量。"该物理老师得出的这个结论是从其所做的实验中得出的,就此对实验结果进行概括是正确的。但是否只有在水中才有浮力呢?浮体在油中、飞机在空中是不是就不承受浮力呢?由此分析可见,该教师得出的这个结论存在着定义过窄的毛病,他应该由水的实验进而引申、概括为流体的实验,这样才能对"浮力"的概念做出准确、严密的定义。

(二) 深入浅出

教师应对教材中难懂的词句,深奥的理论、概念、定义进行合理的消化,并将它们转化为通俗易懂的语言表达出来。同时,也可以配合其他一些教学手段,尽量做到深入浅出,只有这样才能真正让学生有效地接受新的知识。钱梦龙老师在上《捕蛇者说》这一课时,关于"蓄势"的讲解就是一个很好的例证。

什么叫蓄势?刚才我讲过,古人写文章很讲究"势",他要说明这个问题,不是直接说这个问题,而是蓄了很多势以后,水到渠成,加以点明。关于这个蓄势,我打个比方。我看到过练习气功的表演,叫"手劈石碑"。我看到他劈的时候,不是一来就劈,而是先有运气、运功的过程。他先围着石碑走两圈,把功集在手掌上,然后瞅准时机,突然爆发了一股力量,把石碑劈断了。(一边说一边做手势)这个劈石碑的动作是关键性的动作,他也在"蓄势"。写文章也是这个道理。

在上文这样深入浅出的教学中,同学们结合钱梦龙老师生动的"气功表演"来了解"蓄势"的意思,既掌握了知识,又觉得轻松有趣。

(三) 突出重点

叶圣陶曾经指出,讲课应该给学生一个简明的提要,"学生凭这个提要,再去回味那冗长的讲话,就好像有了一条索子,把散开的线都穿起来了"。所以,教师在讲授课程的时候,应当要抓住重点,这样可以加深学生对教学内容的理解与记忆,达到事半功倍的效果。例如在语文课《荔枝蜜》的教学中,一位教师抓住"我的心不禁一颤:多可爱的小生灵啊"这句话中的"颤"进行推敲:

"颤"是什么意思?为什么作者会"颤"?又为什么"不禁一颤"?"颤"以后流入笔端的是怎样的意思,怎样的感情?"颤"是抖动,这儿是因外因而产生的抖动。工蜂最多活六个月,整日整月采花酿蜜,生命却如此短暂,作者意想不到,他颤动了,作者被老梁的话猛然一击,情不自禁做出的反应,所以是"不禁一颤"。这个"颤"是对"辛勤酿就百花蜜,留得香甜在人间"的小蜜蜂的赞颂,是对小蜜蜂短暂的生命所显示的意义和价值的领悟。所以,紧接着是发自肺腑的赞美——"多可爱的小生灵啊",紧接着又融情于理,评述蜜蜂对美化人类生活所作出的贡献。通过对"颤"字的想象,拎起这一段的议论抒情,注情于蜜蜂这个小生灵,使"对人无所求,给人的却是极好的东西"的高尚情操闪耀着耀眼的火花。

上面这一段讲授将重点放在"颤"字这个文眼上,然后针对它,进行发问,学生通过对这些问题的回答,而解答出了文章的中心思想,所以通过对重点的把握,就容易理解作者写《荔枝蜜》这一文的用意了。

三、讲授语的类型

(一)具体描述型

具体描述型的讲授语是教师使用生动形象的语言把理性化为感性,把抽象化为具体,把深奥化为浅显,利用学生熟悉的能唤起思维表象的事物来引领学生走进知识的王国,通过各种修辞的手法,将事物活灵活现地描绘于孩子们的想象中,既满足教学任务的需要,也使师生心灵得到沟通。描述能使学生具体而直观地领悟到教学内容,产生亲临其境的真实感受,从而与教师达到感情上的共鸣,更好地吸收知识。例如在一堂地理课上,某位老师在讲授"极光"时,有下面这段解说。

> 每当北极地区夜幕笼罩时,在那神秘莫测的高空常会出现一些明亮的光点,随着光点的变大,光度也逐渐变强。有时像万匹彩缎,随风起舞;有时如绚丽巨伞,高悬天空;有时似一片素云,悠悠飘荡;有时若一股火焰,流向天际。这些变幻无穷、色彩缤纷的现象,就是极光。

通过一些具体描述型的语言将极光的特点绘声绘色地表现出来,让学生有极强的画面感,有利于加深同学们对极光这一现象的印象。

(二)夹叙夹议型

夹叙夹议型的描述语是教师使用充分的论据来对教材中的某个问题或观点进行阐述。在这个过程中,教师时而叙述、时而发表议论,述中有议,通过述来归纳,议中有述,透过议来演绎,二者相辅相成,相得益彰。例如,一位老师上物理课,他讲到"光的反射"时,有下文这样一段讲授。

> 关于光的反射,虽然我们以前没有学过,但是我们经常接触到光的反射现象,有的还很熟悉、很有趣。譬如:不少同学小时候都玩过镜子,表面是平的镜子我们叫平面镜,把平面镜放在阳光下,当镜面对着阳光,并且角度合适时,太阳晒不到的房子里面的墙上会出现一个亮斑。这个现象实际上是太阳光从空气射到平面镜的镜面上时,有一部分阳光被镜面反射回空气投射到房子里面的墙壁上的缘故,这就是光的反射现象。给"光的反射"下一个定义就是:光射到物体表面上的时候,有一部分光会被物体表面反射回去的现象。

上面这段讲授先摆出学生熟悉的生活实例,然后总结出光的反射现象,在此基础上再归纳出定义,这样的论证,有理有据,思路清晰,层层深入。这种类型的讲授形式在语文课中也经常被采用,比如于漪老师在讲授《记金华的两个岩洞》一文时,分析前三节的好处时说:

第四节虽不用对比,但依然写得很细腻。写溪流——随着山势而变化;溪身——时而宽,时而窄;溪水——时而缓,时而急;溪声——随时变换调子。这样,作者就从不同的角度写出了这里溪流的特点。有形有声,具体形象。"入山大约五公里就来到双龙洞口,那溪流就是从洞里出来的",这里又看到线索了,流从洞中来,水声呼洞出,线索明晰。

于老师从溪水、溪身、溪声三个侧面入手,进行分别论述,条分缕析,步步紧扣,由表及里,论证有力。

(三)分析对比型

所谓"分析对比",是指新、旧两种知识放在一起比较,加深学生对知识的理解。乌申斯基说:"比较是一切理解和思维的基础,我们正是通过比较来了解世界上的一切的。"由此可见,教师通过对比把知识传授给学生,可以让学生在对比思考中获取真知,更能够帮助学生理解与记忆。比如在语文课上讲解《祝福》时,一位教师把鸣凤和祥林嫂放在一起进行比较:

这两个人似乎是不可比的,如果一定要比,也可以谈一谈。这两个女性都是封建社会背景中的妇女形象,地位都低,最后都死了。但是两个人差别很大。祥林嫂至死都没有真正觉悟。有人说问魂灵有无是觉醒的表示,我认为不是的,她只怀疑而已,当然可以看作觉醒的起点,但毕竟没有真正觉醒。所以,电影《祝福》的改编者为了突出祥林嫂的觉醒,加了一个情节——她用刀去砍门槛。电影出来后,有人认为这个改编是败笔。我同意这个评价。相比之下,鸣凤是一个觉醒者,她意识到了做人的权利。另外,祥林嫂的一生都没有享受过什么爱情。她第一次嫁给了一个10岁的男人,能有爱情吗?而鸣凤享受过爱情,爱与被爱都体验过。祥林嫂是做不了奴隶而希望做奴隶,她要争取的是做奴隶;而鸣凤已经是奴隶了,她争取做一个人,她要做人的自由,人的尊严!祥林嫂的死是绝望,鸣凤的死是觉悟;祥林嫂的死是消极而被动地离开这个世界,而鸣凤的死是积极而主动地控诉这个世界,她以死向这个令人窒息的世界发出控诉。巴金曾说过,我要我的笔向这个世界发出"我控诉"。因此鸣凤与祥林嫂不一样,鸣凤宁为玉碎,不为瓦全!

上文这种对比是建立在学生对《祝福》和《家》这两篇课文均有一定了解的基础之上。学生从《祝福》的时代背景产生联想,提出要将鸣凤与祥林嫂对比。教师运用富有条理、逻辑层次分明的语言做了比较,紧紧围绕对时代的控诉和对做人的觉醒进行分析,使学生对人物形象的理解更为深入,同时又进一步深刻认识了课文的主题。同样,这种分析对比也可以把它引申到其他学科的对比联系上。

比如一位数学老师在讲授"运算规则"时,写了这样的一个板书:"蔚蓝色的天空飘着朵朵白云。"

老师说:"变成一个缩略句。"

学生回答说:"天空飘着云。"

老师又说:"下面来做第二个缩句题,4.8加上1.2的和除以1/3与3/4的积,请大家想想这句话说的是谁除以谁呀?"

学生回答:"和除以积。"

老师说:"现在请大家根据缩略句列出算式。"

学生立马写出了答案。

通过不同学科知识的相通性,数学老师不自觉地将它们进行比较联系,既让学生感到新奇,又使学生迅速掌握该题的实际要求。

(四)评点点拨型

评点即是对教学内容的点评。在讲授的过程中,教师会引导学生就某一概念、关键词或文章的中心思想等进行讨论分析,然后针对学生的回答进行点评分析。这样可以加强教学过程中师生沟通、合作、对话的过程。在这一过程中,教师除了应该积极引导学生思考外,更应该以少而精的语言来点拨学生,加深他们对内容的理解。

例如一位语文老师在讲授《匆匆》这篇课文时,先放了朗诵此文的录音,然后他开始提问:"文章整体有什么样的语调?"

生:"我认为整个语调应该有淡淡的忧伤。"

师:"是啊,有些感慨。刚才录音带中的那位老师朗读得很好,但是她在读的过程中丢了一段,咱们能不能补上?"

××学生大声朗读课文第二自然段。

师:"××同学很会读课文,但是老师告诉你并不是声音越响越好,你读得太实、太满、太亮,应该读得虚一点。"

××学生再读课文第二自然段。

师:"我们大家一起读,可以看一看老师的手势。全班跟着老师的手势一起读课文的第二自然段。"

生:"在默默里算着,八千多日子已经从我手中溜去;像针尖上一滴水滴在大海里,我的日子滴在时间的流里,没有声音,也没有影子。我不禁头涔涔而泪潸潸了。"

师:"'头涔涔而泪潸潸',你看老师的额头上有什么?"

生:"有汗。"

师:"你们知道老师为什么流汗吗?"

生:"因为紧张。"

师:"是啊!朱先生也紧张而流汗。你们知道作者为什么紧张吗?"

生:"因为时间过得太快,自己没有什么作为。"

师:"是啊,有一个表示流泪的词语就叫'潸然泪下'。"

……

该语文教师富有针对性的评点,让同学们意识到自己朗读时的问题所在,并逐步走入朱自清的世界。

第四节 提 问 语

一、提问语的定义

提问语是教师依据教学的需要提出的询问用语。它是优秀教师所必备的一项素质。提问可以有效地集中学生的注意力,引导学生积极思考问题并解决问题。提问是课堂教学的重要环节,精心和巧妙地设计提问语,成为教师在安排课程中的重要组成部分。

二、提问语的作用

（一）启发思维

课堂提问可以启发学生的思维。正如钱梦龙所说的:"问题提得好,好像一颗石子投向平静的水面,能激起学生思维的浪花。"学生通过自己的思考,会加深对课堂内容的理解;而且在思考的过程中,学生也能够获得学习的乐趣。比如一位教师在讲授《威尼斯商人》一文,接近尾声时,老师提出一个问题:"你最喜欢课文中哪个人物,说说你的理由"。有的学生说喜欢夏洛克;有的学生说喜欢鲍西娅;有的说喜欢公爵,等等。不同的学生结合自己的想法陈述了喜欢他们的理由,由此可以发现学生的不同想法。

（二）吸引注意

课堂上学生的注意力直接影响到教学的效果。学生不可能在课堂45分钟里每秒都保持注意力高度集中,所以教师一方面要学会调整自己的语调、语音、节奏,明确重点;另一方面要学会结合课堂提问的穿插作用,引导学生思考,如此来集中学生的注意力。相关心理学研究表明,课堂上,教师一提问,学生大脑的脑电波就会立即产生波峰。而且,如果教师一时还没指定谁来回答,电波的波峰状态将一直保持。由此可见,有经验的优秀教师会精心地设计好课堂上的提问语。如特级教师钱梦龙老师在讲授《死海不死》时,就以整节课一问一答的形式完成了课文的讲授。在课堂开始前,他采用了下面的方式与学生进行互动。

师:"关于死海的知识,同学们都已了解。你们已经知道的东西,如果还要老师重复地教,你们觉得有劲吗？"

生:"没劲!"

师:"对呀,我也觉得没劲。因此,在决定这篇课文里哪些知识需要老师教之前,我先请同学讨论一下'什么知识可以不教'。现在请同学们打开课本,把这篇《死海不死》看一遍,然后根据课文后面练习题的要求想一想:练习题要求我们掌握的知识哪些可以不教?"

上面这样的提问一下子就吸引了学生的注意力,学生也在老师的启发下纷纷寻找答案。

(三) 互动调控

提问语的设计可以使师生的互动更加自如,教师通过学生的回答可以了解到哪些知识是学生还没有掌握的,以此来调控自己教学的进度与难度。一位英语老师在讲解一个语法点的时候先让学生来对比下面这两个句子。

① Jim had a lot of homework, but he managed to finish it before bedtime.

② Jim had a lot of homework, but he said he would try to finish it before bedtime.

接着询问学生它们之间有什么差别,有些学生认为没有差别,有些学生知道有差别却无法具体说出它们的差别在什么地方,所以教师在这个时候切入到讲解部分:

"try to do sth."意思是"尽力、设法去做某事",结果如何,不得而知,而"manage to do sth."则表示"设法做成了某事"。

通过师生的提问互动,学生解开了疑惑,教师也了解了学生的疑惑之处,今后在练习的时候,就会有针对性了。

三、提问语的设计原则

(一) 适时而发

教师应该结合学生了解知识的情况适时而发问,比如在进入新课时,有的学生预习好了,而有的学生还没有预习好。教师应该结合学生的实际发问,不能一上来就问文章的中心思想或者人物形象的问题,而应该先通过提问课文中最基本的知识来了解学生掌握到什么程度,然后一步步地引导学生思考、讨论。比如一位老师在讲授《祝福》时,经过三节课的研讨,包括进行了到底是谁逼死了祥林嫂的辩论,感觉学生对课文的认识已经较为深入,于是,教师提出:"没有一个人有主观杀害或逼死祥林嫂的意愿。他们想把祥林嫂逼上绝路吗?当然不是,他们没有一个人动杀机。是的,正是他们每一个人的某些语言,比如'你放着罢,祥林嫂',还有柳妈叫祥林嫂去捐门槛,等等,把祥林嫂一步步逼向了死亡,但他们说这些话并没有想到要去杀祥林嫂,有的人甚至是好心。那么,他们为什么在客观上又促成了祥林嫂的死呢?这便是当时每一个人头脑里的某些观念,正是这观念促使他们这样说这样做,正是这观念形成了一种社会压力逼迫着祥林嫂。我要问同学们,这个'观念'是什么?你们想一想。"在经过前面三节课的充分讨论的基础上,教师适时地提出这样较有难度的问题,引导学生一步步地理解"礼教"能够"杀人"的事实,这比起干巴巴地直述"礼教杀人"更能让学生理解,印象也更为深刻一些。

(二)适度而发

所谓适度主要是指难度与深度要适当。教师的提问要结合学生的理解能力来进行。避免太容易的问题与太难的问题。太容易的问题,学生会觉得小儿科,没有思考的必要;而太难的问题,学生会有挫败感,可能没有人回答问题,从而导致课堂冷场,教师就无法展开与组织课堂讨论。

例如语文课讲授《装在套子里的人》,教师在精心备课后,只设计了一个问题:"别里科夫就是个老师,'这个老穿着雨鞋、拿着雨伞的小人物却把整个中学辖制了15年!光辖制中学算得了什么!全城都受着他的辖制呢',一个普通的老师,怎么可能控制整个中学和整个城市?"

教师仅仅需要引导学生对于这一个问题进行讨论与解答,就可以让学生了解别里科夫那个时代的人的特征。教师通过学生的回答一步步引导发问,最后得出了结论:"要让思想冲破牢笼。"如此,教师把一个难的问题明白清楚地解答了。

(三)适人而发

教师的提问应该针对不同的教学对象进行不同的设计。比如:针对小学生的提问比较倾向于"是什么"的问题;而对于初中学生,则侧重于"为什么"的问题;对于高中学生则是"怎样去做、去理解"的问题。所以对于初中的学生,教师一上来就问"这篇课文写得好不好"之类的问题,即便学生配合回答了"好"或"不好"、"对"或"不对"之类的答案,其实学生并没有真正地了解其中的深层原因,所以这样的提问实际上是无效提问。

(四)适当而发

提问还应注意适当而发。提问之后要留给学生充足的思考时间,同时也要兼顾到不同知识水平的学生。当学生答不出问题时,教师应及时调整思路,或转换提问角度,从学生容易理解的角度提出更加适当的问题。比如语文课讲授《世间最美的坟墓》一文时,老师先问大家:"有没有读了本文以后比较喜欢这篇文章的同学?喜欢和不喜欢的同学都谈一谈看法。"一部分学生谈过以后,老师说:"刚才有少数同学说喜欢,多数同学说不喜欢。我想,这喜欢和不喜欢都应该有一个起码的前提,就是——课文应该读懂,是吧?那这里我就还想问一个问题,同学们你们觉得自己读懂这篇文章没有呀?那么,一篇文章怎样才算读懂了?"

简单地说"喜欢"或"不喜欢"都很容易,但关键的是要让学生认识到怎样进入课文,所以,教师通过改换提问的方式,引出学生对这个问题的思考和讨论,超越了课文本身。

四、提问语的类型

（一）追踪式提问

追踪式提问是一个系列性的，它会结合上一个问题，追踪性地发问，引导学生一步步理解更深层次的知识。追踪式提问特别适合对课堂上讲授的知识进行归纳和概括。例如一位教师在上化学课时，设置了下面这些问题。

师：在空气中点燃氢气会发生什么反应？
生：化学反应。
师：这种反应属于哪种化学反应？
生：氧化反应。
师：氢气和氧化铜的反应是什么化学反应？
生：这是还原反应。

这样追踪式的提问，可以让学生了解化学反应与氧化反应、还原反应的关系，并能区分开氧化反应与还原反应。这样的追踪式提问还帮学生整理了思路，归纳好了要点。

（二）正反式提问

所谓正反式提问是指教师从正反两个角度进行发问，即如果这样做会怎样，或如果不这样做会怎么样。这种类型的提问有利于学生进行发散性的思考，在矛盾中寻找到知识。学生之间会存有不同的立场，他们也会有自己个人的想法，最后通过教师的正确引导，就可以收到良好的效果。

一位老师在讲解《故乡》的时候对同学们发问："文章中的'迅哥儿'是作者鲁迅吗？如果是鲁迅，那文中的'我'是谁呢？如果不是鲁迅，那'迅哥儿'是谁呢？"学生通过讨论分析后就会知道"迅哥儿"并不是鲁迅，"我"也不是鲁迅。因为《故乡》是从小说集《呐喊》中选出来的一篇作品，而小说中的人物形象是作者虚构出来的，这一点与《从百草园到三味书屋》不同，因为后者是作者回忆自己童年生活的散文，有个人化色彩。

所以通过这类正反式提问，我们可以把知识之间的联系与区分——分析开来，学生就会有恍然大悟的感觉。

（三）迂回式提问

迂回式提问是将提问的内容分成几个不同的层次来进行提问，从而达到理清思路、举一反三的作用。例如下面是一位小学语文老师讲授《棉花姑娘》一文时所提出的问题。

师：(出示文中第一幅图)观察棉花姑娘身上有什么？
生：小黑点。
师：棉花姑娘身上的小黑点是什么呢？

生：蚜虫。

　　师：哪个同学见过蚜虫？

　　生：我见过蚜虫，我家的花上长过。一下子会有很多很多蚜虫，它们把花的叶子都快吃光了，差点把花都害死，我爸爸打了好多药才把它们杀死呢！

　　师：是呀，浑身长满蚜虫是一件很痛苦的事情呀！你是个善于从生活中学习的孩子！

　　师：同学们再想一想生病的棉花姑娘的心情该是怎样的呢？如果是我们生病了，我们会最想干什么？

　　生：我希望我的病快些好！

　　生：我希望爸爸妈妈关心我，陪着我。

　　师：是呀！棉花姑娘这时多么希望有人来帮她治好病呀，所以她不断向身边的人求助。请同学们接着读课文，看可怜的棉花姑娘到底向谁求助了呢？

　　通过教师的迂回式提问，学生很深刻地感受到棉花姑娘的痛苦，让课堂充满了画面感。

（四）连环式提问

　　针对教材中的重点，我们可以从多角度、多方位进行思考，在提问的时候可以进行连环式提问，从而解决问题。如某节物理课上，一位老师采用下面的方式讲解摩擦力。

　　师：冬天有的路面结冰，我们走在上面容易摔跤，这是为什么？

　　生：因为冰上很光滑，摩擦力比较小，所以我们走在上面容易摔跤。

　　师：你们有没有办法在冰上不摔跤？

　　生：可以在冰面上撒砂子，使接触面变粗糙，就不容易摔跤。

　　师：这个办法真好，还有什么办法？

　　生：可以穿鞋底粗糙的鞋、有钉子的鞋，在冰面上走就不容易摔跤。

　　师：同学们想出了好几种办法，这些办法使摩擦力发生了什么变化？

　　生：使摩擦力变大。

　　师：使摩擦力变大，改变了什么条件？

　　生：从光滑变为粗糙。

　　以上这一连串的设问，从易到难，可以逐步加深学生对知识的理解。

（五）陷阱式提问

　　针对教学内容中的难点和容易出错的地方，刻意设置若干易答错的问题，让学生掉入陷阱，让学生在疑惑中领悟到自己的问题所在，并调整自己的思考方向，从而加深对问题的理解。例如一位语文老师在讲授《湖心亭看雪》时，针对文中描绘的老天鹅一次又一次冲向冰面、奋力破冰的感人场景,该语文老师采用下面的方式设置了问题。

师:去湖心亭看雪这件事呆不呆?
生1:呆。
师:你们也看过雪,你们也很呆吗?
生1:看雪是不呆的,呆就呆在张岱在特别的天气里去看雪。
师:怎样的天气?
生2:大雪三日,湖中人鸟声俱绝。
师:这种情境和《江雪》中的哪两句所表现的情境一样?
生3:千山鸟飞绝,万径人踪灭。
师:为什么会鸟飞绝、人踪灭?
生说:因为天气太冷了。
师:像这样的奇寒雪夜,你一般在家干什么?
生4:烤火、看电视。
生5:在被窝里睡觉。
师:可是张岱,居然在这样天寒地冻的晚上,独自一人去看雪,你能从他的行为中看出他的性格特点吗?
生6:清高、孤傲。

教师通过问题的引导,从学生的答案中继续设陷,激发了学生的兴趣,加深了学生对知识的理解。同样,这样的提问在教学理科课程的时候也十分有效。

第五节 应 变 语

一、应变语的定义

当课堂教学处于动态的语境中时,教师会根据现场的状况进行适应性的调整,教师用来灵活调整、处理课堂突发状况,以及调节师生关系的语言就是应变语。应变语可以反映出教师的机智与幽默,能有效提升教学的质量与效果。

二、应变语的特点与要求

在教学过程中,总会出现一些意料之外的情况,如学生的质疑、教学过程中的失误,以及课堂中出现的突发事件等。因此,教师应当具备应变能力来处理这些意料之外的情况。一般来说,好的应变语应该具备以下特点。

（一）自然流畅

应变语不能够脱离本堂课的教学内容,教师应该将它自然地融入教学过程之中,面对课堂上发生的一切突发事件,教师都应该能够自如地进行转换与引导,并使这个过程十分自然流畅。下文就是某位老师面对课堂突发事件所采取的应对措施。

某班组织学生进行"我最喜爱的名人名言"练说。大家踊跃上台,神采飞扬,但临近结束时一男生冷不丁上前硬硬地掷了一句:"我最喜爱的名人名言是×××的一句话:'一切名言都是善良的谎言'。"课堂气氛顿时变得很尴尬。

老师这个时候走上台,很礼貌地说:"请刚才那位同学再重复一下你最喜爱的名人名言,行吗?"

"一切名言都是善良的谎言。"

"那么,你这条名言是不是善良的谎言呢?"老师语气委婉地问。

"不是!"他脱口而出,极力维持自己的观点。

"如果你引用的名言不是谎言,那就证明并非'一切名言都是善良的谎言'。"

"我引用的也是善良的谎言。"他情急改口,同学们大笑。

"原来你引用的名言是善良的谎言。谎言不管多么善良,都不可取信于人,所以'一切名言都是善良的谎言'这句话是站不住脚的。"

老师的话音刚落,教室里掌声四起。掌声平息后,老师又对那位同学说:"你今天虽在逻辑上犯了错误,但表现出来的求异思维倾向还是令人钦佩的。你独树一帜,另辟蹊径,不慎失败,但不失为失败的英雄。"说到这里,同学们的掌声更热烈了。

(二)巧妙简洁

应变语应该尽量巧妙,让学生自然而然地进入到下一个学习目标中去,而且教师的语言应该要尽量简洁,不能占用太多的教学时间,要注意到课堂整体内容的调控。

(三)幽默机智

应变语是教师应急的必备工具,也是教师机智、幽默的教学风格的最好表现。高质量的应变语能够体现出一个教师的言语功底。比如在语文课上,一位同学主动争取背诵课文,可他背了一部分后就出现语序混乱的情况,教师察觉他背不下去了。这时若直接示意他坐下,就会使他感到难堪。聪明的教师巧妙地设计了这样一个"台阶":"停一下,请全体同学起立,我们随这位同学一起接着往下背诵。"背诵完毕,这位同学在教师的示意下随大家一起坐下了。这样便化解了一个尴尬场面。

三、应变语的类型

根据课堂上实际情况的差异,我们可以把应变语分成针对教师的失误型、针对学生的质疑与争论型、针对教学内容之外的偶发事件型等。而根据应变语所采用的技巧与策略,我们又可以把应变语分成以下几类。

教师口语

（一）顺水推舟

所谓顺水推舟，是指教师在出现失误时，能够马上从失误导入与内容相关的知识点上来。比如一位老师在上英语课时，本想结合实物来教学单词"rule"与"book"，但是当他用手拿起书的时候，他却说"This is a rule"，这时，老师马上意识到自己说错了，所以他顺势把语调一转，变成了疑问的语调。学生们也齐声回答说："No, It isn't"，这样这位老师非常巧妙地从困境中绕了出来。

（二）以退为进

以退为进，也是针对教师所出现的失误常用的一种方法。当教师已经明显地说错或写错的时候，他可以顺势把改错的机会交给同学们，一方面可以吸引学生的注意力，另一方面也加深了他们的记忆。比如在某次语文课上，一位老师将"虐"字写错了，这个时候老师发现学生们对着板书开始窃窃私语，他也回头看板书，发现写错了字。这时如果老师偷偷地将这个字改过来，就会打断教学的进程。等到这个教学过程进行完之后，他对同学们说："下面我想请同学们来纠正我黑板上板书的错误，有谁想上来试试？"通过上台纠正错字，学生们也加深了对"虐"字写法的印象。课堂也显得十分的完整。

（三）反攻为守

在学生问到教师所没有准备过的知识内容的时候，教师应该学会把问题反抛给学生，用反攻为守的策略来挽回困境。如有位教师在一次公开课上用比较阅读的方法对《夜》和《药》这两篇课文作比较分析。在谈到小说的环境时，有个学生递上了一张纸片，写着："老师，为什么《药》里的狗没叫，而《夜》里的狗叫了？"教师看完纸片，觉得太出乎意料了，教了这么多回《夜》，还是第一次碰到如此怪的问题，是把它当做枝节问题搁置一边呢，还是临时改变教学思路，引导学生讨论呢？学生们都用期待的目光盯着教师手中的纸片，教师索性将质疑的问题给大家念了一遍，教室里顿时哄堂大笑。教师说："同学们，别以为这个问题可笑，它还值得讨论呢！大家想想，两篇课文中的狗，一只没叫，一只叫了，这是否违背了生活常理？"一个学生说："不违背。这是因为，生活中的狗，并不是每有动静都叫的，一般的看门狗，还得待有人进门才叫。""照你这么说，《药》中的狗没叫，那是行人在街面上走；而《夜》中的狗叫了，那是阿弟进门来了，是吗？"教师作了补充，学生点头称是。教师接着说："不过，同学们还得继续往下想，这'没叫'的狗和'叫了'的狗对渲染环境所起的作用是否相同？"学生异口同声说："不同。"有个学生回答："《药》中的狗没叫，渲染了环境的肃杀，而《夜》中的狗叫了，渲染了环境的恐怖。"教师随即充分肯定："对！那么这两种不同的氛围和当时的政治气氛是否统一？"又一个学生回答道："是统一的。《药》里的肃杀，正是革命者夏瑜临刑前的氛围；而《夜》里的恐怖，正是四一二反革命政变的气氛。""好极了！"教师情不自禁为这一场没有事先准备而成功的讨论暗自高兴。从这一例可以看出，运用反攻为守的技巧，要求教师要善于敏锐地发现可以利用的因素，找准解决问题的切入点。

（四）就地取材

就地取材是指面对课堂上突发的事件而采取的一种应变方法。比如一位教师正在讲授《游园不值》，教室的门被"砰"地撞开了，一个迟到的学生推门而入，径直坐到自己的座位上。老师没有直接批评他，而是继续讲课。教师就地取材，就诗中一句问道："大家想想，诗人去拜访朋友为什么'小扣'柴扉，而不是'猛扣'呢？""因为那样不礼貌。"学生齐答。老师接着说："对，这位诗人有文化，有修养，懂礼貌。我们应该学习他。"边说边走到那位迟到的学生身边轻声说："你赞成'小扣'还是'猛扣'呢？"那位学生意识到了自己的行为不礼貌，脸红了。很显然，这样抓住时机的暗示教育比严厉批评有用得多。还比如课堂中突然飞进一只小鸟，如果是在上语文课，老师可以取材于小鸟，来上一堂十分生动的作文课。

（五）随机应变

随机应变是指在学生对课堂教学内容质疑时，教师可以根据学生的问题将它们灵活地导向自己所要讲述的内容中来。比如一位教师在讲授《画蛋》一文时，先指导学生观察图画。有位学生突然提问："老师，达·芬奇和他的老师为什么都留着长头发，而我们都不能留？"显然这位学生的注意力已经偏离了教学中心。教师回答："每个民族都有自己的风俗习惯，我们的一些习惯跟他们的不一样。我们要学习他们的是什么呢？就是要学习他们专心学习的精神。比如说我们今天所学习的《画蛋》里，达·芬奇就是这样一位专心学习的人。"这位老师机智的回答，非常自然地导入了自己要讲的内容，巧妙地将学生的兴趣转移到原设定的教学思路上来。

第六节 结　　语

一、结语的定义

结语是指每节课结束后教师用来总结这节课的语言。结语除了对本节课的教学内容进行整理概括之外，还应该能够启发学生的思维，开阔学生的视野，为下面将要教学的内容做准备。我们强调"好的开头是成功的一半"，说明了导入语的重要性，而结束语就如同画龙点睛的最后一笔，没有它也是万万不行的。

二、结语的作用

（一）巩固记忆

课堂结语的时间一般只有两三分钟，结语应该对本节课所讲的内容进行整体的总结与归纳，并突出知识的重点与难点。在总结的过程中，学生随着教师的语言、板书、课文、练习等材料对课堂的所有内容进行回忆，并深化对重要内容的记忆与巩固。

教师口语

比如一位初中老师在讲完了"直线与圆的位置关系"时,就总结说:"本节课我们类比了点和圆的位置关系,并从运动变化的观点研究了直线与圆的位置关系。利用了分类的思想,把直线与圆的位置关系分为三类来讨论,结合数形结合的思想,通过点到圆心的距离和半径这两个数量之间的关系来研究直线和圆的位置关系。"

(二)启发思维

好的课堂结语可以启发学生的思维,让学生的心灵得到净化,还可以鼓励学生在课后自觉地进行知识的探索。比如全国著名特级教师李镇西老师在讲完了《给女儿的信》一文后,就说了下面这段结语。

今天咱们在这节课中,学习了苏霍姆林斯基《给女儿的信》,说实话,我在上课时忘了我是在给你们上课。这堂课勾起了我的回忆,我过去教过的一个学生,她的孩子要读小学,打电话来找我,说想让她的孩子读一所非常好的小学,我说没问题,成都几所著名小学的校长我都认识的。当我接到她的电话时,我感慨万千!当年我给他们那批学生讲苏霍姆林斯基的时候,他们和你们一般大,一晃十几年过去了,他们成了爸爸妈妈,有了孩子,孩子都读小学了!我想,你们正在一天天长大,再过若干年,你们也会迎来自己的爱情,迎来自己的家庭,并有自己的孩子,说不定李老师还会教你们的孩子;到了那一天,李老师会从你们孩子身上看到你们的影子!大家想一想,这是不是最浪漫的事?这样的人生多么富有诗意!但是,只有真正懂爱情的人,才会拥有这样的诗意人生!(同学们自发地鼓起了掌,据李老师说,这是这堂课最热烈的掌声。这节课在学生热烈的鼓掌声中结束。)

李老师是一位老师。学生在感悟文本的同时,聆听了老师的真情告白,也走进了老师坦诚的内心世界,与李老师在思想感情上产生了共鸣。李老师更是一位智者。在和谐民主的课堂氛围中,用他那肺腑之言、真情话语,将知识转化成学生的智慧,将文明积淀成人格,使课堂勃发出生命的活力。

(三)开阔视野

成功的课堂是机动灵活的,教师应该学会安排课堂中的高潮部分。结语是教师经常用来安排高潮的部分,所以结语用得好,就会使这个高潮步入一个新的境界,大大地开阔学生的视野。比如一位数学教师在讲授"圆的认识"时,采用了下面的结语。

西方数学、哲学史上历来有这么一种说法,"上帝是按照数学原则创造这个世界的"。对此,我一直无从理解。而现在想来,石子入水后浑然天成的圆形波纹,阳光下肆意绽放的向日葵,天体运行时近似圆形的轨迹,甚至于遥远天际悬挂的那轮明月、朝阳……所有这一切,给予我们的不正是一种微妙的启示吗?至于古老的东方,圆在我们身上遗留下的印痕又何尝不是深刻而广远的呢?有的说,中国人特别重视中秋、除夕佳节;有人说,中国古典文学喜欢以大团圆作结局;有人说,中国人在表达美好祝愿时最喜欢用上的词汇常常有"圆满"、"美满"……而所有这些,难道就和我们今天认识的圆没有任何关联吗?让我们从现在起,从今天起,真正走进历史、走进文化、走进民俗、走进圆的美妙世界吧!

三、结语的要求

(一)简洁有力

结语如果啰唆、杂乱就容易产生审美疲劳,到不到结语应有的效果,所以结语最好控制在3分钟内说完,用语要简洁有力。

(二)有条有理

有些公开课快结束时,教师往往为了追求课堂的完整性,十分慌张地收尾,根本没有办法让学生对所学的内容进行一个整体的回顾。教师应该学会灵活地处理自己的讲解内容,在进行课堂小结的环节里,做到条理分明、不紧不慢。

(三)趣味横生

平淡的结语没有办法让学生印象深刻,所以根据自己的教学内容,教师应该尽可能地让课堂的结语充满趣味性、发散性、启发性,这样会让学生有意犹未尽的感觉。

四、结语的类型

(一)点睛式结语

这是教师常用的一种结语,是对整堂课的内容的总结与回顾,是对知识进行系统的归纳,使学生在具体深入的学习之后能够留下深刻的印象,从感性过渡到理性。尤其对于高中年龄段的学生来说,这种类型的结语十分受欢迎。比如在某高中讲授《陈奂生上城》一文时,一位老师这样结束了自己的课堂:

> 陈奂生是20世纪80年代改革开放初期一个典型的农民形象,他有着中国农民质朴、老实、勤劳、本分的一面,也有着中国农民自私、落后、狭隘的一面。陈奂生上城,跟吴书记巧遇,让他在村里有了可以炫耀的资本。这说明,中国农民仍然没有从因袭的重负中解脱出来。陈奂生如此,村民们也如此。农民的进步让作者感到轻快、高兴,农民的思想局限又让作者感到沉重和慨叹。陈奂生的形象生动而深刻,我们忘不了他,他是中国农村新旧转型时期的烙印,是一个难以言清、难以消除的隐在的痛。

上面这段结语首先高度概括了陈奂生这个人物形象,并分析了这个人物形象产生的根源,让学生印象深刻。

还比如在高中的物理课上,一位老师在讲解到"惯性、惯性现象"这一课时,这样进行了总结:

> 这节课我们学习了两个方面的内容。一是惯性的概念,一切物体在任

何情况下都有惯性。二是惯性与第一定律的区别。惯性是自然界中的物体所具有的一种性质,这种性质表现为物体总要保持原来的运动状态,即静止或匀速直线运动状态。而惯性定律则是一条客观的规律,这一规律说明了正是由于物体具有惯性这种性质,所以当没有外力改变物体运动状态时,物体将保持原来的运动状态,即静止或匀速运动。所以,惯性与惯性定律是不同的两回事。

通过总结,学生很清楚地了解到了本堂课所讲述的内容,而且对于课堂内容中的重点问题也有了深刻的认识。

(二)巩固式结语

在一堂课结束后,教师根据本堂课的教学内容安排一定的课后练习,或者布置一些课后的思考讨论题目,以便能巩固课堂的教学效果,为下节课的教学做准备,这种类型的结语在不同的年级、不同的科目中都被经常采用。比如一位数学老师在教完了"小数的初步认识"这一课之后,就用了下面的结语。

老师要留一个小作业给大家,请同学们回家后去搜集三个小数,并写清楚是从哪里搜集到的。

还比如在音乐老师教完"古诗创编歌曲欣赏"这一课后,也是以布置作业的形式结束了课程的。

今天我们欣赏了由古诗《枫桥夜泊》创编的歌曲《涛声依旧》,大家学得很好,现在老师给大家布置音乐家庭作业。这个作业非常简单,你们不是也想试着为古诗配曲吗?今天的作业就是请你们回去办一期音乐小报,内容自选,但一定要有一首你自己的"诗歌大作"。老师希望你们中间能够出现许多诗人和作曲家。

该音乐老师通过课堂引导学生学习了如何创编歌曲,并布置内容让学生自己进行创造性的练习,增强了学生学习的积极性。

(三)提问式结语

所谓提问式结语是在课堂结束后,直接设置一个问题,询问学生在课堂上学到了什么,然后通过学生的回答总结、归纳而形成的结语。这种结语简单,但是能够促进师生的互动,也能够让教师查漏补缺。

比如一位语文老师在讲完王安忆的《长恨歌》后,给同学们出了一个拓展训练题,请大家以"我喜欢……我亦欣赏……"为形式仿句,谈谈你喜欢的其他女作家与王安忆的风格差异。下面是课堂上一些同学的发言。

学生:我喜欢王安忆的繁复,我亦欣赏冰心的淡雅。

学生:我喜欢王安忆对于爱情的冷静和透彻分析,我亦欣赏三毛的为爱走天涯。

学生:我喜欢王安忆的古典情怀,《当时只道是寻常》的追忆,我亦欣赏王安忆的上海情结,《长恨歌》歌不尽哀伤的无奈。

学生：我喜欢王安忆的真实，我亦欣赏林徽因的温暖。

学生：我喜欢萧红的自然天成，我亦欣赏王安忆的精雕细琢。

教师这时候总结说：有人说比较是最好的阅读方法，今天听了大家的发言，我更坚信这句话了，鉴于时间有限，很多同学还没有发表看法，那么让我们课下以作业的形式继续交流吧。

上文这样的结语对课堂学习内容进行了有效的巩固和强化，提炼了课文的主题。

（四）发散式结语

苏霍姆林斯基说："能够把少年拴在你的思想上，引他们通过一个阶梯走向知识，这是教育技巧的一个重要特征。"在课堂的结尾引导学生进行发散性的思维，可以使学生进行自主性的学习。好的教师更加会点拨学生，使其进行不同角度的思考，并得出自己独到的心得体会。比如一位语文老师在讲授课文《妈妈的账单》时，这样完成了自己的结语：

在生活中，我们每天都理所当然地接受着父母给予我们的爱。在享受亲情的同时，我们也要学会回报。比如：给劳累了一天的父母捶捶背，端上一杯热茶；帮厨房里忙碌的妈妈擦擦桌子洗洗碗；给下班回来的爸爸递上一双舒适的拖鞋，等等。尽我们的努力去帮助父母做一些力所能及的事，让他们也感受到我们对他们的关爱。有了这种人与人之间的爱的传递，相信我们的生活一定会更快乐、更幸福！

（五）启下式结语

这种结语往往是通过总结本节课所学的内容，并把它与下堂课将要学习的内容联系起来，启发同学发觉知识之间的内在联系，建立一座新、旧知识的桥梁。比如一位英语老师在讲解《Integrated Skill》一课时，用了下面的结语：

Ok, just now, We learned how to make an accident report. But do you know what we can do if we meet or see an accident and what we can learn from the accident? We will discuss it in the next class. Try to find some ideas and advice after class!

通过上面的总结，我们既了解到了这堂英语课所学的关于事故报告（accident report）的知识，而且为下一节要讲遇见一场事故（meet an accident）做了一个引子，激发了学生想要了解新的知识的欲望。

第七章 教育口语

第一节 教育口语概述

教育口语,是教师根据国家制定的公民思想品德教育纲领,对学生思想品德、行为规范进行的适应教育对象心理特征、语言发展及认识规律的教育工作用语。它包括教师在报告、讲解、讲演、即兴讲话、个别谈话、评论、辩论等场合所使用的口语。

学生是具有独立个性的人,拥有丰富的情感和强烈的意识。众所周知,德育过程是教育者把一定社会的思想准则和道德规范转化为受教育者个体的思想意识和道德品质的过程。教师在这个转化中起桥梁和传递作用。学生对社会的思想准则和道德规范的理解,尽管离不开书面语言,但较大程度上还是通过教师凭借教育口语来实现的。教师运用教育口语的好坏,直接关系到学生个体教育的成败。随着素质教育的深化,教师的角色由管理者、讲授者、解释者逐步转化为组织者、指导者、合作者。在新形势、新时代背景下,教师应能正确而艺术地运用教育口语,这样才能有效地引导学生全面发展、健康成长。苏联著名教育家苏霍姆林斯基说:"在拟定教育性谈话的内容的时候,你时刻也不能忘记,你施加影响的主要手段是语言,你是通过语言去打动学生的理智与心灵的。"

与日常口语相比,教育口语要求语流畅达,语句简洁规范,逻辑性强;与电视播音(如新闻报道)相比,教育口语要求有明显的情绪色彩,语气时轻时重,有高有低;与艺术表演口语(如诗朗诵)相比,教育口语要求情绪表现温和一些,语气变化幅度不是太强烈。

所以,从形式上看,教育口语的主要特点:一是语流相对清晰畅达;二是词句准确、简练规范;三是逻辑性相对较强;四是语气变化有致,情绪饱满、丰富,但一般不夸张。

从内容上看,其特点和要求主要有以下几点。

一、针对性

教育口语的针对性有两层含义:一是要针对学生日常的思想实际,进行常规性的思想道德、行为规范的教育,做到防患于未然;二是要对症下药,对学生的具体的异常行为,一定要了解情况,要讲究策略和科学方法,切忌简单粗暴,做到循循善诱,以情动人,以理服人。概括地说,教育口语的针对性就是要因事施言、因人施言、因时施言、因地施言。

（1）因事施言是指针对具体的事，充分掌握有关事实，在了解学生的思想和行为后实施教育。

（2）因人施言是针对具体的学生，根据教育对象的个性特点，包括个性心理和构成个性心理的客观环境、性别、认知水平、道德水平等，对具体的学生实施教育。

（3）因时施言是抓住学生思想转变的时机，见机而言，因势利导，在问题爆发的苗头期，有预见性地实施教育。

（4）因地施言是因为人的情感具有不同的情境性，环境往往会对人的心理产生影响，尤其是自尊心强、敏感易冲动的青少年，情绪更易受环境左右，老师应选择和营造能让学生坦然释怀的教育氛围实施教育。

二、诱导性

教育口语诱导性的特点是指教育学生的语言多选择启迪思路、引导认识的表达方式。教育口语诱导性要求老师掌握一定的因势利导的谈话方法，做到由表及里，由浅入深，实事求是地分析问题、解决问题，做到悦耳达心；要求老师引导学生从思想逻辑上认同正确的价值观，获得正确的思想认识，并自觉转化为具体的行动，达到教育活动的根本目的。因此，教育过程中老师仅仅将事理明白地告诉学生是不够的，必须根据学生的思维习惯，采用灵活多样的语言，在思想上给以点拨、引导，促使其触类旁通、积极思考，鼓励其主动参与解决问题。

三、情理性

教师口语的情理性是指老师在教育学生的过程中，不仅要晓之以理，同时又要动之以情，以情育人。在进行教育工作的谈话中，老师饱满的热情和精彩的言辞，往往能给学生以直接的影响，这种影响一方面可以唤起学生深刻的理性感悟，另一方面可给予学生强烈的情感体验，引起师生之间的情感共鸣。

青少年思维敏捷，接受信息快，但由于受社会上各种渠道信息的影响，加上缺乏社会生活经验和政治经验，其辨别是非的能力比较弱，容易产生偏激的思想，以及对社会现象不能加以科学分析的情况。对学生进行说服教育，就是要用摆事实、讲道理的方法，以理服人，说明是非得失的原因，启发他们思维的合理性。语言上要措辞准确，表达明晰通俗，态度平易近人，要给学生思考的余地，避免空洞说教、简单灌输。

老师对学生进行道理说服的同时，还要调动自身的积极情感，创造真诚、信任、关心、谅解、尊重、友好和爱护等良好的气氛，发挥积极向上的情感效应，以情感人，使学生"亲其师，听其道"。如果老师的教育语言充满爱心、感情充沛、亲切中肯、形象生动、活泼新颖、幽默诙谐、富有鼓动性和吸引力，学生的感情和兴趣就会受到激发，进而采取积极行动，即使是批评性的教育语言，也会赢得学生的认同和信任。教育口语中情感功能的发挥，主要取决于老师的道德情操、情感体验及独具个性的语言风格。要提高理解学生内心世界的能力，动相互理解之情，只有老师把心交给学生,学生才能把心交给老师,才能达到心理交融,完成思想教育的任务。

第二节 教育口语的类型

从教育口语的表达方式来看,针对不同的教育目的、对象和场合,经常用到的教育口语有劝导语、沟通语、启迪语、激励语、评价语等。

一、劝导语

劝导语,是针对学生的错误行为或不良情绪进行劝阻、疏导时使用的教育口语。一般通过摆事实、讲道理,指出缺点错误,总结经验教训,通过循循善诱的话语,使学生听从和接受正确的意见或主张。其特点和要求主要表现在三个方面:一是劝导的目的要明确;二是采取疏导与规劝相结合的方法;三是不说大话、套话、空话,不以教师的权势压服学生,而是要晓之以理、动之以情。

在面对个性差异很大的学生时,为了达到预期的教育效果,应该注意以下几点。

(一)劝导的理由要充分适合

教育学生的目的是让他意识到自己的错误行为或不良情绪,对他进行劝阻、疏导,让他能够听从和接受正确的意见或主张,帮助他改正错误、调整情绪,切忌言辞过于犀利,避免把劝导变成责骂。在进行劝导之前,老师应该掌握充足的证据和理由,明确劝导目的,站稳立足点,用事实说话。很多学生自尊心很强,因此老师适当站在学生的立场给学生个台阶下就显得尤其重要。现在的孩子一般都比较早熟,很多道理他们都懂,讲大道理的方式很难有效果。因此,劝导的关键在于老师怎样让学生了解到这是为他们好,而不是故意说教甚至刁难、为难他们。在讲道理、摆事实的同时可以举一些发生在学生身边或他们非常熟悉的事例,这样不仅会给学生一个心理上的缓冲过程,而且可以让学生了解老师的良苦用心。

(二)劝导的情感要真挚亲和

这也是劝导教育当中非常重要的一点。老师要怀着一颗爱心去关心、爱护学生,并且要通过平时教育中的潜移默化,让他们能够感受到这种爱。转变学生的想法、疏导学生的情绪需要一个过程,学生不是流水线上的产品,也不是棋盘上的棋子,所以要给学生以理解、认同、接受、改变的时间,让他们慢慢感受到老师的真诚和关爱,从情感上产生对老师的信任、依赖。老师可以推心置腹地进行角色转换,想学生所想,急学生所急,甚至站在学生家长、亲友的立场为学生考虑,而不能居高临下、强硬压制,这样即使学生表面上接受了,心里也会不服,既浪费了时间又达不到教育的目的。

(三)劝导的语境要积极轻松

找学生谈话时,一般大部分学生表现出来的是紧张、畏惧、戒备等情绪,这样一来似乎就形成了老师和学生之间一个天然的不可逾越的屏障。要进行有效的劝导，老师首先要做到的是打破学生的心理防线，让学生放松心情，愿意沟通。这就要求老师在谈话时注意环境的营造、语言的选择、行为及态度的表现等，同时在平时工作中有意识地利用课前、课中、课后等时机多与学生交流，通过闲谈、一起参加活动、去学生寝室等方式拉近与学生的距离，塑造自身的亲和形象，这样和学生交流起来会比较容易，也能起到比较好的教育效果。

（四）劝导的技巧要创新灵活

在和学生的谈话过程中可能会出现意料不到的情况，如学生突然情绪激动、吐露某些隐情或困难等，这就要求老师在进行劝导教育时能随机应变，驾驭好谈话的话题，做到相互尊重，避免言语冲突。对愿意吐露隐情和困难的学生应鼓励他敞开心扉，让他知无不言，言无不尽，帮助他打开心结，在力所能及的情况下给予援助，改善学生的状态。劝导过程中当老师一个人的力量不够时，应及时与有关人员或部门联系，控制住事态发展。

二、沟通语

沟通语是在教育情境中消除学生心理隔阂、取得心理认同的话语。教师空洞的说教、冷漠的态度、轻率的训斥，以及谈话时紧张的气氛和不适宜的时间或地点等，都是不利于教育谈话的。要消除这些障碍，就必须掌握设计和运用沟通语的技能。

（一）尊重、热爱学生

每个人都有着独立的人格和独立的思想，都是渴望获得尊重的个体，尤其是处于青少年时期的学生，自尊心往往非常强。苏联教育家苏霍姆林斯基指出：自尊心是青少年最敏感的角落，是学生前进的潜在力量，是前进的动力，是向上的能源。青少年时期的学生也非常敏感，老师对他们的态度、评价能够很轻易地触及他们的内心。如果一个学生的自尊获得充分尊重，自我感觉良好，他将愉快、积极地投入到学习活动和集体活动中；反之，就有可能孤独、自闭、自我否定，对学习和他人采取敌对的态度。因此，教师要避免有意无意地用职业权势压制学生，应用平等、真诚的态度与学生沟通。此外，老师应该对学生充满热爱。上海市特级教师于漪就曾指出：热爱学生是教师的天职，是做好教育工作的基础和前提，没有这个基础，师生就缺少共同的语言，感情就不能融洽，教育就难有成效。教师对学生的感情要纯真、深厚，切不可有烦、难、厌的情绪。老师如果没有对学生的这种赤诚之爱，也很难在复杂多变的情况下做好和学生的沟通工作。

（二）了解和理解学生

沟通是人类的基本需求之一，人类通过沟通让他人了解自己，获得认同，从而使个体价值在集体社会中得以实现。在大多数情况下，学生都是愿意与老师沟通的。因此，老师在进行沟通前应尽量客观全面地了解学生的家庭背景、学习动力、学习目标,了解了这些情况后,才能知道他们的愿望、要求、个性、情绪,才能"对症下药",把话说到对方的心坎上。了解是避免教育的主观性和盲目性的必经步骤。老师不仅要了解学生,还要理解学生。理解不仅包含师生感情上的沟通,也包含老师对学生心理活动及其发展规律的认识。热爱并熟悉学生,是理解的必要条件;真诚平等的态度,是理解的心理基础。有了理解,才能搭起师生间思想情感流通的桥梁。这样的教育,才能是卓有成效的。

(三)营造轻松舒适的沟通环境

在有老师的场合,尤其是做错了事,想到事态后果严重地,学生常常紧张拘谨。一些性格倔强的学生闯了祸,甚至会先摆出对抗的姿态,对老师的教育谈话采取戒备和抵制的态度。这些情况都不利于教育谈话的顺利进行。因此,缓和和化解紧张气氛,营造轻松舒适的沟通环境就成为消除双方心理隔膜的首要步骤。如说一句轻松幽默或亲近友好的话语,是驱散紧张气氛、沟通双方情感的常用方法。或者在谈话前先讲一个教育故事,欣赏一段音乐、视频、一幅图画,甚至设定一些特殊情境让学生进入角色思考,之后再转入谈话主题。选择和学生沟通的地点也很重要。一般老师和学生谈话的地点在办公室,但考虑到尊重学生和保护隐私的因素,最好选择在专门的谈心室交流,或者在校园等较空旷的自然环境中用闲聊的方式交谈,这些都有助于良好沟通氛围的营造。

(四)选用恰当的句式和语气

师生是否心理相容,与老师选用的句式和语气密切相关。导致心理不相容的可能是话语内容,也可能仅仅是不恰当的句式、语气和语态。比如在感情较冲动的情况下,疑问句就不如陈述句平和委婉,反问句就更加生硬。反问句的语气,往往带有咄咄逼人的意味,会给对方造成巨大的思想和心理压力,造成"没气生气"、"越听越气"的不良后果,成为妨碍沟通的障碍。沟通的主动权掌握在老师手中,老师对学生的谈话应有热情真诚的态度及舒缓委婉的语气,切忌用生硬的追问、责问和训斥谈话,这样不仅不能沟通,还会扩大师生的心理距离,导致学生出现对抗心理或对抗行为。

三、启迪语

启迪语是指教师开启学生的情感和认识,促进学生积极思维,进行自我教育,并按正确原则行动的教育口语。

启迪语可以引导学生自我践约,帮助违约学生实行自我反省,诱导学生形成正确观念,激发学生的内驱力并使其付诸行动。启迪语的特点是老师用点拨的方法开启学生的思维,开发他们的语言能力(提高语言感受力和理解力,强化语言回应能力),帮助学生自己教育自己。

启迪语根据感情色彩的不同可分为理性启迪语和情感启迪语。

理性启迪语是通过分析、说理来启发学生自己提高认识。它从提高理性认识入手,使学生知正误、明是非,但要注意不要就事论事,对事或问题的内涵加以分析、概括、提炼、延伸,运用富于理性色彩的语言加以渲染、表述,使事理得以升华。

情感启迪语是用浓郁的情感激发学生,在师生情感交融中实施教育。唯有真诚才有感染力,因此,老师要动真情、说真话,善于捕捉容易使学生情绪激动的时机,激发他们的动情点,要积极创设使情感能够顺利交流并获得成功的氛围。

使用启迪语要做到以下几点。

(1) 切合实际,直观生动。切合学生的思想实际和认识水平,选取学生最易接受的角度和直观形象的事、物,调动学生积极思维。

(2) 易于联想,便于对比。启迪语要使学生能产生联想,发现并认识自己的思想行为与公德、优良行为规范的差距。

(3) 积极赞扬,促进转化。赞扬是有指向的启迪,积极评价学生的思想转化能增强学生内心的愉悦感受,促进他们去行动。

(4) 理论升华,提高境界。用概括、总结的口语把学生思维上升到理性高度,强化对规律的认识。

常用的启迪方式有以下几种。

1. 提问

提问是提出问题启迪学生思维,引导思维的正确方向的口语表达方式。提问的方式很多,可以有诱导式、过渡式、比较式、追踪式、揭疑式、辐射式、创造式、转弯式、点睛式等,但要注意千万不可以把提问变作责问、盘问、追问、逼问等。通过提问启迪学生是最常见的一种方法。根据谈话目的,有针对性地向学生提出问题,引导他们对事物或现象做出评价并分析作此评价的理由,以促进道德情感的转换和升华。提问时主要考虑四个因素:提出什么问题;如何表述问题;何时进行发问;对方将会产生什么反应。具体的注意事项:一是发问时机,要选择学生最适宜答复的时候发问;二是发问的语速应快慢适中,太急速的发问容易使学生产生老师不耐烦或被审问的感觉,太缓慢的发问容易使学生感到沉闷,觉得老师无时间观念;三是围绕一个中心议题,尽量根据前一个问题的答案发问,保持问题的逻辑连贯或情感连贯;四是杜绝威胁性发问、讽刺性发问,也避免盘问式发问和审问式发问。

2. 类比

类比是用举例来说明事物、讲清道理的口语表达方式。这种口语可以使抽象变具体,模糊变清晰,还可以比较出两种事物的异同,对于抽象思维水平不高的低年级学生更为适用。对于抽象思维水平不高的学生来说,举例是建立新的认识的一种方便而有效的方法。如举出学生耳熟能详或能引起他们兴趣的人、事,通过清楚明白、富有情感性的叙述与条理清晰、逻辑严密的评析相结合的方式,使学生明确方向。也可以选取能调动学生想象力和逻辑思维能力的事例,启迪学生理解较深刻的道理,促进他们对自己的言行进行反思。

教师口语

四、激励语

激励,就是激发和鼓励。激励语,是指老师运用赞美、表扬、鼓励等方式来激励学生奋发向上的教育口语。美国心理学家詹姆士曾指出:人最本质的需要是渴望被肯定。在学生缺乏信心和勇气,或畏缩不前,或受挫折悲观失望,或遇到困难丧气的时候,都需要老师使用激励性的语言来焕发他们积极的情绪和精神。激励语要针对学生的"动情点"给以刺激,把教师或社会的期望变成被激励者的动机或兴趣,从而增强荣誉感、责任心和奋发精神。它的特点是:鼓动性强、赞扬性强、刺激性强、效果明显。

青少年学生的一般特点是,既有争做先进、力争上游的倾向和冲动,又有情绪起伏变化大、意志力薄弱的不足,他们在前进的道路上需要不断听到老师"加油"的呼喊。因此,老师要从关心爱护学生的感情出发,因势利导,满足学生的心理需求,发掘学生的潜力,促使学生产生积极的情感,保持良好的行为动机。所以老师应经常用激励的话语肯定学生的优势和长处,焕发他们的动机和兴趣,指出他们努力的方向,从而增强他们的责任感、荣誉感和上进心。

老师运用激励语时应注意:①要善于一分为二看问题,要从消极中看到积极,从现象中看到本质,从正面肯定入手,以鼓励的方式说出;②要富有激情,运用激情把学生从低沉、悲观、懊恼的情绪中鼓动起来;③要合情合理,不言过其实。

运用激励语的技巧主要有以下几种。

(一)确立目标

激励学生,就是激发和鼓励他们朝既定目标作不懈努力。目标不是虚幻的海市蜃楼,而是经过努力可以或者可能达到的具体指标。学生有了目标,就好像航海时有了指路明灯一样,有了努力的方向。一个班级以班主任为核心,先制订相应的班级目标,再要求每个学生制订好自己的目标,在全班积极向上的氛围中也容易带动个人朝目标的方向迈进。

(二)赞扬

赞扬,是对学生的良好思想、行为给予好评或赞美的正面鼓励。恰当而准确的赞扬,能使学生明确自己的长处和优点,激发进取心,增强荣誉感。对学生进行赞扬时,应抓准赞美和表扬的切入点,实事求是,根据激励的需要突出重点。同时应抓住恰当时机,善于发现每个学生的闪光点,及时恰当地赞扬,激发学生的积极性。赞扬时一般语气亲切,语调高扬,使用褒义词。

(三)勉励

勉励,是用忠告的语言或赠言勉励学生,激发其深入思考或奋起前进。老师进行勉励时,应透彻了解学生心理,选择最能触动学生心灵的忠告和赠言。可以是名人名言,也可以是老师通过总结自己的人生经历得出的深刻体会。表述时应感情浓烈、语言简洁、富有哲理,讲究语言修辞的变化。

(四)反话刺激

用反话刺激学生,使其自尊心从自我压抑中解脱出来,迅速奋起。激将法在具体应用中有"明激"(针对学生状态直截了当给以贬低否定的语言刺激,激怒对方,促其奋起改变现状)、"暗激"(有意识地褒扬第三者,暗中贬低对方,激发学生超过第三者的决心)、"导激"(贬中有导,用明确的诱导性语言把学生的激情引导到所希望的方向)和"自激"(褒扬学生过去的优点和成绩,刺激其改变现状)等。反话刺激这种方法并不适宜所有人,多用于心胸比较开阔的人,因此使用时要选择好激将的对象。要掌握好激将的时机和分寸,出言过早易使人误解;出言过晚难有收效。语言平和起不到激将的作用,过于尖刻又使人反感,应褒贬、抑扬相结合。

五、评价语

教学实践证明:奖励学生最好的办法之一,就是教师真诚的评价。莎士比亚指出:赞赏是照在人心灵上的阳光。在教育教学中,老师巧妙地运用评价语言能唤醒学生的思维,激发学生的兴趣,能让学生认认真真地学习,踏踏实实地探究,快快乐乐地交流,能进一步促使学生情感、道德、价值观等方面的发展,为他们全面健康的发展打下基础。

使用评价语应做到以下几个方面。

(一)真实性与多样性相结合

评价应以鼓励、表扬等积极的评价为主,采用激励性的评语,尽量从正面加以引导。教师如果总是用那种"放之四海而皆准"的浮泛空洞的语言来评价学生,或采用既含糊又夸张的表扬,久而久之,学生就会觉得索然寡味,会产生淡漠感。经过平静地思考,就会发现这并不是真正意义上的评价。真正的评价应该是对事实的肯定,对精神的唤醒,对行动的鼓舞。这种发自内心最廉价的润滑剂,会鼓励优秀,激励后进,让评价用到实处,恰到好处。老师在教育过程中应认真观察学生,善于发现学生言行中的合理成分,把肯定、赞赏及时传递给学生,采用丰富多彩的语言从多角度、多方面评价学生,突出学生个性特点,让学生真正感受到老师在关注自己,爱护自己。如:"老师发现你今天笑容真甜";"你的想象力太丰富了,你想到了我们大家都不曾想到的,真使我们大开眼界"。老师这些真诚、充满赞赏、鼓励性的评价语言会给学生带来快乐与感动,激励他们不断学习、探索。

(二)准确性与宽容性相结合

对学生的教育要多激励、赏识,少批评、指责,但这并不是说我们可以一味地毫无原则地对学生进行激励、赏识。马卡连柯曾指出:要尽可能地尊重一个人,也要尽可能多地提出坚定明确和公开的要求。学生正处于成长和发展期,知识储备、人生阅历和社会经验不足,犯错是不可避免的,老师应该允许学生犯错,尤其是在课堂上。当学生犯错时,老师不应表现出不满、失望或轻视,而应思考:他犯错的原因是什么;他的错误中是否有合理因素;应该怎样将错就错进行再引导。关爱学生是对学生的尊重,及时校正学生的错误更是对学生的尊重。有些老师过于迁就学生,不敢纠正学生的错误,这是虚假、不负责任的表现。准确而宽容的评价既能让学生没有心理负担地虚心接受,也会提高老师的口语交际能力,从而避免忠言逆耳的产生。

(三) 平等性与幽默性相结合

教育的对象是人,是有丰富个性的人,是一个个具有生命活力的生命个体。老师应把学生作为平等的主体加以对待。老师在这个基础之上使用风趣幽默的语言评价学生,必将对他们产生潜移默化的影响,从而有助于学生良好人文素质的养成。幽默的老师能给学生以亲切、平易近人的感觉,拉近老师与学生间的距离,这样的老师往往是很受学生欢迎的老师。如在平时的教学中,有时学生会重复前面的几个同学的回答,聪明的老师不是去指责学生,而是幽默地笑着说:"你认为这很重要,再强调一下,对吗?"有的老师见学生能读出藏在字里行间的意思会夸奖道:"你简直有一双孙悟空的火眼金睛!"对合作成功的小组会夸奖道:"你们真的是黄金搭档!"老师这风趣幽默的语言,机智、诙谐的评价对学生的影响一定会是终身的。

第三节　针对不同对象的教育口语

教师作为教育者始终都是同各种各样具有不同个性的学生相处的。由于每个学生的遗传素质、家庭教育、周围环境的影响不同,学生的兴趣、性格、能力等存在着很大的差异。因此,教师对不同对象进行教育,就要认识教育对象的差异、承认差异、重视差异。在教学和教育上,从学生的实际出发,区别对待,有的放矢,按照每个学生的不同条件进行教育,使之得到全面健康的发展。

一、针对不同个性的学生的教育口语

人的个性包括兴趣、习惯、智能、气质和性格五个方面,其中性格是个性的核心。我们所指的"不同个性学生"的教育,主要是针对学生的性格这一核心而言的,所谓性格指的是一个人在待人处世时表现出的对己、对人、对事、对物的心理特征的综合。对于老师的语言,不同性格的学生的感受和理解是不同的,回应的方式也不一样,因此,教师要根据学生性格的特点,有针对性地运用教育口语。

(一) 面对性格外向的学生的教育口语

性格外向的学生,性格开朗,爱好广泛,脾气急躁,遇事往往缺乏冷静思考,好冲动,敢说敢干,心理活动倾向于外部世界。他们对语言的理解反应比较敏锐,但是直觉判断占主导地位,易于接受外部影响而改变自己的认识和态度。

对这类学生运用的教育口语,常用的方式有以下几种。

1. 直接说理

直接说理是直截了当地发表意见，讲述道理，或者在说清道理的前提下直接表扬或批评。教师运用这种方式时，语言要简洁，语气要肯定，适当增强用语的指令性。最好是采取以静制动、以柔克刚的策略，千万不能不分青红皂白、暴风雨式地吼叫。

2. 情感激励

情感激励是指教师运用口语中的情感因素，调动学生积极的情绪体验，发挥他们热情、直率的优点，促使他们积极向上。这类用语要注意口语的用词选择。如学生取得好成绩，可用"老师真为你高兴"，"祝贺你"等话语，语调上扬一些，节奏快一些。在学生冲动时，教师要用平静的语调、劝诫性的话语使学生平静下来，比如"慢慢说"、"老师相信你"、"别火"、"别急"、"问题总会解决的"等。

（二）面对性格内向的学生的教育口语

性格内向的学生胆小怯弱，优柔寡断，自卑感重，自信心不足但自尊心强，心理活动倾向于内心世界。他们对批评、否定性的语言特别敏感，容易产生偏执、自卑的心理定式，情感含蓄，表现欲望不外露。对语言的回应比较迟缓，一般不善言谈。

对这类学生常用的教育口语方式有以下几种。

1. 诱导式

诱导式是指用启迪的语言引导学生。运用这种方式，教师要注意营造一个轻松无拘束的气氛，以减轻学生的压力，找准影响学生前进的思想障碍，用层层深入的说理方法，打通"关节"，动员学生吐露心声，打开学生心灵的"锁"。

2. 委婉暗示

委婉暗示是用暗示、婉转的言辞说话。运用这样的语言方式主要是避免矛盾激化，避免刺激对方，便于学生接受，有利于保护学生的自尊心。运用这种方法要注意恰当地使用同义词，如"错误"、"毛病"、"缺点"意义相近，但有轻重之分，选用时要慎重。

除以上两种方式外，对性格内向的学生也要多用激励语，诱发他们参与活动的主动性和热情。用明确的目标激励学生，用已经取得的成绩增强他们的自信心，不对他们说泄气、失望的话，帮助他们克服自卑感。在言辞的选择、语气语调的表达上，始终保持对他们的信任、关切和期待。

（三）面对其他个性差异学生的教育口语

其他个性差异指学生在年龄、性别、家庭环境、道德信念发展水平等方面的差别。教师对年龄小的初中生说话，语气应亲切和蔼，多用提问诱导，注意形象化词语的运用，多表扬、少批评；对高年级的女生说话，要照顾其羞涩心理和自尊心，批评应委婉，多用暗示语，且年轻男老师和她们应保持一定的距离；对生活在不同家境中的学生应一视同仁；对有心理障碍的学生，针对其病因进行疏导；对不同道德水平的学生,说理要与他们的接受能力相适应。

二、针对不同水平的学生的教育口语

所谓"不同水平的学生",是指他们在智力、能力和道德方面所表现出来的能达到的高度及其与其他个体的差异。这一差异就是我们选择和采取不同内容和方法的教育依据。

教师对不同水平的学生运用口语的共同要求是:①要用饱含爱心的语言,唯有真诚才能使学生信任老师,接受老师的教育;②态度要公正,一视同仁,对优秀生不偏爱,对差等生不歧视;③要采取积极教育的态度,善于发现学生的闪光点,调动学生潜在的积极因素;④要因材施教,选择学生可接受的语言。

因材施教历来为教育家所重视。优秀的教师总是能针对不同的教育对象,施以不同内容和方式的教育,所以对不同水平的学生的教育也必须遵循因材施教的原则。

(一)面对后进生的教育口语

后进生指智力、能力或道德认识水平较低的学生,他们往往没有良好的思想和行为习惯,学习差,觉悟低,缺乏上进心,经常犯错误。对后进生,我们应多用积极的教育口语,发现学生的长处,想方设法地激励他,调动其潜在的积极因素,使其积极地投入班集体的各项活动。这是一种主动的教育,能收到良好的效果。而消极的教育口语往往是限制学生,不准学生干这干那,一旦学生有了错误就给予批评。这种消极的教育口语容易束缚学生,使其处于被监督的地位,使其情绪压抑,个性发展受局限,或丧失上进心。

教师与后进生讲话要做到:①不能只追求语言的技巧,重要的是对学生有真实的感情,从心理上、感情上与他们沟通,多关心、多了解,精诚所至,金石为开,不能厌恶他们;②采取肯定的评价的语言策略,不讥笑、不挖苦、不斥责、不说过激的话,当宽容时则宽容,当抚慰时就抚慰。

(二)面对中等生的教育口语

中等生在各项活动中的表现既不突出,也不落后,自认比上不足,比下有余,奋进的拼搏精神差,缺乏前进动力。针对这种心态的中等生,教师在施教时,应告诫他们不思进取、甘居中游的潜在危险,要用和蔼诚恳的态度提出希望和要求,以激励的谈话方式鼓励他们上进。老师一旦发现学生有上进的要求,就要抓准时机,及时给以激发,开启他们的动力。

(三)面对优等生的教育口语

优等生通常学习刻苦,有进取精神。由于成绩好,一般也比较自信,甚至自傲,遇事还好自作聪明。与这类同学谈话时,可采用暗示的言辞委婉提醒,诱导说理,有时也可采用"响鼓重槌"的批评方式,促其自省,使其认识到自己的不足。

教师与这类学生讲话要做到以下几点。

(1) 适当提高话语中信息的含量和讲解的深度,满足他们强烈的求知欲。

(2) 较多地运用精当的点拨语、诱导语,推动他们主动探索,向更高的目标前进。

(3) 用哲理性强的语句启迪思维,用暗示语委婉提醒或直言批评,启发其自省,找出自己的不足之处。

(4) 评价注意分寸,要做到不使其飘飘然,又不伤其自尊心。

总之,对不同的教育对象,关键是要一视同仁、实事求是。无论是何种性格,何等水平,教师都要有一颗爱心,用心换心,以心交心,师生共创良好的交谈氛围,让学生在最佳环境、最佳心态中心悦诚服地接受教育,这样才会取得良好的教育效果。

三、针对学生群体的教育口语

群体教育相对于个体教育,是一种面向全体或一部分学生的集体教育,它同个别教育一样,都是有目的性的,是思想情感交流的一种形式。群体教育往往通过会议途径(如晨会、班会、团队会)和集体活动实施。

(一) 群体教育的言语策略

1. 摸准情况,有的放矢

群体教育要取得最佳效果,首先必须调查研究、摸准情况,这样才能针对集体中的思想倾向、存在的问题等实际情况有的放矢地进行思想教育。在进行群体教育之前要做好充分准备,确定谈话主题,明确谈话目的和要求,然后搜集情况、分析、归纳、突出重点。群体教育要多联系学生的实际,列举与学生有关的实例,去启发教育学生,揭示生活中的矛盾或反常现象,并对此加以分析推理,对群体教育的受众起到正面引导的作用。

2. 抓住时机,善于沟通

有效的群体教育能产生巨大的影响,能化消极因素为积极因素,有利于形成良好的集体舆论和风貌。因此,抓住恰当的时机进行沟通,往往能起到事半功倍的效果。如学生对新学期、新学年的开始或多或少会产生新的希望,老师抓住这一时机进行富有激励性的群体教育,就能促使学生群体焕发精神,以新的姿态迎接新学期。

3. 时限严格,内容精要

学校的活动都有规定的时间限制,学生是群体教育的主体,学生的主要任务是学习,因此老师进行群体教育时应严格控制,不能过多占用学生的时间,讲话内容也应精要、简洁、有的放矢,避免出现漫无边际、东扯西拉、讲假话空话大话的现象。

(二) 群体教育的常见方式

1. 报告

报告是指向学生正式陈述意见和事情的口语形式。报告的选题要有针对性,符合学生的思想实际和接受能力。报告都是预先准备的,要求认识全面、逻辑性强、事例有说服性、说理要清楚。

2. 发言

发言是指根据会议提出的议题、要求,有系统、有条理地阐述自己的见解和主张的一种语言形式。发言应旨意明确,意图突出,一事一议,针对性强,用词通俗简洁,且注意情感交流。

3. 会议主持

会议主持是指主持人掌握和处理会议进程时所使用的语言。主持会议时运用的语言应以会议议题为中心,掌握会议进程和与会者情绪,以及探讨问题的"火候",还要引导与会者对议题发表意见,使离题者入题、使偏离议题的倾向回到正确的目标上来,引导与会者求同存异。

四、针对家访的教育口语

家访是学校教育不可缺少的一部分,是沟通学校、家庭、社会的桥梁,是班主任协调家庭教育的重要方式之一,也是班主任经常性的工作。家访有利于建立教师和家长之间的信任关系,这种信任关系能让学生在心目中对教师隐隐产生一种亲情、一种信赖,甚至把教师看作父母,从而缩短师生之间的心理距离,大大提高教师教育的效率和效果。在教师和家长面对面的交谈中,教师所表现出的坦诚和良苦用心,以及平易、谦和、亲切的个人品质和强烈的工作责任心,会深深打动家长,促使家长产生一种积极配合学校、配合班主任工作的热情。家访的这种效果绝不是打一个电话,或是发一个短信就能够达到的。

(一)家访的四个阶段

学生家长分布在社会各界,而且文化层次、社会职业、性格特点等均不同,能不能有效地进行家访,在很大程度上取决于教师的谈话技巧。教师与家长谈话大体分为四个阶段。

第一阶段,教师与家长寒暄,向家长表明诚意,拉近与家长的情感距离,消除家长可能产生的误解,为下面的谈话作好心理上的铺垫。

第二阶段,教师向家长介绍学校的教育情况及学生在校的表现,这基本是以教师独白的形式进行。

第三阶段,教师向家长了解学生在家里的情况,包括学生家长的基本情况、家庭对学生的教育情况、学生在校外的情况等,这基本是以教师发问的形式进行。

第四阶段,教师与家长共同研究教育学生的措施与策略,这基本是以双方交谈的形式进行。

当然,以上这四个阶段只是家访的一个基本程序,由于每次家访的目的不同,谈话内容的侧重点不同,以及谈话对象的不同,家访的程序和方式也是灵活机动的。

(二)家访的策略和技巧

1. 分析家长特点,寻找共同话题

对于较熟悉的、性格直爽的家长,可以直接进入正题指出孩子近阶段的进步与存在的问题,互相商量对策。对于不太熟悉的家长,谈话开始时的拉家常可以稍微了解一下家长的性格,然后根据家长的性格进行谈话。对于脾气暴躁、虚荣心极强的家长,谈话时应多提孩子的长处,并委婉地指出孩子的缺点。对于谦虚、诚恳的家长,可以直接将孩子近阶段的不足之处挑明,并提出建议。对于一些不关心孩子的家长,应指出事态的严重性,及早期教育的重要性。对于宠爱、放任孩子的家长,应向他宣传一些科学的育儿知识。

2. 从正面肯定入手,创造良好的谈话情境

"金无足赤,人无完人",再优秀的学生也有不足之处,再差的学生也有闪光点。对一个学生的评价要一分为二,不要以偏概全。把喜爱的学生说成一朵花,没有任何瑕疵,会使家长过分宠爱孩子,从而放松必要的管教。把某方面较差的学生说得浑身是毛病,毫无可爱之处,会使家长对小孩丧失信心,从而放任自流或"棍棒教育",这会增加小孩的逆反心理和抵触情绪。对学生的评价要留有余地,不要轻易说"你的小孩××在学校绝对没问题",也不要轻易断言某个学生"肯定不会升入高一级学校",更不能说"你的小孩已无法教育",要用发展的眼光看问题,学会讲"只要……你的小孩就会……"要用热情感人的语言,促使家长满怀信心地进一步配合老师教育好孩子。

3. 掌握谈话的主动权

在家访谈话中,老师应该掌握谈话的主动权。家访前,对每个学生的性格、品行、爱好、学习方法、学习成绩都要胸有成竹,这样既能表现出老师对学生的特别关心和了解,又能掌握说话的主动权,和家长产生共鸣,使他们产生信任感。对家长的要求,老师要首先考虑是否合理。合理可行的要言出必行,否则不能轻易答应,要婉言谢绝。如果有的家长要求小孩跟指定的某个成绩好的同学同座,但这个学生的家长却不同意自己的小孩和这个成绩差的同学同座,那么,作为老师的你能答应吗?你若答应家长的事办不到,岂不变成轻诺寡信,以后家长还能信任你吗?当然,对于能办到的事,也不能不讲情理。例如学生眼睛近视,家长要求座位向前调整一点,老师说:"那后面的座位留给谁呢?"小孩感冒了,家长来请假,老师说:"就你家小孩娇气,一点小病都不能坚持。"这样的言语会让家长认为老师不通人情。

4. 不亢不卑,维护教师尊严

老师家访,同时肩负着沟通家长和全体任课老师之间的关系的任务,要力求褒奖任课老师的工作精神和教学水平。对教学能力强、知名度高的老师要着重宣传他们的教学成果,对经验不足的老师,着重介绍他们的工作热情和上进心,使学生家长充满信心和希望。不要主观地说某门功课不好就是任课老师的责任,发生某件不愉快的事是××老师的错,等等,转嫁责任使家长认为老师之间不团结、学校师资力量差。面对个别不尊重教师的无理取闹的家长,教师要充分发挥教育智慧和语言机智,维护教师的尊严和正当权利。

五、针对偶发事件的教育口语

偶发事件是指在教育教学活动中不曾预料而突然发生的事件。这种事件大体分为两类:一类是非认知因素的偶发事件,如场外的突然干扰,某个学生闹恶作剧等;二是教学认知因素的偶发事件,如学生在课堂上突然提出难题、怪题或令人尴尬的问题等。不管是哪一类偶发事件,都会影响教育教学的正常秩序。但是,如果对偶发事件处理得当、巧妙,不仅能保证教育教学活动正常进行,而且还能为教师提供施展教育智慧的机会,从而获得学生的敬佩,学生也能从中受到教育和启迪。

处理偶发事件的一个总的原则是不能简单化,更不能粗暴甚至恼羞成怒,而应该具体问题具体分析,灵活机智,化消极为积极,化被动为主动。其具体要求是:①控制情绪,沉着冷静;②保持良好的"口德",以温和的语调说话,以宽容的态度对待学生,尤其要注意不伤害学生的人格尊严;③实事求是,重在疏导,任何一件偶发事件都是事出有因的,因势利导,坏事就可能变成好事;④要有大将风范,切勿小肚鸡肠,否则会被学生轻视。

处理偶发事件需要教师有应急处变的口语表达能力和技巧。常见的方法和技巧有:①冲淡,即冷处理,以冲淡紧张气氛;②顺话,即顺着学生的情绪说话,这既是以退为进的策略,又是因势利导的工作方法;③趣解,即对学生和自身突然发生的某种行为或言语做某种谐趣或幽默的解释。

参 考 文 献

[1] 国家语言文字工作委员会培训测试中心,中华人民共和国教育部语言文字应用管理司.普通话水平测试实施纲要[M].北京:商务印务馆,2004.

[2] 国家教育委员会师范教育司.教师口语(试用本)[M].北京:北京师范大学出版社,1996.

[3] 秦海燕.教师口语训练教程[M].济南:山东人民出版社,2008.

[4] 陈国安,王海燕,朱全明,等.新编教师口语:表达与训练[M].上海:华东师范大学出版社,2007.

[5] 湖北省语言文字工作委员会.普通话培训测试指要(修订版)[M].武汉:华中师范大学出版社,2011.

[6] 罗大丽,杨弘.更新教师的评价语言　促进学生健康发展[J].德阳教育学院学报,2006(2).

[7] 王立霞.教师如何对学生进行语言评价[J].新课程研究(教师教育),2008(7).

[8] 赵平.丰富教师评价语言　促进学生个性发展[J].新课程(中),2011(8).